U0582908

中美制造业的角力

从生产率到竞争力

李媛恒◎著

经济管理出版社
ECONOMY & MANAGEMENT PUBLISHING HOUSE

图书在版编目（CIP）数据

中美制造业的角力：从生产率到竞争力/李媛恒著．—北京：经济管理出版社，2022.10
ISBN 978-7-5096-8756-7

Ⅰ.①中…　Ⅱ.①李…　Ⅲ.①制造工业—研究—中国、美国　Ⅳ.①F426.4 ②F471.264

中国版本图书馆 CIP 数据核字（2022）第 187545 号

组稿编辑：任爱清
责任编辑：任爱清
责任印制：黄章平
责任校对：蔡晓臻

出版发行：经济管理出版社
（北京市海淀区北蜂窝 8 号中雅大厦 A 座 11 层　100038）
网　　址：www. E-mp. com. cn
电　　话：（010）51915602
印　　刷：北京晨旭印刷厂
经　　销：新华书店
开　　本：720mm×1000mm/16
印　　张：13. 25
字　　数：228 千字
版　　次：2022 年 11 月第 1 版　　2022 年 11 月第 1 次印刷
书　　号：ISBN 978-7-5096-8756-7
定　　价：89. 00 元

前　言

中国和美国是世界上最为重要的两大经济体，中美两国经济发展对世界经济发展的重要性不言而喻。随着新一轮产业革命的加速发展，国际分工格局正在发生深刻调整。中国改革开放以来，得益于国内政策导向和开放性的发展格局，我国制造业有了长足的发展。当今世界正在经历百年未有之大变局，我国制造业的发展处在一个全新的历史方位，作为国民经济的支柱，制造业是全社会基础物质生产和产业创新的脊梁。发达国家发展壮大的历史经验表明，制造业对于推动大国早期崛起起到关键作用，发展本土强大的制造业才是国家富强的根基。金融危机以后，发达国家和发展中国家竞相介入新一轮制造业国际分工争夺战，加上中美贸易摩擦和新冠肺炎疫情流行的影响，全球制造业的产业分工地图正在调整和重构，中美两国制造业重点领域战略发展目标重叠性竞争，未来的竞争格局将不容小觑。促进内生增长机制的建立健全、提升制造业贸易竞争力将成为两国提高国际竞争力的焦点。

本书首先基于全要素生产率和贸易竞争力的相关理论，结合当前我国制造业发展的战略阶段特征以及国际新形势，研究中美两大制造业大国的生产率及其竞争力对我国制造业转型升级和提质增效的现实意义，探讨全要素生产率提高对于贸易竞争力提升的理论机制。其次研究中美两国制造业发展历程、现状和特点，并对两国在制造业发展中的劳动力、资本、技术等动力源泉进行比较研究，得出两国现代经济体实现起步和腾飞相对通用的答案和各自特征。通过建立全要素生产率与贸易竞争力的测度，分别比较中美两国制造业及其细分行业的生产率和竞争力水平差异、阶段性特征以及典型行业经验。再次通过建立实证分析模型来研究生产率的提高对于竞争力水平的影响机制。最后基于中美两国数据测算分析与实证检验结果，形成全书的研究结论和政策建议，并针对本书的研究不足，提出未来的研究展望。本书的创新点包括以下四个方面：一是细化了制造业全要素生产率和贸易竞争力的测度，对中美两国进行了统一口径的对比。二是结合内生增长机制与要素资源禀赋的双重视角，对生产率和国家竞争优势理论进行扩展，并在中美制造业对比的视角下，提供了现实证据。三是以“技术进步”与“资源配置效率”为切入点，打开了生产率和竞争力的互动通道，并对中美两国的影响机制进行了探究。四是突破以往国别间静态单一的孤立比较，拓展为动态的交互机制研究。采用理论分析、特征事实分析与实证分析相结合的方法，有效克服了单一的孤立分析，丰富了研究方法和内在作用机制，在挖掘研究方法和设计上具有一定的创新性。

研究结论包括以下三个方面：

第一，中国在经历资本驱动的高速增长阶段后，创新驱动带来的生产方式转变并不明显，制造业全要素生产率与美国的差距进一步扩大。随着制造业的技术红利逐渐退去，中国面临从学习型的技术积累转向开发技术源泉的挑战，技术进步的明显不足叠加规模效率的动力不足制约着我国全要素生产率的提高。

第二，金融危机是中美两国贸易竞争力此消彼长的分界点，中国在金融危机后的制造业贸易优势不断增强，但仍面临平衡发展新路径的选择，危机对美国影响较为深远，但资本和技术密集型产业仍然保持了相对优势。

第三，全要素生产率在贸易优势扩大中发挥重要作用，成为抢占贸易竞争新优势的关键点。中国竞争优势的驱动来源和行业分布较为分化，主要依靠技术进步拉动，部分行业还存在对传统要素投入方式的路径依赖。美国资源配置效率通过管理制度、资源流动等在贸易中得到了充分发挥。研发投入强度对贸易竞争力存在门槛效应，美国的门槛值高于中国，中美普遍存在研发投入的边际递减作用，中国的劳动密集型和资本密集型呈现两极分化。

基于以上研究结论，在发挥政策合力、加快提高创新投入、提升企业的技术创新动力和活力、促进区域协同、优化要素资源配置、优化产业链结构、提升行业要素效率等方面提出政策建议，最后针对本书的研究局限性，对未来进行了研究展望。

目　录

第一章　引言 …………………………………………………………………… 1

第一节　研究背景及意义 …………………………………………………… 1

一、研究背景 ………………………………………………………………… 1

二、研究意义 ………………………………………………………………… 5

第二节　研究思路及内容 …………………………………………………… 7

一、研究思路 ………………………………………………………………… 7

二、主要内容 ………………………………………………………………… 7

第三节　研究方法 …………………………………………………………… 10

一、文献研究 ………………………………………………………………… 10

二、案例研究 ………………………………………………………………… 10

三、实证研究 ………………………………………………………………… 10

第四节　创新与不足 ………………………………………………………… 11

一、创新点 …………………………………………………………………… 11

二、不足之处 ………………………………………………………………… 12

第二章　理论基础与文献综述 ……………………………………………… 14

第一节　相关概念界定 ……………………………………………………… 14

一、全要素生产率 …………………………………………………………… 14

二、竞争优势与竞争力 ……………………………………………………… 15

三、产业层面的贸易竞争力 ………………………………………………… 16

第二节　理论基础 …………………………………………………………… 17

一、生产率视角下的经济增长动因解释 …… 17
二、技术差距与贸易竞争力的理论关联 …… 19
三、经济增长理论与工业化理论 …… 21
第三节 文献综述 …… 24
一、制造业全要素生产率的研究综述 …… 24
二、制造业贸易竞争力的研究综述 …… 25
三、生产率对竞争力提升作用机制讨论 …… 27
第四节 总结与反思 …… 30

第三章 中美制造业发展历程及动力源泉比较 …… 32

第一节 中国制造业发展历程 …… 32
一、新中国成立初期：进口替代与要素积累的工业化阶段 …… 33
二、改革开放后：出口导向和投资驱动下的工业化阶段 …… 34
三、“十二五”规划以来：制造业进入优化调整和高质量发展阶段 …… 36
第二节 美国制造业发展历程 …… 38
一、建国至南北战争前：美国制造业的起步阶段 …… 39
二、19 世纪中期至 20 世纪 40 年代：美国制造业的高速增长阶段 …… 40
三、20 世纪 40~70 年代：美国制造业的巅峰期 …… 40
四、20 世纪 70 年代至今：美国制造业的低谷与复苏 …… 42
第三节 中美制造业增长源泉分析与比较 …… 42
一、经济命脉的转身：制造业与国民经济 …… 43
二、首屈一指与潜在风险：资本驱动下的制造业增长 …… 48
三、第一桶金的困境：制造业的劳动力源泉 …… 50
四、逆周期和新动力：制造业增长中驱动要素的转化 …… 54
第四节 本章小结 …… 56

第四章 中美制造业全要素生产率比较分析 …… 58

第一节 理论模型 …… 58
一、索洛余值法 …… 58

二、DEA-Malmquist 指数分析法 …… 59
三、模型使用说明 …… 60
第二节　数据的选取 …… 61
一、数据来源 …… 61
二、数据处理方法 …… 66
第三节　中美全要素生产率及其分解指标对比 …… 67
一、阶段性变化比较 …… 68
二、分解要素分析比较 …… 69
三、中国行业层面分析 …… 70
四、中美行业层面比较 …… 76
第四节　本章小结 …… 82

第五章　中美制造业贸易竞争力比较分析 …… 84

第一节　贸易竞争力的评价方法 …… 84
一、贸易竞争力指数 …… 85
二、显示性比较优势指数 …… 85
三、显示性竞争优势指数 …… 85
四、净出口显示性比较优势指数 …… 86
五、评价指数对比 …… 86
第二节　中美制造业贸易竞争力测算与演变分析 …… 87
一、变量说明及数据来源 …… 87
二、中美制造业贸易竞争力指数测算 …… 88
三、中美制造业贸易竞争力演变分析 …… 94
第三节　中美制造业贸易竞争力的行业差异 …… 95
一、中美不同阶段下制造业贸易竞争力的行业特征 …… 95
二、中美制造业分行业贸易竞争力比较 …… 97
第四节　本章小结 …… 107

第六章　全要素生产率与贸易竞争力关系的特征事实和机理研究 …… 109

第一节　全要素生产率和贸易竞争力的特征分析 …… 109
一、中美全要素生产率视角下的贸易竞争力分布 …… 109

二、中美全要素生产率与贸易竞争力的变化走势 …… 112
第二节 全要素生产率与贸易竞争力变动的行业经验事实 …… 115
一、纺织服装业的动能转化 …… 115
二、电子信息制造业的发展新机遇 …… 117
第三节 生产率对竞争力提升的机理解析 …… 120
一、生产率到贸易竞争优势形成的传导路径 …… 120
二、生产率对贸易竞争力提升的关键影响效应 …… 122
三、不同经济发展阶段下国家差异 …… 123
第四节 本章小结 …… 124

第七章 全要素生产率与贸易竞争力关系的实证分析 …… 126

第一节 问题提出与待检验假设 …… 126
第二节 模型设定与变量说明 …… 128
一、模型设定 …… 128
二、核心变量选取及数据说明 …… 129
第三节 实证过程与结果 …… 133
一、描述性统计分析 …… 133
二、相关性分析 …… 136
三、模型回归与结果分析 …… 138
四、内生性偏误检验 …… 143
五、稳健性检验 …… 145
第四节 异质性分析 …… 147
第五节 动态回归对比：PVAR 模型 …… 149
一、模型检验 …… 149
二、PVAR 模型的向量自回归结果 …… 151
第六节 本章小结 …… 155

第八章 全要素生产率对贸易竞争力的内在影响机制：基于研发强度的门槛效应 …… 158

第一节 问题提出与待检验假设 …… 158
第二节 门槛计量模型的构建 …… 159

一、门槛效应的概述 …… 159
二、样本数据说明 …… 161
三、核心变量描述 …… 163
第三节 门槛计量的可信度检验 …… 166
一、门槛效应检验结果 …… 166
二、门槛估计值识别和置信区间 …… 167
第四节 研发强度门槛效应回归与结果 …… 168
一、模型回归与结果 …… 168
二、稳健性检验 …… 170
第五节 本章小结 …… 172

第九章 主要结论、政策建议与未来展望 …… 174

第一节 主要结论 …… 174
第二节 政策建议 …… 178
第三节 未来展望 …… 181

参考文献 …… 183

后 记 …… 201

第一章　引言

第一节　研究背景及意义

一、研究背景

中国和美国是世界上最为重要的两大经济体，中美经济发展对世界经济发展的重要性不言而喻。随着新一轮产业革命的加速发展，国际分工格局正在发生深刻调整。中国改革开放以来，得益于国内政策导向和开放性的发展格局，我国制造业有了长足的发展。当今世界正在经历百年未有之大变局，我国制造业的发展处在一个全新的历史方位，作为国民经济的支柱，制造业是全社会基础物质生产和产业创新的脊梁。发达国家发展壮大的历史经验表明，制造业对于推动大国早期崛起起到关键作用，发展本土强大的制造业才是国家富强的根基。

（一）制造业是人类社会物质财富积累和技术条件创造的载体和源泉

制造业的兴衰，印证的是大国的兴衰，没有强大的制造业，就不可能成为经济大国和强国。制造业是将原材料和中间品转化为人类所需产品的行业，是工业的主体，目前就我国而言，虽然工业经济总量已超过美国跃居世界第一①，经济总量已经超过日本跃居世界第二，流量规模已经很大，但我国物质财富“存量”

① 2010 年，日本名义 GDP 为 54742 亿美元，比中国少 4044 亿美元，中国 GDP 超日本正式成为第二大经济体。而据美国研究机构 HIS 测算，2010 年世界制造业总产出为 10 万亿美元。其中，中国占世界制造业产出的 19.8%，略高于美国的 19.4%，跃居世界第一。

规模仍然很小，与发达工业国相比还有很大差距。一切生产活动都需要以一定的物质财富存量为条件，物质财富的存量规模在一定程度上决定了流量水平。从财富量上，以我国制造业的存量为基础，要追赶美、日等制造强国，可能需要更长的时间。技术创新是经济增长的主要来源，制造业不仅是技术创新最主要的产业载体、来源、使用者和传播者，也是最具活力的产业部门，无论从创新投入角度，还是从创新产出角度，制造业都是主体，制造业生产先进材料、工具、生产设备和配套产品，是技术、资本、知识等生产要素发挥技术创新转化能力的主要阵地，也是技术进步最直接的应用载体。同时，从新技术的使用来看，制造业是将技术进步应用于生产的最直接、最主要的载体。20 世纪前半期，制造业是美国经济增长的重要引擎，美国在 2008 年底爆发金融危机的一个主要根源就是制造业不振及其对技术创新领导地位的威胁。

（二）我国制造业步入动能转换的新战略阶段

经过高速发展期的产业积累，我国已成为世界制造业大国，自 2010 年起中国一跃成为全球第一制造大国。1990~2019 年，中国占全球制造业增加值比重提高了近 10.4 倍，目前已达到 28%（世界银行数据），占发展中和新兴经济体的比重超过 60%，2019 年，我国制造业增加值达到 3.9 万亿美元（现价），同期美国为 2.3 万亿美元（现价），从规模总量上来看，我国已稳居全球制造业大国。无论从总体规模、增长速度，还是综合实力上，制造业的发展对支撑国民经济和社会发展做出了重大贡献，满足了国内丰富的食品和生活消费品需求，显示出极大的生产制造能力和创新潜力。中国对世界制造业输出了大量的工业产品，满足了多样化的市场需求，参与国际分工的深度和广度都在不断扩大，但出口扩张主要依靠劳动力比较优势和消耗自然要素禀赋实现，长期处于全球价值链分工低端环节，贸易利润有限且竞争力不强，在发展中仍然面临与制造强国水平的巨大差距。过去粗放式增长带来的产业结构、资源要素利用能力、创新能力等方面的深层次问题，导致目前制造业的自主创新能力不强，对模仿创新具有一定的路径依赖，还存在“卡脖子”的产业链短板，产品质量和标准与发达国家还有很大的差距。尤其是在资源利用方面，仍存在效率低下等诸多问题，这主要是由于长期以来的追求经济增长速度和效益，造成对内生增长能力的考虑不足。当前我国的制造业发展已转向高质量发展阶段，处在一个全新的历史方位，需要通过结构优化，优化要素资源的有效配置，实现制造业高质量的发展，使在世界产业竞争中的优势地位能够保持并实现升级。

（三）制造业新一轮国际分工格局正在加速形成

金融危机以后，发达国家和发展中国家竞相介入新一轮制造业国际分工争夺战，加上中美贸易摩擦和新冠肺炎疫情的影响，全球制造业的产业分工地图正在调整和重构，多边体系下的贸易自由化发展停滞，世界范围内的区域性循环正在逐步深化，我国以“双循环”的新发展格局参与国际分工，不断扩大国内有效需求，积极参与国际产业合作，但仍然面临复杂多变的国际环境。

金融危机后，以美国为代表的世界制造业正在缓慢复苏，通过“再工业化”战略重塑本国的产业战略地位，积极布局新兴产业，巩固其在技术、产业方面的优势地位。自2009年起，美国围绕“先进制造业”发展，制定了一系列的法案、计划等战略行动指南，并以工业互联网为切入点，积极推进“工业4.0”进程。德国在2013年率先推出了“工业4.0”战略，希望重塑自己在制造业领域的全球龙头地位，并解决老龄化等关键问题。新冠肺炎疫情的扩散又使发达经济体愈加重视供应链的风险管理，着手构建多元化的供应链体系，如日本就制定了“中国+1”战略，试图实现产业布局的再平衡。随着我国产业链的高端化升级，未来的国际分工将从互补型分工向竞合型分工转变。各国具体战略规划如表1-1所示。

表1-1 金融危机后各国制造业领域重大战略规划

国家	战略文件
美国	2009年，《重振美国制造业框架》《美国复苏和再投资法案》；2010年，《制造业促进法案》；2011年，《先进制造伙伴计划（AMP）》；2012年，《美国制造业复兴计划》《美国制造业创新网络》；2014年，《振兴美国制造业和创新法案》、《振兴美国先进制造业》战略计划；2018年，《美国先进制造业领导战略》；2020年，《关键和新兴技术国家战略》
日本	2009年、2010年，《日本制造业竞争策略》和《日本制造业》；2013年，《创造新产业、新市场的倡议》；2019年，《日本制造业白皮书》
德国	2010年，《德国2020高技术战略》；2013年，《德国“工业4.0”战略》；2019年，《国家工业战略2030》
英国	2009年，《英国先进制造领域一揽子新政策》；2011年，《英国发展先进制造业的主要策略和行动计划》和《绿色经济转型计划：政府和企业合作》；2015年，《英国工业2050战略》；2017年，“现代工业战略”
法国	2008年，《法国振兴计划》；2013年，《新工业法国计划》；2015年，《“未来工业”计划》
中国	2011年《工业转型升级规划（2011—2015年）》；2015年，《中国制造2025》；2016年《“十三五”国家战略性新兴产业发展规划》；2019年，《关于推动先进制造业和现代服务业深度融合发展的实施意见》；2020年，《关于深化新一代信息技术与制造业融合发展的指导意见》

新兴经济体则利用其资源禀赋优势，积极承接产业的转移，特别是劳动密集型产业，奋力追赶“世界工厂”的步伐。印度依靠市场规模、劳动力等优势积极吸引外资，三星、富士康、小米等企业纷纷抢滩布局，汽车、家电、消费电子领域发展迅猛，国内统一市场的建设步伐加速，成为正在崛起中的制造业大国。越南则依靠劳动力、区位、贸易便利等优势，大力发展外向型经济，成为中国产业向外转移最主要的承接地。中美贸易摩擦是新兴经济体争抢制造业蛋糕的又一重要推动力，这些经济体并未受到来自美国的实质性压力，反而大量的制造业产能和订单流入，在劳动密集型行业的争夺战已经开始。

（四）贸易新形势下中美两国制造业重点领域展开目标重叠性竞争

自2008年金融危机以来，为扭转虚拟经济的扭曲性膨胀、实体经济地位不断弱化的局面，美国提出“再工业化”政策，主张制造业回流，但这种战略倡导的不是恢复传统的制造业，而是在高端领域进行战略保持和适当回流，力求实现产业链和价值链的全面升级，中美双方都致力于在新一轮产业革命与技术创新中抢占制高点。国际商品贸易上反映出来的产业竞争力是最直接的表现，尤其是近几年对我国重点产业链环节，特别是一些高科技领域开展的技术封锁已然成为美国保持贸易优势、培育保护本国产业和制约中国的精准性手段，未来两国的国际竞争将不可轻视。但同时，这种竞争也是不可避免的，要做好长远性、全局性的通盘考虑和布局。近期，其他发达经济体的制造业回流则主要源于新冠肺炎疫情，集中于应急物资生产等领域。然而，由于要素价格高、产业配套弱等原因，制造业的回流显得“雷声大、雨点小”，反而是越南、墨西哥等新兴经济体受益。

（五）内生增长机制的建立成为提高竞争力的焦点

可见，新一轮的争夺主要瞄准的是高技术领域的全球产业链把控地位，而这种核心环节把控地位却不是通过技术溢出效应进行引进吸收模仿创新就能建立的。过去的几十年间，虽然大量跨国公司到中国投资设厂，但主要是将生产环节布局在中国，它们获取的是中国的劳动力方面的资源成本优势，但我们却很难在短期内学到跨国公司的技术经验、管理经验以及相关的生产组织运作经验，我们投入了资源却没有建立起长期优势，而一旦这种资源优势逐渐消失，未来增强潜力将大大降低。在传统的经济学理论中，对于生产效率的评价，往往建立在劳动生产率的评价和追求上，且由于中国的劳动力人口优势，在效率和效益方面也一直强调劳动生产率的评价和追求，技术、信息等其他要素在经济发展过程中所起到的作用已经是不可替代甚至是举足轻重的。以20世纪50年代后期发生在美国

的“社会平衡”、20 世纪 70 年代发生在日本的“社会开发”理论讨论和公共服务发展实践为重大标志，发达国家对于大规模工业化之后城市化应该是一种什么状况、如何实现效率持续改进的问题进行了有效探索。探索成果最终表现为：一改以往以产出为中心的社会经济组织方式，把发展目标转移到以人力资本为中心的社会经济组织方式上来，相应地，全要素生产率的提高和内生增长机制建立成为焦点。研究以全要素生产率为代表的生产率测算能够发现经济增长的源泉，从而有效地促进经济的增长，寻找竞争力来源和提升路径。

二、研究意义

纵观世界各制造强国完成工业化的过程，制造业支撑推动工业化阶段的完成是个不可逾越的过程。我国正处于工业化的中后期，实体经济是经济增长的产业来源所在，而实体经济中制造业是主体和核心推动力。但近些年已经开始出现制造业占比下降，我国服务业在国民经济中所占比重逐步增加，在这个历史阶段制造业全要素生产率如何变化？各行业全要素生产率有什么不同？什么因素决定了全要素生产率的变化？中美两国制造业生产率有什么差异和趋势？进一步分析在当前阶段中美两国制造业的贸易竞争力的演变状况是什么样的？全要素生产率和贸易竞争力之间是一种什么样的关系？在两国的表现是否有所不同？中国制造业未来的路将如何走好？本书针对两国全要素生产率和贸易竞争力的比较研究具有理论价值和现实意义。

（一）理论意义

第一，建立新时期制造业生产率的测度。根植于中国制造业发展进程的具体情况，借鉴发达国家的历史经验，分析新时期制造业生产率特有的时代表征和国别异质性。中国当前处于增速换挡期，工业特别是制造业的增速已进入中高速的常态区间，转变发展方式、提高要素使用效率，成为亟待解决的严峻问题，而新时期，决定生产率的要素除了传统要素土地、人力资本和技术外，新的商业模式、组织方式、管理水平等多种因素还会对制造业生产率产生影响。本书旨在通过对中美两国制造业整体情况的研究和测算，以全要素生产率为代表，研究两国制造业在生产效率上的实际差距。

第二，建立效率和竞争力的分析框架，构建基于生产率理论与国际贸易理论交叉视角下的效率提升—优势积累—竞争力增强的路径机制。对于效率和竞争力的研究，重点研究两者互动关系和转化机制。现有的经济理论和分析框架主要是围绕效率与经济增长的关系，在开放经济条件下，对于国家与国家间的产业竞争力，尚未建立直接互动关系。本书基于建立中美比较下的生产率与竞争力的研究框架，结合经济新常态下的制造业发展路径和转化机制具有重要的理论意义。

（二）现实意义

第一，为中国制造业的新旧动能转换路径提供现实借鉴。中国制造业从高速增长到出现转型调整压力仅经过 70 年，较短的高增速窗口期意味着束缚制造业长期发展的许多制约因素尚未得到有效解决，留给中国制造业休整的时间极为有限，本书通过构建制造业全要素生产率的测度，分析全要素生产率的驱动因素和变动趋势，并提示未来中国制造业驱动要素的转化方向。在比较中美两国的基础上，进一步窥探中美在制造业生产率上的差异根源，为中国发展自身制造业升级需要、应对新一轮世界竞争格局提供依据。

第二，为中国在国际贸易新形势下提升竞争优势提供路径参考。探析全要素生产率在贸易优势形成中发挥的作用。传统研究在发展生产率和提升贸易优势之间较为割裂。随着中国制造业发展水平的提升和红利消失，资源要素拉动作用正在减弱，技术和管理带来的生产率的提高成为打破国内低端要素依赖的核心环节。通过生产率与贸易竞争力之间的机理分析，阐明生产率在国际贸易中发挥作用的影响途径，对中国参与全球化竞争，向价值链高端攀升提供新的战略路径。

第三，启发中国制造业发展新举措。随着经济全球化加深，制造业部门成为各国抢占全球贸易和产业链布局的制高点。中国作为发展中大国要持续提升贸易竞争力，须改变在全球价值链的中低端锁定的现状。从制造大国向贸易强国的转型，既需要突破原有的战略途径，又需要新的战略指导，而全要素生产率的提升是培育制造业发展新动能的关键。因此，如何发展制造业生产率以及如何培育关键的贸易优势成了我国不得不面对的一个现实问题。本书实证部分为我们从全要素生产率这一新视角制定提升贸易竞争力的方略提供了事实基础和理论依据。

第二节 研究思路及内容

一、研究思路

本书基于全要素生产率和贸易竞争力的相关理论，探讨全要素生产率提高对于贸易竞争力提升的理论机制，并通过建立全要素生产率与贸易竞争力的测度，分别比较中美两国制造业和其细分行业的全要素生产率及贸易竞争力水平差异、阶段性特征和经验事实，通过建立实证分析模型来研究生产率的提高对于竞争力水平的影响机制。本书的研究目的有三个：一是建立全要素生产率与贸易竞争力的理论分析框架；二是对中美两国全要素生产率与贸易竞争力进行测度与比较；三是通过实证分析，探析我国制造业生产率和竞争力的关键影响因素和提升路径。本书的研究视角聚焦在制造业上，以国别、行业、区域、时间为维度，对全要素生产率和贸易竞争力这两个研究对象进行分析和研究。本书的研究框架和技术路线如图 1-1、图 1-2 所示。

二、主要内容

本书共分为九章，可分为四大部分，主要内容如下：

第一部分：基础研究和思路框架设计，包括第一章和第二章。

第一章：引言。简要介绍中美制造业全要素生产率与贸易竞争力比较研究的选题背景，当前我国制造业发展的战略阶段特征，以及国际新形势下研究中美两大制造业大国全要素生产率与贸易竞争力对我国制造业转型升级和提质增效的现实意义，包括研究的思路和框架、研究方法、可能的创新点等。

第二章：理论基础与文献综述。在界定生产率与竞争力相关概念的基础上，对生产率及竞争力的理论进行梳理，通过相关文献梳理，针对现有研究成果在制造业生产率和竞争力方面的研究不足，从生产率与竞争力的关系视角进行补充完善。

第二部分：规律性归纳、测度比较与特征事实分析，包括第三章至第六章。

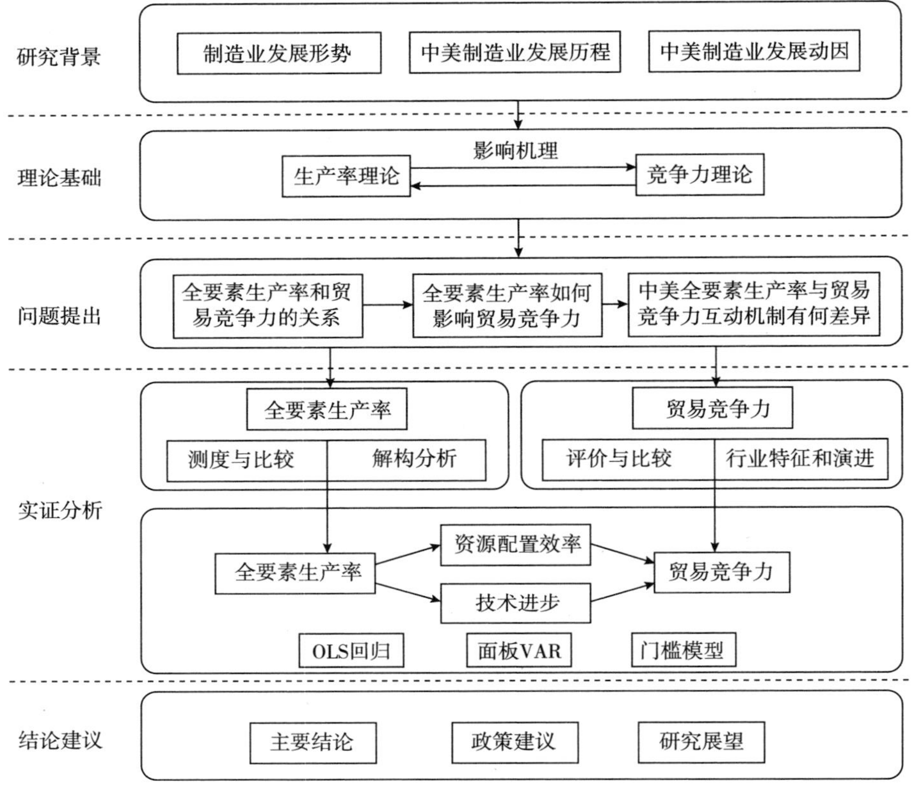

图 1-1　本书的研究框架

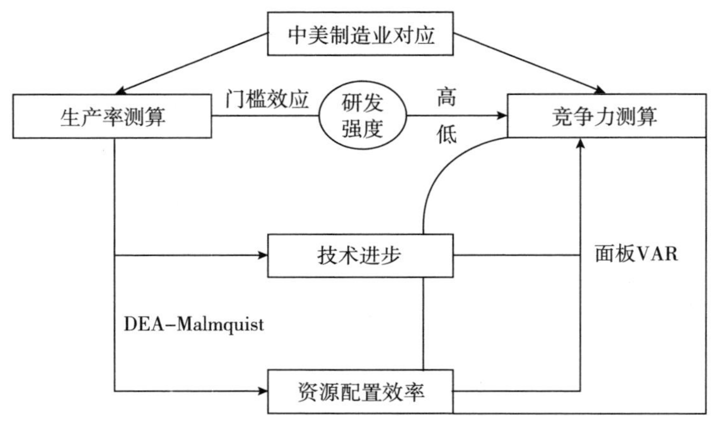

图 1-2　本书的技术路线

第三章：中美制造业发展历程及动力源泉比较。主要研究中美两国制造业发展历程、现状、特点，并对两国在制造业发展中的劳动力、资本、技术等动力源泉进行比较研究，得出两国现代经济体实现起步和腾飞相对通用的答案和各自特征，为后续章节研究全要素生产率和贸易竞争力关系奠定基础。

第四章：中美制造业全要素生产率比较分析。通过索洛余值法和 DEA－Malmquist 指数分析法，建立制造业全要素生产率的测度，测算制造业生产率的水平，从动态的角度对中美制造业在不同时期的生产效率进行对比分析，通过分析效率的变化来观察中美两国制造业生产率的水平差异、行业差异和驱动来源。

第五章：中美制造业贸易竞争力比较分析。梳理贸易竞争力的评价方法，并重点通过显示性比较优势指数、显示性竞争优势指数、贸易竞争力指数和净出口显示性比较优势指数对中美两国制造业和细分行业的竞争力进行比较和演进分析，得出两国不同阶段下的行业特征。

第六章：全要素生产率与贸易竞争力关系的特征事实和机理研究。基于对全要素生产率与贸易竞争力的分布及变化趋势的考察，结合典型行业事实经验的分析，对制造业全要素生产率与贸易竞争力的相关性作出基本的经验判断和观察，从机理上解析全要素生产率对贸易竞争力的作用机制。

第三部分：实证分析，包括第七章和第八章。

第七章：全要素生产率与贸易竞争力关系的实证分析。采用中国和美国制造业行业作为研究对象，从经验实证分析的视角，通过建立计量模型，检验制造业全要素生产率是否有利于贸易竞争力的提升，是否还有其他因素影响，并对这种影响从不同行业的角度进行分析，接着采用动态面板向量自回归模型（PVAR）来分析两者间的动态效应，分析全要素生产率对贸易竞争力是否具有长期的影响关系。

第八章：全要素生产率对贸易竞争力的内在影响机制：基于研发强度的门槛效应。继续运用制造业的细分行业来作为分析样本，建立门槛回归模型，对样本的门槛效应进行检验，判定是否存在基于研发强度的门槛效应，并对两个国家的结果进行对比分析。

第四部分：结论、建议与展望。包括第九章。

第九章：主要结论、政策建议与未来展望。基于制造业生产率和竞争力的基础理论、作用机理，中美两国数据测算分析与实证检验结果，形成全书的研究结论和政策建议，与此同时，针对本书的研究不足，形成了完善思路和未来的研究方向。

第三节　研究方法

一、文献研究

围绕制造业全要素生产率与贸易竞争力的影响机制和内在逻辑，通过文献查阅，对经典生产率理论与竞争力理论进行了系统梳理，通过研究生产率视角下的经济增长动因、技术差距与贸易竞争力的理论关联、经济增长理论与工业化理论，分析相关理论产生背景、核心理念和相互关联，梳理国内外学者关于制造业全要素生产率的指标体系与计算方式的研究以及制造业贸易竞争力影响因素的相关研究，在此基础上，总结相关分析框架和最新的理论观点，并探寻已有研究关于制造业生产率发展与制造业竞争力提升之间关系探讨的不足，提出本书全要素生产率对贸易竞争力影响机制的主要研究问题，并最终提出分析思路和研究框架。

二、案例研究

本书基于文献梳理与理论框架得出的研究思路，将现实场景定位于中美制造业的全要素生产率与贸易竞争力的对比。通过对中美制造业发展历程的回溯，分析中美制造业发展的动因与国别异质性。针对中美发展的历史环境，定性分析解决各要素在宏观层面对本国制造业生产率和竞争力的定性影响，而运用定量分析的方法，筛选出两国内涵相同且数据全面的 17 个行业的具体数据，来厘清生产率的影响因素和对中美制造业竞争力的贡献水平，分解全要素生产率，运用情景分析未来制造业增长的动力。从分布和对比变动角度观察中美制造业生产率和竞争力的相关性，并应用国内两个制造业行业的典型演变情况对全要素生产率在贸易竞争力提升中发挥的作用进行了经验分析。

三、实证研究

本书以中美制造业中的 17 个行业为研究对象，以美国经济分析局（BEA）、国家统计局、《中国工业统计年鉴》和《中国统计年鉴》为主要数据来源进行数

据的收集与整理，最终建立所需要的原始研究数据库。根据研究内容的需要，依据索洛余值法和DEA-Malmquist指数构建了面板VAR模型并进行了脉冲响应分析。利用Stata14.0计量软件对中美制造业全要素生产率和中美不同行业竞争力的相关关系进行实证分析，包括自相关分析和门槛效应的回归分析，考察全要素生产率与生产要素投入之间的动态交互机制对所在行业的竞争力的影响，在此基础上，进行研发强度对其影响路径机制的调节作用，并探究中美制造业生产率与竞争力的影响机制的差异性。

第四节 创新与不足

一、创新点

本书拟通过建立制造业全要素生产率和贸易竞争力的分析框架，对中美制造业生产率和贸易竞争力水平及其变动进行评估、原因分析对比，探究全要素生产率与贸易竞争力的影响机制，从全要素生产率的视角，深挖效率对竞争力的影响路径，采用理论分析、特征事实分析与实证分析相结合的方法进行深入考察，综合考量两国当前的制造业贸易优势状况和未来的发展潜力，得出中国制造业高质量发展的启示，可能存在以下四个创新点：

第一，细化了制造业全要素生产率和贸易竞争力的测度，对中美两国进行了统一口径的对比。一方面，中美两国在制造业行业分类和指标统计上有一定差别；另一方面，海关统计进出口商品和国民经济行业分类之间没有直接的对应关系，导致鲜有学者对两国制造业和细分行业进行详细对比。本书利用已有的制造业数据，一是打通了中美两国的行业对应；二是进行了基于海关商品进出口数据的行业归集，对两国全要素生产率和贸易竞争力水平进行测算和衡量，三是实现了跨层次的数据分析与实证检验，以此分析两国细分制造业的发展特征和演变过程。

第二，结合内生增长机制与要素资源禀赋的双重视角，对生产率和国家竞争优势理论进行扩展，提供了基于中美制造业对比的现实证据。现有研究虽然肯定了制造业生产率对贸易竞争力的影响，但更多是在默认两者正向相关性的前提下，集中论证如何提高要素质量从而提高全要素生产率。而本书以制造业作为研究对象，提出全要素生产率在贸易优势形成中发挥的作用及其作用途径，在前人研究的基础上进一步深入到生产率提升到竞争力提升的转化环节当中来，对国际贸易理论做出进一步扩充。同时，考虑到国别发展差异和行业特性，对21世纪以来全要素生产率与细分行业竞争优势的形成进行了探索，提供了国家间与行业内外实力关联情况的现实依据。

第三，以“技术进步”与“资源配置效率”为切入点，建立生产率和贸易竞争力的互动通道，丰富了实证的支持。从“技术”与“效率”相结合的视角出发，全面衡量全要素生产率对竞争力的影响途径，更加客观地评价两国制造业全要素生产率在形成本国贸易竞争优势中所发挥的不同作用，能够部分解释因贸易竞争力的总量性偏差带来的产业大而不强的问题及未来的发展驱动力，并进一步分析全要素生产率对贸易竞争力的提升途径，考察全要素生产率如何通过研发强度来影响贸易竞争力的提升。

第四，突破以往国别间静态单一的孤立比较，拓展为动态的交互机制研究，在挖掘研究方法和设计上具有一定的创新性。现有基于我国当下国情的生产率与竞争力研究大多聚焦于我国本身的经济发展阶段性特征与政策环境，更多强调区域异质性与行业异质性问题。而本书在进行中美国别比较研究的过程中采用理论分析、特征事实分析与实证分析相结合方法，有效克服了单一的孤立分析，丰富了研究方法和内在作用机制。本书采取横纵对比、关联分析的方法对中美制造业进行回顾性的比较分析，通过建立测度或评价的方法对研究主题（全要素生产率和贸易竞争力）进行测度分析，通过交叉对比和典型行业的选取进行特征事实的统计分析，通过采取静态面板回归、面板向量自回归和门槛效应回归相结合的方式进行互补性实证分析。从多个维度和方法的结合来深入探讨生产率影响竞争力提升的内在作用机理，丰富了研究方法，扩充了研究维度。

二、不足之处

本书基于生产率和竞争优势理论探讨了全要素生产率对贸易竞争力的内在影响，剖析了中美制造业的对比情况，虽然对两国不同时期、不同行业的情况进行了分析和对比，从制造业整体和细分行业上发现了两国全要素生产率对贸易竞争力的作用机制异同，但本书还存在一定的局限性，大致的不足体现在以下三个方面：

第一，需要大量的行业统计数据进行分析，虽然都是通过官方公布的数据渠道获取，但由于两国统计口径有较大差异，还是存在一定的数据缺失、遗漏以及更新不及时的问题，为了统一口径，只能舍弃一些数据缺失较为严重的行业数据和指标，导致数据的完整性不能很好地体现，所选取的行业也有一定的局限性。

第二，对全要素生产率的测度目前只考虑到和制造业有关的传统要素资源的投入，随着生产方式、商业模式和生活方式的改变，数据等要素资源成为基础性资源和战略性资源，也不断地成为重要的生产力，但目前受限于生产要素的价值化尚未有明确的方法，对于定价和确权等方面尚未有明确的界定，新型生产要素未能纳入。

第三，行业定量分析基于国家统计和部门统计数据，由于针对产业链环节的规范统计尚未建立，尚未考虑产业链和价值链在全球的布局因素，对行业的测算没有细化到产业链环节，对于产业与产业间或者产业内部不同的环节是否因为全球价值链的分工所带来的生产率和竞争力作用机制的差异没有进行深入探析和机制分析，还有待进一步分析。

第二章　理论基础与文献综述

第一节　相关概念界定

本章出发点是基于我国已进入工业化后半期的阶段，经济增长进入新常态，三次产业结构发生了新变化，自 2010 年起我国一跃成为全球第一制造大国，正逐步迈向制造业高质量发展阶段，然而却存在着大而不强的现实，通过建立一个衡量制造业生产率和竞争力的测度，比较中美两大制造业大国的现实差距和异同，探究中国制造业转型和发展的道路。研究对象是中美制造业的生产率和竞争力，以下将对涉及的一些核心概念进行界定。

一、全要素生产率

全要素生产率的概念包含于生产率概念当中。《大英百科全书》中把经济学中的生产率定义为："是一种生产产出和为了生产所需要投入两者的比率"。在 2001 年颁布的《生产率测算手册》（OECD *Productivity Manual*）定义生产率是："对产出测量与投入测量的比率"。Coelli 等（2006）用了类似的简洁定义，即生产率为"所生产的产出与所需投入的比率"。

生产率按衡量投入要素的范围大小不同可以分为"单要素生产率""多要素生产率"和"全要素生产率"（TFP），可以通过这些指标来对投入产出之比进行衡量。在实际的生产过程中投入的要素一般都为多个，因而后两个定义基本上一致。例如，在亚太经济合作组织《生产率测算手册》中，全要素生产率被视为

多要素生产率的同义词。《大英百科全书》也有类似的表述，即考虑多种投入因素的产出比可以称为 TFP 或 MFP。

上述文献关于生产率的概念也基本上一致，而全要素生产率的定义则有所不同。《生产率测算手册》对其定义如下："全部投入要素对产出增长的贡献水平为全要素生产率"。《大英百科全书》给出的定义为："用于衡量资本和劳动结合投入而决定生产率的一个指标"。Coelli 对全要素生产率定义为："用于测算全部生产要素效度的生产率"。

可以看出，上述研究对全要素生产率的定义各有侧重。根据上述研究，本书认为，从全要素生产率的应用目的、表现形式、核心内容和涉及范围出发，全要素生产率是使用所有对生产有重大影响的投入要素和产出的关系进行综合比较，从而实现对生产过程中技术及效率情况评价的一种度量指标，即实质是反映技术进步和效率改进这两者对投入产出关系变化的综合影响。正是这种核心内涵关系的存在，使全要素生产率最终成了一个可以综合反映生产率，全面评价经济增长质量和竞争力水平的一个综合指标。

二、竞争优势与竞争力

竞争优势与竞争力是两个紧密相连的概念，客观存在的竞争是竞争优势与竞争力概念诞生的主要来源。竞争优势是客观竞争当中竞争主体在一定条件下保持领先地位的现时状态，竞争力是这种竞争优势的集中体现。不同学者从各自的角度对竞争优势含义进行说明。Chamberlin（1957）在 20 世纪 50 年代首先提出了竞争优势概念，其后很多研究者从企业层面对此概念进行推广完善。Ansof（1965）认为，企业在特定领域为确保其竞争地位而占有的特异性资源就是竞争优势。Schendel（1978）参考大量文献后，认为竞争优势表现为企业通过适当的资源配置获得的和竞争者相比具有的市场优势。张华（1999）研究发现，企业在市场竞争中的绩效主要和竞争优势有关。对国家产业而言，企业和产品竞争优势是最重要的基础条件，可以通过竞争力反映出竞争优势水平。

基于竞争优势概念而提出了竞争力的概念。金碚（2003）梳理前人成果发现，瑞士洛桑学院的研究结论中，竞争力包含了资产和竞争过程两方面要素，生产效率存在差异情况下就会产生竞争力。Horal（1999）认为，竞争力水平可以通过效率进行衡量。樊纲（1998）提出，竞争力是产品在市场竞争中的地位。魏后凯（2002）认为，竞争力源于竞争优势，因而竞争力是竞争主体在市场竞争中占有资源和市场的能力。对企业而言，在长期的市场竞争过程中，其竞争力不断地形成，且存在明显的动态变化。竞争力涉及的层面更高，表现出对象在国际市场上的竞争优势，一般从国家或行业角度进行衡量，而不局限于企业层面。

三、产业层面的贸易竞争力

根据竞争范围的不同，竞争力可分为区域竞争力和国际竞争力。在目前全球经济一体化发展形势下，学者们在关注和研究区域竞争力的同时，也开始关注和研究国际贸易竞争力。本章将针对中美两国在制造业层面进行比较分析，重点考察两个国家所反映出来的在国际贸易中的产业竞争力水平。

迈克尔·波特率先从产业层面对国际贸易竞争力问题进行深入研究，通过对很多国家贸易竞争力进行对比分析，给出了产业竞争力的概念，表现为某产业在贸易环境中发展和占领市场、获得高于市场平均利润的能力。因而波特认为，在国际市场中，国家贸易竞争力可根据产业竞争力进行描述，其直接决定了国家贸易优势。其后与此相关的研究不断增加，很多学者从不同角度研究了产业竞争力，且进行了一定的拓展。如金碚的研究认为产业竞争力表现为，一定的国际贸易环境下，某国家或产业能以高于与之竞争的国家的生产率，进而向国际市场提供满足消费者需求的产品，并能够持续盈利；裴长洪（2002）在研究时从潜力和竞争优势方面进行分析而对产业竞争力定义如下，在一定市场环境中，产业比较优势和绝对竞争优势之和就是产业竞争力；陈立敏（2006）从组成要素角度进行分析，认为其包括产业利润、产业环境、生产率等各方面要求，这些决定了竞争力的来源、表现形式和结果等，此观点有较高的理论参考价值。

综上所述，学界从不同角度和层面对竞争力下定义。竞争力和很多因素有关，涉及范围大，特别是涉及国家竞争力时，可能会涉及多个学科的概念，例如政治、地理、公共管理等。根据本书的研究目的，只关注经济学范畴的竞争力理论体系，且关注点在制造业层面的两国比较。因而，国家竞争力的基本内涵应与生产率密切相关，是一国在国际贸易中所反映出来的优势程度。

第二节　理论基础

一、生产率视角下的经济增长动因解释

（一）生产率驱动经济增长的理论根源

自亚当·斯密以来，古典经济学派的经济学者不断探究经济增长的驱动因素，最终一致认为，一个国家的长期经济增长主要取决于三个因素（Tanzi and Zee，1997）：①生产资料的积累；②知识技术既定下资源存量的利用效率；③技术进步。学者们构建了不同因素下的生产函数模型来衡量生产率的影响因素，从而解释经济增长的变化。

20 世纪 40 年代形成的投入产出论认为生产率是“通过对产出物与该物的投入物之比的计算而获得的生产有效性的量度”。如依据生产与投入之比的定义进行分析，只有投入和产出均以统一货币单位为量纲的时候，生产率才是纯经济意义上的生产率。可进行如下的定义：在一个生产周期内，某经济系统产出物和与之对应的投入物经济价值之比，可通过此指标对此生产系统的效率进行评价。根据经济学相关理论知识可知，生产率理论的主要基础为生产费用论、边际效用论，其中的核心为收入分配理论。具体分析西方全要素生产率理论的发展情况可知，其实是对边际生产率理论进行改进和扩充而形成的，因而在对其进行分析时必然涉及这两方面理论。

（二）内生增长模型对经济增长的理论解释

20 世纪 60 年代以索洛模型为代表的新古典经济增长理论开始进入迅速发展阶段，其主要特征表现为，在解释经济增长原因方面，突破了传统的劳动、资本投入模式，而引入了技术变量，从而得出结论：当要素产量逐渐下降时，长期经济增长停止。根据索洛的经济增长理论进行分析，在满足一定资本积累要求的情况下，在不论国家初始人均收入如何情况下，最终的发展结果都趋同。“二战”后，许多国家都在实践这一理论，不过进一步分析可知这些国家在发展过程中，为有效地进行产业结构优化，而过多地进行资源投入，支持相关资本密集型产业，不过实际的效果并不理想。

源于20世纪80年代的内生增长理论是新古典经济增长理论的延续和发展，对内生机制和可持续发展之间的关系进行了解释，提出生产要素外溢和人力资本积累等相关理论，并创造性地以纵向创新理论和横向创新理论为核心对内生增长理论进行了扩展。国际贸易与对外投资为技术落后的国家带来了知识和技术的溢出效应，在学习和模仿的过程中，由于知识鸿沟的存在与吸收能力的限制，落后国家只能通过仿照发达国家的创新结果从而实现自身的提升，这是发达国家和落后国家整合的结果"横向创新"，不过其表现形式很复杂。Aghion等（2005）认为，质量改进驱动经济增长，每当新发明出现，旧技术和产品变得过时，熊彼特称这种"过时"为"创造性毁灭"。Aghion等（2011）的纵向创新基本模型针对经济增长、政治制度、国际贸易、经济周期等多方面进行了研究。纵向创新理论相关的研究侧重于技术革新、竞争、专利政策等四个方面。创新引起模仿，从而打破垄断，刺激大规模投资，促进经济的增长与繁荣。但当市场中的大部分企业都实现了纵向创新时，利润会消失，经济发展进入新的周期，新的创新再次出现。通过新的模式进行资源配置组合也预示着对现行经济体制中的生产资料有着新的利用方式。

20世纪90年代初期的内生增长理论认为，内生因素是影响经济长期增长率的重要解释因素。人力资本包括为提升劳动力素质而形成的劳动投入，技术进步中包含着R&D和创新活动形成的物质资本投入，因此技术进步要素可以实现内生化，得出由于技术进步因素的存在，收入将增加且长期增长率为正的结论。在此之前，也有经济学家如Schumpeter（1942）、舒尔茨（1990）、贝克尔（1989）肯定人力资本和技术进步对经济增长的作用，但是他们认为这些因素是外生因素，对经济有重大影响，但不是经济的一部分。

20世纪90年代末期，内生增长理论的另一个重要进展是新熊彼特主义的复兴。1939年，熊彼特认为创新是经济发展的源泉，在没有创新的情况下，经济只能进行内部的此消彼长从而达到均衡状态，此时的经济增长只是数量上的增加，而非质变上的"经济发展"。只有通过创新实现"创造性的破坏"，从而使经济运行突破原有的惯行轨道，并从内部推动经济结构的革命性破坏，经济才能发展。随着理论的发展，许多经济学家认识到如何进行实证分析是内生增长理论发展面临的最大问题。从现有文献来看，这种实证研究主要分为两条技术路线：短期内不同国家内生增长证据的比较研究和同一国家的长期经济增长因素数据分析。

20 世纪 90 年代以来，经济学家对内生增长理论的研究取得了新的进展，这些进步主要体现在对原有内生增长模型的完善上。例如，自罗默（1986）提出外部性以来，经济学家们对经济增长的内生根源进行了更为深入的探讨，1990 年，又将技术进步视为来自个体优化决策的中间产品扩张。Young（1991）提出的“干中学”模型认为，实践中的学习是有限的，由此衍生的创新增长也是有限的。2003 年，他再次提出了一个中间产品和最终产品数量同时扩张的内生增长模型，旨在实现中间产品的替代性和互补性。另一些经济学家对经济增长模型中规模效应的实现问题进行了深入的讨论，他们认为 Lucas 等的经济增长模型都存在规模效应，但缺乏实证支持，如果去掉模型中的规模效应，那么意味着消除了模型的长期限制从而变成短期模型，增长的驱动要素很可能从内生因素变成外生因素。因此，他们的目标是建立一个没有规模经济的增长模式。

二、技术差距与贸易竞争力的理论关联

（一）技术差距理论与新生产要素

技术差距理论又称创新与模仿理论，将技术作为一个独立的生产要素。M. U. 波斯纳（1959）在研究过程中对国际分工的条件从创新和技术进步角度进行研究，所得结果对扩大生产要素范围有一定参考价值。技术差距表现为一国通过技术创新而产生的特定动态贸易格局，而此种差距通过对不同国家的要素禀赋的程度产生影响来作用于贸易格局。

技术差距理论的提出源于新生产要素的定义。在产业内贸易占比不断扩大和全球价值不断升级的时代背景下，新生产要素理论也被提出来，其主要特征表现为，显著扩大了生产要素的内涵，衍生出自然资源理论、人力资本理论、研究与开发学说、技术差距理论等新的研究范畴，从新生产要素的角度说明了国际贸易的基础和贸易格局的变化。

人力资本理论在赫—俄要素禀赋理论的基础上在生产函数中引入人力资本要素，以基辛（D. B. Keesing）、凯南（P. B. Kenen）、舒尔茨（T. W. Schultz）为代表的学者研究认为，通过投资提高劳动力素质和生产技能，能够实现劳动生产率的提升，从贸易结构和流向来看，人力资本优势大的国家生产人力资本密集产品更具优势。

“技术溢出”和“干中学”理论把技术看作一个内生变量。罗默提出的“干中学”型技术进步和技术溢出存在密切关系，也就是技术是贸易自然引进的。根

据克鲁格曼的观点，如果进口国将溢出国的技术投入到存在很明显比较优势的产业，那么对两个国家都会带来益处；而相反情况下则均不利。如果国内技术溢出率高于国际技术溢出率，国家原有的主导产业就有可能加快发展，原有的比较优势就会增强。技术的传播扩大了国家间的差异，凸显了技术变革对国际贸易的动态影响。

（二）研究与开发学说

研究与开发学说也称研究开发要素说，认为研发也是一种生产要素。格鲁伯、梅尔塔和维农（1967）对国家出口产品的国际竞争力和其 R&D 要素密集度进行一定统计研究，且发现两者表现出很强的正相关性。产业 R&D 能力的大小影响一个国家在国际分工中的比较优势，但很难改变国际贸易的格局。他们将美国的 19 个工业部门依研究与开发投资占销售额的比重和科学家、工程师占全部从业人员总数的比重，由低到高依次排列。从中他们发现，居于前列的交通运输工业、仪器仪表工业、化学工业和非电子机器制造工业等工业部门的销售额占美国制造业销售总额的 39. 1%，它们的出口额占美国工业制成品出口总额的 72%，它们的研究与开发投资额占美国研究与开发投资总额的 89. 4%。据此，格鲁伯、梅尔塔和维农得出了美国工业中研究与开发投资相对较为集中，因而技术水平相对较高的工业部门，同时又是美国的主要出口生产部门的结论。

结合研究与开发投资在对外贸易结构中的地位与作用，格鲁伯、梅尔塔和维农认为，美国正是根据由“R&D 要素”相对丰裕决定的在科学技术以及高科技产业上的比较优势，生产并出口“R&D 要素”密集程度相对较高的高科技产品，同时进口“R&D 要素”密集程度相对较低的其他商品，因此，美国的对外贸易结构和商品流向符合要素禀赋理论的基本要求，研究开发学说对国际贸易的解释遵循要素禀赋理论的基本逻辑。

（三）贸易竞争力理论

竞争力理论的基础为绝对优势理论，亚当·斯密最早提出了国家优势理论，李嘉图具体分析了绝对优势理论的缺陷之处，进而进行适当的改进。基于比较优势理论进行分析可知，在一定生产技术和成本差异驱动作用下产生国际贸易。各国应当按照“利弊兼顾”的原则，侧重于生产有很强出口比较优势的产品，而对相反的产品进行大量进口。这种贸易理论发展了绝对优势贸易理论，在更一般的基础上解释了贸易产生和贸易收益的基础，从低层次自然禀赋差异的竞争转变为生产力的竞争。

在新古典的国际贸易理论中，对出口竞争力的考察主要集中在不同国家之间生产要素禀赋的差异所决定的比较优势上。总体上分析可知，新古典国际贸易理论的前提基础为，存在完全竞争市场，在解释产业间贸易现象方面有一定应用价值。

而根据新贸易理论的观点，产业内贸易不断发展过程中，多元化的消费偏好和经济发展的规模效应成为产业内贸易的主要驱动因素。然而，交换货物和服务的不是国家和行业，而是企业。于是，以 Melitz（2003）为代表的新新贸易理论针对微观层面企业出口问题探究贸易的动因。研究表明，一个企业是否出口取决于成本和生产率水平两个方面的因素。因此新贸易理论认为，贸易成本与生产率之间的相互作用是决定企业出口倾向的重要因素。

（四）产业竞争力理论

传统的国际贸易理论分析的对象主要是具有劳动生产率明显国别差异的产业贸易，但是自 20 世纪 60 年代以来，随着科学发展与国际分工的变化打破了传统的贸易模式，国际贸易实践中又涌现出新现象，即产业内贸易。在产业内贸易过程中彰显出来的产业国际竞争力即为产业竞争力，其指标包括生产效率、满足市场需求、持续获利等能力。产业竞争力具体的内容在于产业竞争优势的差异，即一国生产的产品、企业的市场实现能力。因而从本质上分析，可将其看作比较产业的生产力，也就是指一个企业或一个行业采用比对手更有效的方式满足消费者需求，从而获得持续超额经济效益的综合能力。

波特（1985）认为，除了传统国际贸易理论提及自然资源、劳动力、利率和汇率等要素对于国家竞争优势的影响，一个国家的贸易优势还在很大程度上取决于其技术创新和产业升级的能力。在当代国际竞争的背景下，知识溢出与知识学习的效用价值不断凸显，贸易竞争优势的来源和范围扩展到这种体系内各种因素的有机交互和融合。一个国家的意识形态、经济文化结构和历史沿革已经成为竞争优势的源泉。波特的国家竞争优势理论对世界经济贸易格局的理论进行了归纳和总结。波特的钻石模型反映出，这些因素在一定交互下如何影响特定国家竞争优势的形成。

三、经济增长理论与工业化理论

（一）经济增长理论

在经济发展的初级阶段或现代工业发展的早期阶段，经济增长主要依赖于资本积累。而从长期来看，资本的形成积累是发展中国家制造业发展的必要前提条件。然而，在工业化的高级阶段，随着资本积累和资源配置效率的提高，技术进步对经济增长的贡献在最广义上大于物质资本积累的贡献，而经济增长起着越来越重要的作用。在从工业化中期向工业化后期发展的过渡时期，经济发展会发生结构性变化，不同阶段下经济发展的动因不同。

而库兹涅茨是基于增长核算的研究，西方现代经济增长自工业革命以来所描述的特征主要是依靠技术的不断进步而不是资本的积累，因为科学被广泛地用来解决经济生产问题，所以有理由预期，随着技术的快速进步，资本增加会克服收益递减的问题，从而造成资本产出比的下降。

库兹涅茨（1989）认为："一个国家的经济增长可以被定义为在先进技术和相应的制度和意识形态调整的基础上，为其居民提供日益多样化的经济产品的能力的长期提高。"库兹涅茨从定义出发，总结了经济增长的六个特征：①人均产出的高增长率和人口的高增长率，人口经济增长最显著的特点是产出增长率、人口增长率和人均产出增长率都很高；②高生产率收益是技术进步的标志；③经济结构改革的速度很快；④社会结构和思想结构的改革很快；⑤世界经济增长迅速扩大；⑥世界经济增长不平衡。

（二）钱纳里工业化阶段理论

各产业部门在一定的生产发展格局下，其处于制造体系中的地位会产生一定变化，这也是制造业内部结构的转变。货币方面也同样会产生显著变化。一些学者在研究过程中基于九大准工业化国家的历史数据，于 1960~1980 年建立了多国模型，建立了基于市场份额的 GDP 回归方程模型，从而提出了产业结构的标准，解释了人均国民生产总值、需求规模和投资率以及工业产品和初级产品产出率对制造业内部结构、发展的影响。也就是说，按照人均 GDP 将欠发达经济转变为成熟工业经济所需要经历的过程划分为三阶段。产业结构的转变促进了从任何发展阶段向更高阶段的跨越。

第一产业阶段表现为经济发展初期的制造业，涉及食品、皮革和木材相关的行业。中间工业阶段则表现为在经济发展方面发挥了重要推动作用的制造业部门，如化工煤炭、橡胶、石油相关的行业。后工业阶段和经济发展的后期情况密切相关，对应的产业涉及纸制品、服装、金属制品等。

许多经济学家试图通过比较不同的经济水平来寻找经济行为的一致性。C. 克拉克在 1940 年的《经济进步的条件》中对劳动力角色变化的分析和库兹涅茨的一系列比较国民经济核算因素的论文都是卓有成效的。结构主义认为，经济结构

的全面转型是发展的必要条件，包括生产、需求、贸易、要素供给、城镇化、教育、收入分配等方面的全面转型。在此基础上，着重分析了工业化进程中各个部门对各个国家和地区的总体影响。通过比较研究，钱纳里（Chenery）确定了发展中国家在需求、技术等方面的共同变化。以工业化为标志的结构转型是发展的必由之路。

在工业化进程中，不同收入水平对需求变化的影响与供给因素的变化同样重要。钱纳里认为，工业化是利用各种因素的不同组合来满足不同需求变化的增长方式，衡量工业化的通常标准是制造业对国民生产总值的增加值。他指出，在工业化初期，初级产品出口的增加对经济增长的影响更为显著。例如，在日本和韩国，初级产品出口在其工业化初期的经济增长中占很大比重。

当工业化达到一定水平时，制造业增加值将在经济增长中保持相对稳定的比重，因为最终对制成品需求的增长率将不再超过国民生产总值的增长率。

在工业化中期，初级产品生产开始向创意产业生产转移，且从产生原因来看，中间投入需求改变直接决定了这方面的变化。钱纳里认为，工业化取决于总需求水平和要素供给结构的转变。随着人均收入的增加，需求结构必然发生相应的变化，这是推动工业化发展的强大动力。要素供给的变化将导致贸易战略和生产技术的相应变化。

关于工业化的必要过程和基本特征，人们有不同的看法。例如，随着人均收入的增加，消费需求结构呈现出恩格尔定律的泛化特征。刘易斯假说所描述的大多数发展中国家劳动力的弹性供给是一个二元劳动力市场，资本的积累速度高于劳动力的增长速度，从而形成比较优势。部门劳动生产率增长水平与系统性之间的差异是人口变化趋势，其中一系列因素导致人口增长加速然后放缓，而各国能获得类似技术的都是采用发达国家先进的操作方法，这就涉及加工产品对原材料的替代作用和生产率增长速度的差异、国际贸易和获得资本流入。

钱纳里认为，工业化是整个经济结构的彻底转变。随着工业化的发展，首先会带来技术进步和生产力的提高，其次会提高人均收入水平，导致消费结构的变化。同时，为了适应生产力的提高，贸易政策也必然发生变化。工业化进程不是单个部门的结构变化，而是整个社会经济结构的变化。

第三节 文献综述

一、制造业全要素生产率的研究综述

全要素生产率作为一种衡量全部要素投入的转化效率指标，可以成为经济增长的动力和竞争力来源的一种衡量，广泛地应用于测度经济体或产业部门未来的增长潜力。自 Solow（1957）系统地运用增长核算方法首次提出全要素生产率（TFP）的计量方法以来，TFP 得到了广泛的应用，并逐渐在效率评价体系中成为主流。全要素生产率是现代化经济体系的主要统计指标之一，虽然传统上被认为是技术进步对产出增长的贡献，但其存在诸多统计偏误问题有待克服。胡宗彪和周佳（2020）测度了中国服务业全要素生产率，从横向和纵向角度比较中国与全球主要经济体服务业及其分部门的生产率差异及变化趋势，基于双边服务贸易视角，拓展传统全要素生产率的测度框架，解决服务业 TFP 国际比较研究中的数据限制问题。TFP 习惯上被认为是技术进步对产出增长的贡献，但张琼（2015）的实证研究发现全要素生产率的变化的复杂性显著高于“技术进步”。具体分析可知其原因在于此指标描述了将全部要素投入转化为总产出的效率，表现出一定综合性特征，可基于全部要素投入之外的“剩余价值”进行计算而确定出。从宏观方面来看，作为增长的剩余价值，它不仅包括技术进步，还包括各种类型无法直接观察的因素。因而在易纲等（2003）研究过程中详细划分增长源，且对其进行分类时，相应的算法成熟度越高，则残差部分会越来越小，即被计量的全要素生产率和真实的技术水平越趋同。朱沛华等（2020）模拟蒙特卡洛实验的结果表明，由于增加值偏差的存在，增加值生产函数测算得到的全要素生产率异质性要大于总产值生产函数，增加值成本函数测算得到的全要素生产率异质性要大于总产值成本函数，因此，使用总产值作为产出代理变量得到的估计结果更为稳健。以 1999~2013 年中国工业企业数据为样本的检验结果表明，2011~2013 年比 2008 年以前全要素生产率分布的所有制差异明显缩小；其动态分解结果表明，2011~2013 年全要素生产率变动出现停滞甚至下滑的趋势，不同行业的全要素生产率变化表现出明显的差异。

Jorgenson 在 20 世纪 60 年代的研究发现，索洛余值模型在应用过程中存在着非技术因素干扰，即要素投入的测度误差和模型关键变量的遗漏。在扩展模型中，Jorgenson 和 Griliches（1967）采用超越对数生产函数的同时，在衡量全要素生产率时，也比 Denison（1967）做出了更精细的要素投入区分。受 Griliches（1967）的启发，目前国内研究者开始从国情出发，扩大对生产要素的计量测度和模型选择，使 TFP 和真实的技术水平更接近，从而提高其应用价值。李静等（2006）与彭国华（2007）在对其进行改进时，引入了人力资本因素；王兵（2007）则将环境因素加入此模型中，且进行一定优化融合；李小平（2005）加入的因素为研究与开发投入。

虽然所采用的方法有所不同，但以往学者在研究时面向的生产率、增长率保持较高的稳定性。例如，蔡跃洲（2017）在研究时统计分析了 17 个细分行业信息，而确定出我国从 1978~2014 年的平均全要素生产率，结果发现其基本上保持为 30%。范剑勇（2013）等则应用线性规划等数学方法进行分析，研究了制造业中通信设备、电子设备的此指标。两种方法测得的生产率增长率虽然有所不同，但水平值始终保持稳定。根据傅晓霞等（2006）的研究结果，采用随机前沿方法，技术进步对产出增长的贡献率保持较高的稳定性，基本上维持为 30%，此外，其研究还发现扩大投资直接决定了产业规模。

基于行业层面的研究发现，TFP 的增长和行业存在密切关系，且不同行业的差异很大，且对比发现全要素生产率增长率的变化也和地区因素密切相关。李小平等在研究过程中基于传统的索洛残差法计算了 1986~2002 年中国制造业 34 个行业的全要素生产率。章祥荪等（2008）利用 Malmquist 指数法计算得出各地区之间的全要素生产率差异较大，各省之间的全要素生产率呈现出差异化趋势。

二、制造业贸易竞争力的研究综述

国外学者对贸易竞争力的研究主要集中在两个方面：一是传统的贸易指数分析。Balassa（1966）在对国家产业竞争力进行研究时，提出了比较优势指数（RCA），此指数在解释一些现象方面有一定应用价值，不过由于没有考虑到进口因素，因而也存在局限性。其后一些研究者对此进行改进而提出贸易竞争力指数（TC）。Lall（2005）在对技术水平和国家出口优势的相关性进行研究时，提出了出口产品复杂性指数（SI）。二是增值贸易指标分析。Hummels（2001）也进行了类似的研究，且建立了垂直专业化指数对产业价值链进行分析。Dandinet 等

（2009）和 Koopman 等（2010）提出了全球价值链参与指数和全球价值链地位指数，在按照全球价值链分解一国产品出口总值的基础上，衡量一国产业在全球价值链中的分工状况。基于美国投入产出表，Antras 和 Chors（2013）通过构建产业上游度和下游度指数，对特定产业在全球价值链中的地位进行研究。

近年来相关制造业国际竞争力的研究开始受到关注，很多学者从不同视角开展相应分析。新新贸易理论以异质企业作为国际贸易行为的研究主体，以异质性而非同质性为假设前提，企业出口、对外投资以及国际化的生产组织等行为均源于企业的异质性。在当前国际经济和贸易发展的新形势下，需要厘清中国制造业贸易竞争力的现状以及创新与贸易竞争力的关系，从而基于对中国本土制造业贸易现状对当前中国制造业企业行为、异质性、创新能力及其竞争力进行系统研究（陈蕾，2020）。如秦臻（2006）在研究时综合应用市场占有率指数、显示性比较优势指数等衡量指标，研究了中国航空航天器制造业的国际竞争力，指出了目前我国航空飞机制造业发展过程中面临的问题，且提出了一些建议来提高其在国际市场中的竞争力。徐涛（2009）则在一定实证分析基础上，对我国 28 个细分制造业的国际竞争力进行了研究。秦旭（2012）等根据各国工业发展形势，且基于“微笑曲线”，采用中美投入产出表的数据，比较了中美制造业的发展状况。戴翔（2015）从贸易增加值的角度计算了 1995~2011 年中国制造业的指示比较优势指数，发现中国的比较优势在劳动密集型行业的优势很明显，不过和前一阶段相比有一定降低。蒋庚华等（2019）基于全球价值链视角，考察了中国服务业离岸外包对制造业国际竞争力的影响。结论认为，服务业离岸外包通过提高制造业的劳动生产率，促进其国际竞争力提升。李勤昌等（2019）对技术创新及其他变量与中国制造业产品出口本国增加值及其全球竞争力的关系进行分析。研究结果表明，技术创新是增强制造业出口本国增加值创造能力的关键因素，技术创新能够实现劳动要素、资本要素、原材料均达到最优配置，提高全要素生产率，增加出口本国增加值的创造能力，从而提升其全球竞争力。

目前很多国内学者开始利用各种指数工具分析各国的贸易竞争力，如一些研究者从贸易总价值角度进行衡量判断，不过大部分侧重于制造业贸易方面，所得结果的应用价值有限。洪涓和张博（2011）对中美服务贸易的国际竞争力进行了比较分析。他们通过测算两国的市场份额和 TC 指数，且对两国相应指数的差距进行对比分析，并据此提出了相关建议来提升中国在此领域的国际竞争力。李薇

（2011）则通过大量的数据对比分析了中美电影服务贸易的竞争力，且基于所得结果对中美电影服务贸易领域相关问题的产生原因进行解释，且提出了一些提升中国此领域竞争力的参考意见。王清（2014）具体测算中美两国的指标：显示性比较优势指数、产业内贸易指数，然后利用这些指标对中美贸易竞争力进行对比评价，对相应的竞争力差异成因进行讨论。蓝庆新等（2019）基于“熵值法”构建了国际竞争力综合评价体系，通过对比 2008~2017 年全球经济总量排名前十的国家数字贸易国际竞争力水平，得出中国数字贸易国际竞争力呈现快速增长态势，但与美、德、英三国相比仍然存在一定差距。因此，应通过加强顶层战略设计、重视技术创新能力建设、进一步扩大对外开放、推动关联性产业发展以及加大数字领域人才培养力度，提升国际贸易竞争力。

三、生产率对竞争力提升作用机制讨论

国内学者对于生产率和竞争力两者关联关系的研究主要以全要素生产率为主要视角、以经济增长为桥梁来探讨贸易竞争力的提升机制。董秘刚（2004）探讨了中国技术进步与贸易增长的影响机制，论证了技术进步在提升国际竞争力方面的重要性，认为通过技术进步提高生产率是我国从贸易大国迈向贸易强国的关键。李清如（2014）从全要素生产率与贸易开放度方面做了深入讨论，且发现这种生产率和劳动生产率随着企业所在城市贸易开放程度的提高而得到改善。刘天琦（2018）研究了国际分工与生产率的影响，发现逆向外包是中国破解价值链低端锁定、提升全要素生产率的一条重要战略路径。茹少峰等（2018）认为，效率变革是中国经济高质量发展的特征之一。通过生产率测算方面进行分析，统计了人力、资金、全要素生产率增长率的变化情况，据此分析了潜在经济增长率下降的影响因素，结果发现此指标的下降是引发经济增长率下降的主要原因。与其他经济体比较起来，中国制造业企业表现出更高的出口参与率（阮敏，2020）。曹正旭等（2020）基于 2006~2018 年中国大陆 30 个省市面板数据，通过构建交互项与面板门槛模型，在经济发展和对外开放水平影响下，检验威廉姆森假说和开放性假说在工业领域是否存在，揭示工业集聚对全要素生产率的影响机理及区域异质性。结果表明，工业集聚对全要素生产率的影响存在基于经济发展和对外开放的门槛效应。刘伟等（2019）采用附加人力资本的增长核算方程进行测算，2022 年中国潜在经济增长率将下降至 7.32%，人均 GDP 将达到 1.33 万美元，顺利步入高收入国家行列，实现全面小康目标。基于此，应通过注重资本投资方

向，提升资本投资效率，加大教育投入力度，降低人力资本错配，全面深化改革，加强自主创新等手段多管齐下，精准发力，为保持潜在经济增长率中高速增长，国家基本实现社会主义现代化奠定基础。余子鹏等（2019）认为，制造业国际竞争力是其生产率和发展质量的外在体现。要素质量提升是产业生产率的根本源泉，研发投入和劳动力教育与培训有利于提升要素质量。实证分析发现：资本质量对我国制造业国际竞争力有正效应，人力素质对国际竞争力有负向影响；国有资本的发展主导性作用不强，金融发展的促进作用不明显。资本质量和人力素质良性互动、发挥国有资本研发主导性，是提高我国制造业生产率与国际竞争力的根本路径。

近年来，国外学者关于生产率与贸易竞争力关系的探索较为丰富，主要集中于对出口与生产率的因果关系的讨论。Beckerman（1965）的出口增长理论强调了出口是促进生产率增长的关键因素，这一结论不仅对于发达国家适用，Balassa（1978）、Feder（1982）和 Michaely（1977）针对发展中国家也通过了检验和证明。同时，出口导向型增长理论对出口对生产率的这一提升作用进行了理论解释。首先，出口被认为集中于经济中最有效率的部门，随着效率较低的公司退出市场，资源从效率较低的工厂重新分配到效率较高的工厂，这一规律在 Melitz（2002）和 Feenstra（2001）的研究中得以验证，即该国享有比较优势的部门，这些部门更强的专业化被认为会提高生产率。其次，较高的出口增长被认为可以使该国从规模经济中获益，Clerides（1998）、Egan（1992）和 Baldwin（1997）等先后得出此结论，因为将国际市场纳入国内市场可以比单独的国内市场进行更大规模的经营。再次，通过增加出口并广泛地接触到国际竞争，被认为是可以增加出口工业的压力，使其保持低成本，并为引进提高生产率的技术变革提供激励。最后，出口也可以作为技术和知识转让的渠道。与贸易伙伴或竞争对手的接触可能会产生知识溢出，例如，产品差异化或产品设计改进的想法。这就导致了知识资本的积累，Grossman 和 Helpman（1991）的研究发现，出口还提供了研究成果转换的机会，增强了对研发投资的激励，并鼓励技术创新。总结而言，出口对生产率的影响包括利用比较优势和改善稀缺资源分配所产生的静态效率收益，以及通过更高的竞争、更大的规模经济、更好的能源利用率及知识和技术传播，产生了更具生产率的出口部门。Alcala 和 Ciccone（2004）通过实证证明了出口增长与生产率之间的这一正向联系。Xiaolan Fu（2004）的研究结果表明，要使出口对全要素生产率增长产生显著的积极影响，一个发达的国内市场和一个中立的外向型政策是必要的。Andersson（2008）发现，生产率的促进作用随着市场的扩大而增加。同时出口和进口的公司（即双向贸易商）比只出口或只进口的公司生产率更高。这一发现可以解释为，双向贸易者深入参与国际分工，在生产过程中使用基于前沿知识和技术的投入，从而提高了生产率和在出口市场上的成功率。低于生产率阈值的企业在国际贸易中逐渐被淘汰。Zhang（2010）建立了动态规划模型，对出口市场参与决策进行了仿真，结果发现市场选择和规模效应假说是出口企业生产率变化的主要原因。Sangho Kim（2011）研究了1980~2003年韩国贸易与经济增长的关系，发现进口对全要素生产率增长有显著的正向影响，而出口对全要素生产率增长没有显著的正向影响。Hwang（2016）发现，出口企业的创新活动对中小型出口制造业企业生产率的变化有正向影响，而就业成本、销售强度对企业生产率有负面影响。Nguyen（2019）通过越南企业数据研究认为出口对生产率的转变在很大程度上取决于特定的制造业部门和出口转型的类型。

然而有学者发现，出口与生产率之间关系的原因实际上可能与上述论点所提出的相反。企业自我选择的一个因素可能很重要。毕竟，成功的企业更有可能出口，因为只有生产率高的企业才会发现进入出口市场是有利可图的，只有它们才能在竞争激烈的出口市场中生存。Hansson和Eliasson（2009）发现，生产率和出口扩大的相关性是由于出口企业的“自我选择”，通过瑞典企业数据的研究证明，在进入国际市场之前，未来的出口企业的生产率要高于非进口企业。无独有偶，Soo-Il Kim（2009）和Fernandes（2015）也分别通过韩国和哥伦比亚制造业企业数据发现高生产率导致出口的自我选择现象。

与出口导向型增长模型相比，贸易的技术理论提出了一种因果关系，即促进作用是从生产率到贸易，而不是从贸易到生产率。虽然对生产率的讨论往往侧重于生产的相对成本，但必须认识到，生产率既不是一个静态的概念，也不是一个应只注重成本而忽视价值和需求相关问题的概念。越来越多的文献强调了出口质量或先进性对提高竞争力的重要性（C. F. Schott，2004；Hummels and Amp，2005；Klenow，2005；Hallak and Amp，2011；Sivadasan，2009）。Vernon（1966）将出口市场的竞争力归因于通过创新获得的市场力量。贸易的技术理论认为，在动荡的国际环境中保持竞争优势需要不断升级、不断提高相对生产率，因为知识和技术的扩散（有助于全球生产率增长）将侵蚀产品差异。这一现象导致竞争优势只能通过降低单位生产成本或提高单位价值来实现。单位成本的降低将支撑出口持续增长，产品价值的提高即提高质量，生产更复杂的商品和服务，对长期出口增长至关重要。质量升级可以体现在产品本身（“质量或产品升级”）的生产技术（“工艺升级”）（Ferrantino and Amp，2001；Walton，2004），也可以通过在公司或地点整合更多的生产步骤（“功能升级”）。单位成本的降低和产品质量的提升均代表全要素生产率的提升。因此，要保持竞争力并适应变化，就需要将资源（资本、劳动力）重新配置到更高价值的活动中，人力资本和创新则是长期增长的主要决定因素。同时，生产率对贸易竞争力的促进作用在各国有所差异，这是因为制度—社会中的“游戏规则”形成了各国不同的创新和创业的激励机制，也是造成各国发展差异的根本“深层决定因素”（North，1990）。

贸易与长期经济增长之间的积极关系是一个共识。C. F. Edwards（1992）、Romer（1999）、Dollar（2004）和 Romalis（2007）等的实证研究表明，一个国家的贸易份额与其经济增长绩效之间存在很强的相关性。但正如 Harrison 和 Rodriguez Clare（2009）所指出的，大量贸易研究未能发现最终产品关税与经济增长之间的显著相关性，这也许有助于解释为什么通过贸易政策来促进发展中国家出口的许多努力未能带来可持续的贸易竞争力的提升和经济增长。许多国家的出口商在全球市场上面临多种生产率低下的阻碍，包括扭曲的宏观经济政策，要素配置不合理、基础设施和服务差以及运输和物流效率低。发展中国家较低的生产率阻碍了贸易政策作用发挥和贸易竞争力的提高，这可能是由于资源配置扭曲、公共产品提供不足或发展中国家的制度等因素。

第四节　总结与反思

近年来，数量经济学的发展使学者们采取更多样化的方式对制造业的生产率和贸易竞争力进行测度和国际比较，并且不断探寻“技术创新”“规模增长”以及不同经济发展阶段下我国制造业的发展路径以及贸易竞争力提升的特殊机制。通过对要素质量、技术差距、经济增长、人力资本等普适性因素的效率模型分别进行优化改良，并结合中国特有的社会发展形态，从顶层战略设计、对外开放力度和创新能力建设等层面开展了多维分析与实证研究。对于制造业效率的研究，

现有学者主要目的在于刻画中国制造业各行业的生产率差异或国际整体制造业效率的比较，但无法横向比较中国制造业各个细分行业与另一个制造业大国——美国的生产率差异及其原因。目前对于中美制造业效率的研究年份较早，其研究结果无法为当前形势下的中国制造业发展提供及时指导。

总结来看，针对效率与竞争的理论研究始终是经济学界备受关注的问题，从内涵来看，无论是国家竞争优势还是比较优势，其实质都是生产率，生产率反映了生产要素的转化效率，新要素理论进一步扩充了生产要素的内涵和范畴，技术差距理论将技术作为一个独立的生产要素纳入其中，是“技术溢出”和“干中学”的一个内生变量，扩充了技术差距与贸易竞争力的理论关联，全要素生产率作为生产率的测度指标，能够更好地衡量这种内生增长程度，国内外学者对于制造业全要素生产率的研究主要集中在通过索洛模型进行实证测算，在指标构建和模型方法上进行了更为精准和全面的分析，并且在制造业的实际发展中找到了现实证据。对于生产率与贸易的关系，贸易的技术理论提出了一种因果关系，即促进作用是从生产率到贸易，因为知识和技术的扩散将侵蚀产品差异，导致竞争优势的形成只能通过降低单位生产成本或提高单位价值来实现。

当前的研究对生产率和竞争力仍然存在三个问题：一是全要素生产率在制造业领域的实际内涵界定不清；二是全要素生产率对贸易竞争力的影响路径并不清晰，分析角度不够全面，两者关系不够明朗，存在理论“黑箱”；三是理论的探讨不够深入，关于生产率的理论基本上是建立在投入产出的理论基础上，竞争力理论的基础为比较和竞争优势理论，但对如何影响、通过哪些因素影响，在不同的发展阶段是否存在差异甚至相反的结论等相关的因素考虑分析还不够深入，并且对于生产率提升对竞争力的传导机制尚未明确，缺少生产率和竞争力的互动关系研究。因此，在新的框架下进行更有逻辑性、严密性的思考和研究是十分有必要的，也可以丰富有关生产率和竞争力的研究。本章将通过分别比较中美制造业的生产率与竞争力，进一步分析生产率和竞争力之间相互作用并循环发展的互动关系，为我国提升制造业竞争力提出新的见解。

在后续的章节中，本书将试图从制造业整体及分行业的视角，同时结合中美两国制造业发展历程、现状和动力源泉，在全要素生产率—贸易竞争力这一循环过程中分析对比两国的生产率与竞争力水平，挖掘内在传导机制，并有效地使用实证工具进行全面的检验。

第三章　中美制造业发展历程及动力源泉比较

中美两国是当今世界最大的两个经济体，美国制造业塑造了 20 世纪以来美国强大的经济实力和政治实力，中国的制造业在新中国成立以来迅速腾飞。两国制造业的发展状况与其发展历史、基础条件、要素驱动模式和政策导向息息相关。随着新一轮产业革命的加速发展，国际分工格局正在发生深刻调整，制造业成为现代经济体实现起步和腾飞相对通用的答案。本章主要研究中美两国制造业发展历程和阶段性特征，并对两国在制造业发展中的动力源泉进行分析和比较研究，以更好地了解中美两国制造业发展脉络和动力，通过历程的回顾来寻找两国发展的通用答案，为接下来测度两国制造业全要素生产率，研究全要素生产率和竞争力之间的关系奠定基础。

第一节　中国制造业发展历程

中国制造业的发展历程伴随着中国工业化的发展进程，工业化一般指从传统农业社会向现代工业社会的转变过程，在这个过程中，工业在国民收入和就业人口中所占的比例逐步提升（Kuznets，1973），钱纳里的工业化模型指出，工业份额增加的原因是国内需求的变动、中间产品使用量的增加以及随要素比例变动而发生的比较优势的变化。然而，它们的相对重要性却随着每个国家的初始结构、自然禀赋和发展政策的不同而变化。新一轮科技和产业革命驱动社会生产力的变革，提高了劳动力、资本等生产要素的素质，将有可能极大地提高全要素生产

率，进而为经济增长带来新动能（黄群慧，2019）。本章按照不同时期的政策导向和要素在驱动工业发展中所起的不同作用将中国的制造业发展历程分为三个阶段：新中国成立初期的进口替代与要素积累的工业化阶段、改革开放后的出口导向和投资驱动下的工业化阶段、“十二五”规划以来的制造业进入优化调整和高质量发展阶段。

一、新中国成立初期：进口替代与要素积累的工业化阶段

新中国成立后，中国在计划经济的背景下正式开始了全方面的工业化。面对国内外政治局势与经济增长的挑战，中国采取了进口替代的工业化战略，即仅进行有限的国际贸易，通过有限的进口促使本国工业部门自主生产，刺激本国工业部门的增长。工业化的发展不仅体现在纵向的工业产值不断增长，也体现在横向的工业部门不断增加。从制造业门类来看，1952~1978 年，我国实现了制造业门类的拓展。在计划经济时期我国通过“156 项重点工程”等大规模工业建设项目新建和改建了大量工业企业，重点补全了重工业门类。按照联合国工业部门分类标准，我国的制造业门类从“一五”计划前的 18 个快速增长至 1978 年的 25 个，奠定了我国的整体基础，2019 年制造业共有 31 个大类，占据了工业门类的主体（见图 3-1）。

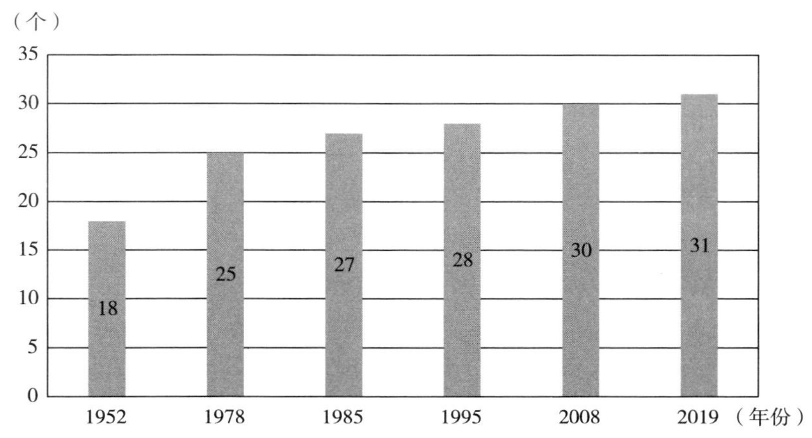

图 3-1　1952~2019 年中国制造业大类数量

资料来源：根据联合国经济和社会事务统计局制定的《全部经济活动国际标准行业分类》（*International Standard Industrial Classification of All Economic Activities*）和国民经济行业分类标准整理。

这一时期制造业的地理上向东北、内陆地区倾斜，在布局上处于被动。改革开放前工业的主要产值贡献来自华东、东北和华北地区，三地区工业产值之和接近全国总产值的70%。新中国政府接收了日本在我国东北地区的工业资产，进一步加深了近代殖民活动对我国的制造业的地理分布的影响。按照优先发展重工业（特别是钢铁行业）路线但受制于技术条件和劳动力素质限制，大力发展重工业造成了对第一产业和轻工业的严重忽视，要素资源高度集中，自主性技术突破比较有限，物质生产和技术条件出现了一定的扭曲，新中国政府为扭转这种局面，兼顾大规模工业基础设施和重要工业品的生产，不断地解决国内工业产品无法满足国内需求的难题。

二、改革开放后：出口导向和投资驱动下的工业化阶段

改革开放后，我国的制造业采取了出口导向工业化战略，即通过鼓励工业品出口，从初级产品出口逐渐向轻工业产品、重工业产品出口转变，从而促进本国工业发展。制造业成为出口的支柱，出口产品的门类在逐渐优化。自1984年以来，制造业出口在出口总额中的占比开始快速增加，从1984年的不足30%在2000年超过85%，成为最主要的出口行业。同时，制造业出口的产业也在逐渐升级。改革开放初期的出口商品为轻工业、纺织品等低技术、低附加值产品，这一门类的比例在逐渐缩小，在20年间由40%缩减至不足20%。机械与运输设备成为新的制造业增长支柱，承担了超过半数的制造业出口份额（见图3-2和图3-3）。

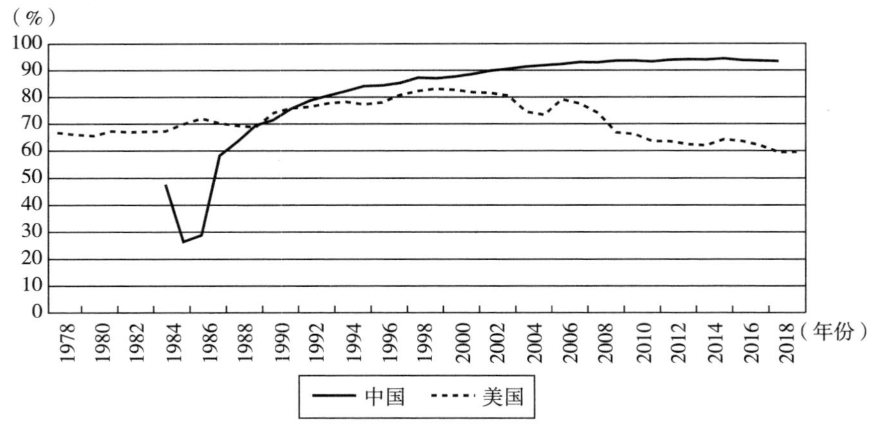

图3-2　1978~2019年中美制造业出口占总出口比重

资料来源：世界银行数据库。

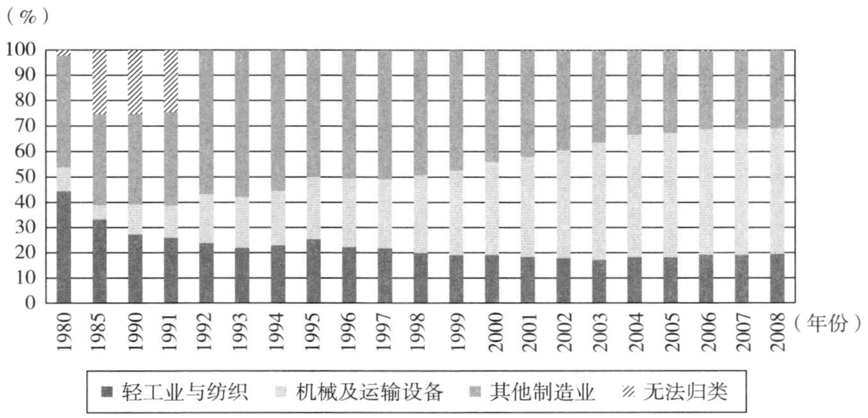

图 3-3　1980~2008 年中国分行业制造业出口比重

资料来源：国家统计局。

从区域分布上，制造业向华东、华南地区倾斜，逐渐打破近代以来的工业格局。受益于经济特区、沿海开放城市等政策，制造业的地理分布也呈现出向沿海的华东、华南地区倾斜的现象。进口替代时期重点保障的东北地区制造业开始萎缩，产值在全国的占比从超过 20%缩小至不足 10%，但华南地区快速增长，在全国产值中的占比在 20 年之内翻番。

2008 年金融危机后，中国政府出台了围绕大规模投资的计划，大量投资于基础设施建设和维护，通过基建的投资拉动来带动全国的制造业上下游产业投资，撬动了大量的政府投资和社会资本，在一定程度上抵挡住了金融危机对国内经济的冲击，但是大规模投资也产生了一些与基建相关产业的过剩产能无法消化、对投资的过度依赖等问题，投资效应的滞后发生又进一步掩盖了产业结构失调和要素资源错配的问题，在没有配套相关的消化性政策的情况下，这种大规模投资在某种程度上是以损耗部分长期利益为代价的短期应对措施。

但总体而言，在这一阶段，随着全国工作重心向经济建设转变，制造业也由“备战”思想指导下，从以政府主导、发展重工业为主，向以满足人民群众日益增长的物质文化需要为目标的轻工业发展为主转变。市场对资源的配置作用得到重视并被逐步释放，以“轻小集加”（轻工业，小企业，集体经济，加工业）为特征的乡镇企业获得巨大发展，在国家军工重化工业体系以外，逐步形成了以服务社会生产生活为目标的轻工业体系。“三来一补”贸易为改革开放初期中国企业获得国外订单、引进国外资金技术，逐步参与到国际制造业体系提供了支撑。在多条件因素叠加下，中国制造业的产能规模、技术水平有了大幅提升，中国制造业发展面临新的契机，中国制造逐步走向世界。

三、“十二五”规划以来：制造业进入优化调整和高质量发展阶段

“十二五”规划开始以来，我国制造业整体增速放缓，进入了结构调整期。2010年开始，制造业的发展特征由大开大阖式的增长转变为精雕细琢式的优化，重点转变为平衡内外动力，培育国内增长潜力，弥补前两阶段的发展短板，致力于缩小制造业的系统性风险，进入现实与长远的平衡谋划阶段。

结束了上一轮高速增长期，我国制造业增速开始放缓，增长波动也趋于减小。2010年开始，总体进入到一个增速换挡期，国民经济和工业都呈现速度“降台阶”趋势。在前期制造业高速增长的背景下，这一阶段虽然增速放缓，但增量并未下降。同时，制造业增长的波动在逐渐减小，制造业增速的标准差呈现出缩小的态势，说明我国制造业增长“降速”反映的是渐进性的转型。在增长步伐放缓的机遇下，制造业得以在更小的风险下探索出口导向模式后如何实现平衡优化。趋势变化对比情况如图3-4所示。

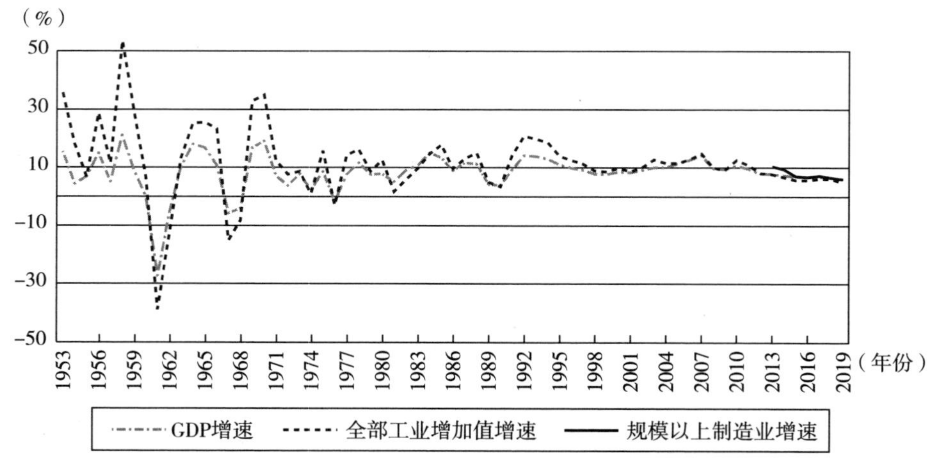

图3-4　1953~2019年我国工业增长趋势

资料来源：国家统计局。

近年来，我国制造业的增长动力逐渐向国内转变。从资本来源来看，可以发现我国制造业在逐渐摆脱出口导向时期的“国际代工”模式。2015 年，我国制造业中外国资本的占比出现大幅下降，同比下降了 6 个百分点。至 2017 年，本国资本的积极投入使外商投资占比由 2012 年的接近 50%下降至不足 1/3（见图 3-5）。同时，国内市场对于制造业的依赖性也在逐渐增强，根据国家统计局数据，2016 年制造业销售值中出口占比为 11.3%，相对 2012 年下降约 3 个百分点。

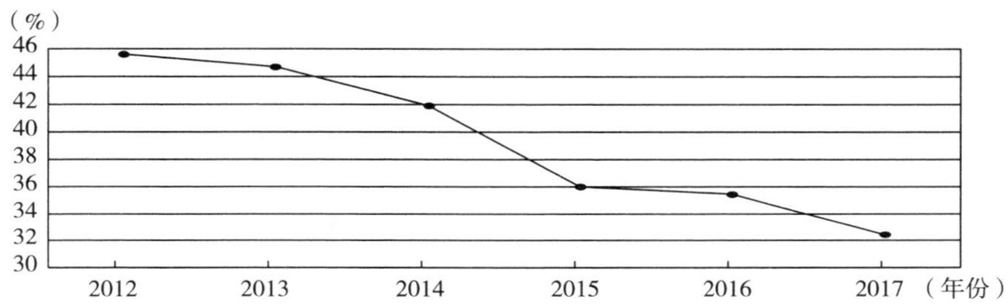

图 3-5　2012~2017 年制造业法人资本中外商资本所占比重

资料来源：根据历年《中国统计年鉴》数据计算。

制造业内部产业结构不断优化。从内部结构来看，2010 年起国家加快部署培育和发展战略性新兴产业，2016~2019 年，战略性新兴产业增加值增速分别为 10.5%、11.0%、8.9%、8.4%，均高于当年规模以上工业增加值增速。高技术制造业占工业的比重不断升高，装备制造业几乎占到工业的 1/3。高技术产业投资、工业技术改造投资持续保持较高增长水平，促进制造业转型升级（见图 3-6）。

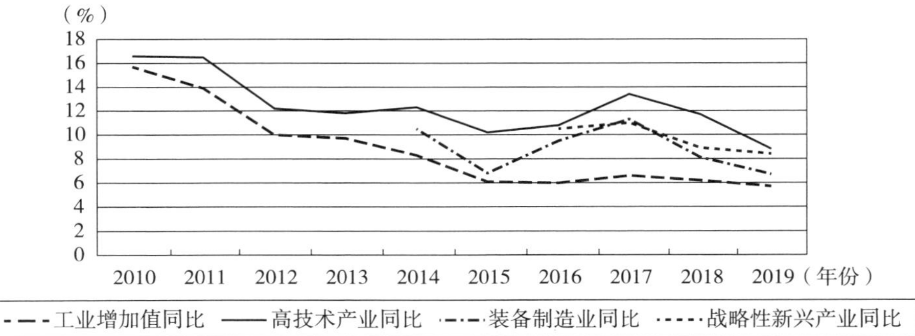

图 3-6　2010~2019 年战略性新兴产业、高技术产业、装备制造业工业增加值增长率

资料来源：国家统计局历年统计公报。

制造业研发投入规模不断提高，创新产出不断提升。2019 年，规模以上工业企业 R&D 经费投入总额达到 13971.1 亿元，工业研发投入强度为 1.32%，比“十二五”末增加 0.42 个百分点。从行业内部来看，2019 年，高技术制造业研发经费达到 3804.0 亿元，研发投入强度为 2.41%，高于工业整体水平 1 个百分点。此外，轨道交通行业、仪器仪表行业、专用设备、医药制造等行业研发投入强度超过全社会研发平均水平，分别为 3.81%、3.16%、2.64%、2.55%。从成果来看，中国的创新产出近年来也在不断提升。随着创新投入和创新能力的不断提升，中国产业增长的内生动力不断增强，制造企业的竞争力也不断提升，在不断汇聚资源要素的基础上，涌现了一批综合实力强、技术应用广泛的创新型企业，基于信息技术应用的优势，中国部分制造业在自动化、精细化方面开始处于世界领先地位。

制造业区域布局平衡优化，四大板块稳定发展。在“十三五”时期东部工业继续领跑四大板块，中西部地区稳中有进，形成工业增长的稳定支撑，东北地区较快恢复。总体呈现“东部率先发展、中西部稳定支撑，东北较快恢复”的差异化发展格局。东部仍是制造业核心承载区，部分产品产能出现由中心城市向周边扩张、转移趋势。从先进制造业角度来看，不同区域开始培育自身的发展战略，整体开始呈现东部综合优势突出、中西东北区域特色鲜明的特征。东部先进制造业覆盖面广，企业集聚程度高，综合优势显著。

当前我国制造业正处于转型调整的十字路口，转发展方式、调结构、培育新动能成为高质量发展阶段的主要着力点。2017 年、2018 年、2019 年中央经济工作会从不同角度阐述了“高质量”的内涵。高质量发展是基于新常态提出的，高质量是供给体系的高质量，创新能力和制度完善是基本手段。“十二五”时期以来，我国制造业发展基本进入“增速换挡”时代，在此背景下提出制造业高质量，要求这一时期的“高质量”突出强调供给体系的高质量，核心表现为效率高、创新强、国际竞争力强，不再一味追求发展速度，而是强调发展的可持续稳定性。

第二节　美国制造业发展历程

自《独立宣言》发布以来，经过 100 多年的发展，美国已成为世界制造业强

国；再从独立战争胜利到南北战争爆发，实现了经济的结构性转变，开启了美国走向世界工业和科技强国的历程。从 19 世纪中期开始，美国开始了工业化进程，这一阶段不仅奠定了美国制造业的基础也塑造了美国制造业长期的优势与风格。大萧条十年之后紧接着“二战”时期的生产奇迹，造就了使美国经济摆脱 20 世纪 30 年代后期长期停滞的经济奇迹，成为美国制造业的巅峰时期，随着 1973 年布雷顿森林体系的瓦解，美国制造业也进入了低谷期，在近 50 年，制造业对美国经济的贡献出现下降。本节从美国制造业发展的起步阶段、高速增长阶段、巅峰期、低谷和复苏四个阶段分析美国制造业的发展历程。

一、建国至南北战争前：美国制造业的起步阶段

美国在从 1783 年到 1861 年的近 80 年里，实现了经济的结构性转变，而制造业的发展更是开启了美国走向世界工业和科技强国的历程。

独立战争胜利后的北美地区在制造工艺水平方面与其前宗主国英国仍有较大差距，因此美国从立国之初即重视发展本国制造业。为应对英国严禁新型机器和熟练工人向北美输出立法，引进欧洲工业革命新技术，通过奖励技术移民、多渠道引进先进技术、建立现代工厂制度等举措，推动先进技术和熟练技术工人落户北美；为鼓励创新，分别于 1790 年和 1836 年通过了《专利法案》《专利法》。在要素引进和法律保障共同作用下，美国制造业发展速度不断加快，催生了制造业“机器代人”和标准化流水作业线并逐步普及。19 世纪初，一些从联邦政府获得订单的制造商已开始按统一标准制造零件并用机器代替非熟练工人生产，到 20 世纪 30 年代有关产品和零部件标准化及专业化分工思想已成为产业界共识，非熟练工通过熟练操控机器缩小了与熟练工人的工资差距，而机器生产普及进一步推动了重装工业和农用设备类产品的标准化生产，以农具公司为代表的美国大企业在 20 世纪 50 年代开始实现流水线作业和连续生产，并通过机械化的传送带实施装配。同时，美国还不断探索资金支持制造业的方式，以财税手段为例，通过征收国产税、关税，发行国债、国外借款等方式，解决制造业资金来源的问题。

自 19 世纪 20 年代开始，蒸汽动力结束了人类受制于“马蹄”和“船帆”的缓慢旅行，城际蒸汽铁路成为经济发展的原动力，在技术革新、机器普及、生产流程化等多因素刺激下，美国制造业在 19 世纪 30 年代后实现了第一次快速增长。制造业生产实现大规模扩张，主要产业部门完成初步积累，工业革命成效显著。在产业快速发展带动下，本土创新能力也得到飞速提升，呈现技术创新与引进

相结合、设备生产与标准化相联系的特点，制造业生产效率也随之大幅提升。

二、19世纪中期至20世纪40年代：美国制造业的高速增长阶段

从19世纪中期开始，美国开始了工业化进程。美国工业的上升期持续到1940年左右，这一阶段美国制造业在增长率上达到了历史最高水平，同比增长速率在30%左右，是一个快速增长的非凡时期。这一阶段不仅奠定了美国制造业的基础，也塑造了美国制造业长期的优势与风格。

标准化大规模生产模式的确立。美国在工业化早期就奠定了其大规模标准化生产的特征，在此基础上，企业规模出现了快速增长，同时出现标准化与流水线。流水线、标准化的生产模式在提高生产效率的同时也降低了对于劳动力素质的需求，更为重要的是，标准化生产能够更全面地匹配消费者的需求，为美国制造业产品开拓了广泛的市场。

突破时空限制，形成工业的全国市场。美国工业化的实现与制造业的腾飞得益于地理界限的打破。自19世纪中期，美国开展了大量的铁路建设，使美国本土原材料的运输在物理上成为可能。横跨大陆的铁路在犹他州秃顶山贯通，从而使美国连成一体，同时，电话电报等通信技术的发明突破了信息交流、突破了时间空间限制。

制造业地理上的集聚和优势行业的形成。在美国制造业上升期，制造业的地理分布和行业分布存在着较为明显的集聚。从地理角度来看，中大西洋地区和中西部地区的蒸汽机数量超过全国的70%，制造业在这两个地区出现了集聚，并形成了美国的制造业经济带。在行业上，大规模生产为美国抢占了新兴汽车机械行业的优势地位，广布的铁路为美国钢铁行业提供了广阔的需求。工厂制度的产生也使美国在纺织、皮革等劳动密集行业超越欧洲，成为新的主要供给者。

三、20世纪40~70年代：美国制造业的巅峰期

第二次世界大战为美国制造业带来了新的增长机遇。大萧条十年之后紧接着是“二战”时期的生产奇迹，令人惊讶的是，在战时支出刺激政策迅速消失后，经济并没有崩溃，反而造就了使美国经济摆脱20世纪30年代后期长期停滞的经济奇迹，“民主国家兵工厂”的生产成果在战后转化成丰富的工业产品，在“二战”后至1974年，美国制造业达到了历史巅峰，在全球范围处于主导地位。“二战”成为促进大跨越最重要的因素。

民用制造业在战时临时转向军工生产，战备产品对于标准化、大规模生产的要求和遗留的经验进一步提高了美国制造业的整体效率。同时军工技术的民用化为战后制造业提供了丰富的新产品，进一步强化了美国在大型工业品如飞机、汽车等制造上的优势。同时，“二战”期间信息技术的进步也促使美国率先开发了电子产品制造业这一新产业。

制造业成为经济增长与出口的重要源泉，制造业增长拥有国内国际双重动力。20 世纪 40 年代后，美国进入了长达 30 年的外贸出超时期，这一阶段的美国商品出口额达到了历史最高水平（见图 3-7）。一方面，这来源于美元在布雷顿森林体系下的货币优势，为美国制造业在全球范围内获取原料和能源提供便利。另一方面，这一阶段美国制造业商品的比较优势虽然在快速缩小但仍十分明显。1948 年，美国占据全球汽车市场份额的 80%，1960 年这一数值缩小至 50%，直至美国制造业巅峰期结束，美国汽车制造业仍能占据全球近 1/3 的市场。同时，战后国内需求在逐渐膨胀：城市规模增长为与住房、交通相关的制造业提供了大量需求，战后“婴儿潮”的出现也为轻工业的发展提供了发展机遇。

探究美国在这一时期保持快速增长态势的原因之一是，与同时期的其他发达国家相比，美国投入到教育事业和科技研发的支出保持了较高的水平，同时期，其信息技术产业、电子产业和原材料产业等相关产业部门处在当时的世界领先水平。如不考虑“二战”相关的特定时间的依赖，美国的城市化发展、移民法和严厉的高关税制度所形成的封闭经济和资本质量的提升或许能作为本阶段增长之谜的补充解释。

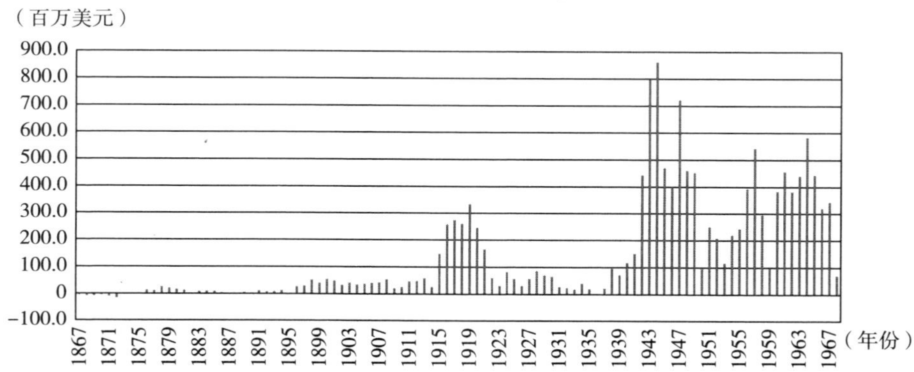

图 3-7　1867~1967 年美国商品进出口盈亏

资料来源：美联储（Federal Reserve Economic Data）。

四、20 世纪 70 年代至今：美国制造业的低谷与复苏

随着 1973 年布雷顿森林体系的瓦解，美国制造业也进入了低谷期，在至今的 40 年余间，制造业对美国经济的贡献出现下降。

原料与劳动力成本上升，制造业利润下滑。美国制造业的优势产品为能源密集型的机械、交通设备制造业，但 20 世纪 70 年代石油输出国组织（OPEC）对原油价格的成功操控使得国际能源价格提高。国际市场对于交通设备的需求受到冲击，80 年代美国汽车销量跌幅超过 20%。燃油价格的提高使得能源密集型产业面临被结构性优化的危险。工人福利的提升进一步增加了劳动力成本，而美元国际中心货币地位的丧失也使得原料成本同时上升，制造业的利润进一步被压缩。

来自新兴制造业国家的挤压，使美国制造业在传统行业失去比较优势，重点转向电子产品制造。自进入 20 世纪 70 年代以来，更多的发展中国家进入全球市场，发展中国家在劳动力方面的优势超越了美国大规模标准化生产的优势，取代美国成为新的制造业重心，同时也使制造业的附加值下降，美国失去了在传统制造业的比较优势。20 世纪 70 年代后，能够避开劳动力与原料劣势的电子和高科技产品成为美国仅存的制造业高地。

“再工业化”战略效果不佳。在新的全球背景下，美国部分制造业呈现衰落特征，传统的优势制造业：汽车、皮革、纺织、家具等行业提供的就业岗位极为有限。曾经长期处于贸易超出地位的美国在进入 20 世纪 70 年代后长期处于贸易逆差的状态。制造业整体的衰落和附加值的下降使得其在 GDP 中的贡献也在持续下降，从巅峰期的 25%下降至 10%左右。奥巴马政府在 2010 年提出了“再工业化”战略，但依旧无法实现制造业的稳定复兴。以中美贸易摩擦为开端的特朗普政府贸易政策延续了传统重商主义思想，限制国外产品进口，保护本国产业，实施高科技封锁，阻碍了部分的经济循环和贸易自由化，在新冠肺炎疫情影响的叠加下，美国实体经济的疫后复苏任重而道远。

第三节　中美制造业增长源泉分析与比较

要素禀赋论是研究经济增长动力问题的开端，但主要聚焦于土地、劳动力、

资本等有形要素，随着工业化进程的不断加深，科学技术不断发展，经济学家们通过纳入更多的要素，不断扩展生产要素的内涵与范围，丰富了对经济增长要素的认识。本节通过对中美制造业发展历程、现状的充分认识、总结和分析，结合制造业与国民经济增长的关系，从资本、人力、技术进步等角度对比两国制造业的增长源泉。

一、经济命脉的转身：制造业与国民经济

制造业与整体国民经济发展的进程中，制造业在一国经济增长中的角色也在逐渐变化。中美处于不同的经济发展阶段，制造业在国民经济中的地位也由此呈现出了不同特征。

从对国民经济增长的贡献率来看，美国经济已结束制造业作为主要增长动力的时期。回顾历史，在美国工业化中期，汽车、钢铁、造船等产业蓬勃发展时期，制造业曾经是美国经济增长的主要推动力量。从 19 世纪中期开始，美国开始了工业化进程，上升期持续到 20 世纪 40 年代，特别是从 20 世纪初至 40 年代，在美国制造业高速增长时期，制造业与整体 GDP 之间的增速差可以达到 10%，加之制造业在国民经济中的占比一度达到 30%，制造业是名副其实的经济增长主要动力。但随着美国进入工业化后期，其他产业发展，美国制造业在国民经济中的地位开始下降。1940 年后，制造业增速与整体 GDP 之间的增速维持在 5%以内，进入 21 世纪之后，制造业作为 GDP 拉动力的角色进一步削弱。制造业与国民经济呈现出相对平衡的关系，两者以较为相似的速率同步增长。同时，从体量上讲，制造业在国民经济中的占比在持续缩小，1997 年后，由于第三产业的蓬勃发展，美国制造业在国民经济中的占比维持在了 15%以下，近年已下降至 10%左右。可以说，对于美国而言，制造业作为经济最主要推动力的发展阶段已经结束了（见图 3-8、图 3-9 和图 3-10）。

对于中国而言，制造业一直扮演着我国经济增长主要动力的角色。进口替代时期，我国有限发展重工业，制造业不仅在国民经济中的体量维持在 30%以上，更承担着拉动国民经济的使命，制造业以高于 GDP 5 个百分点的增速扩张。这一时期就奠定了我国制造业对于国民经济高贡献的主基调。

改革开放后，制造业在国民经济中的角色进入了持续调整期。首先，在改革开放初期，通过社会主义市场经济体制的调整，适当释放了制造业在国民经济中的占比；其次，从 1980 年的 40%下降至 2002 年的 30%左右。但此阶段我国重点

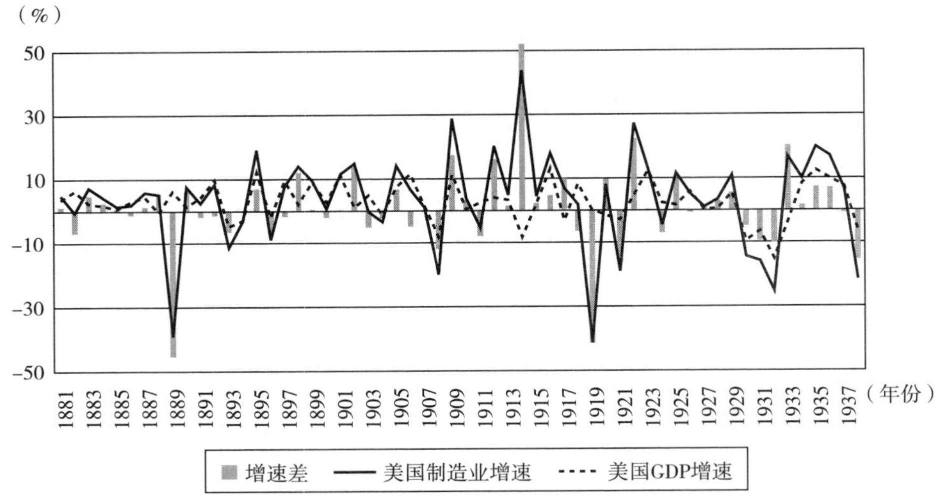

图 3-8　1881~1937 年美国制造业增加值增速和 GDP 增速趋势

资料来源：世界银行数据库。

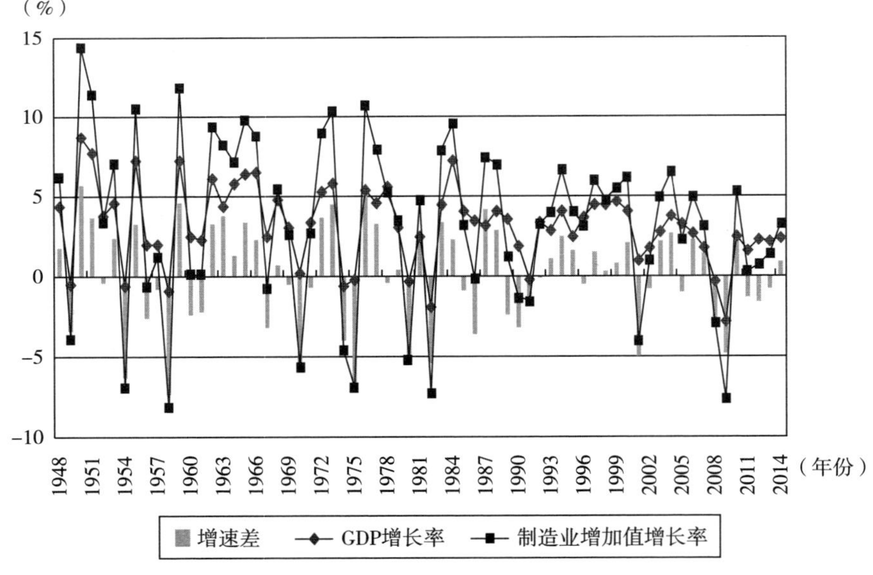

图 3-9　1948~2014 年美国制造业增加值增速和 GDP 增速趋势

资料来源：世界银行数据库。

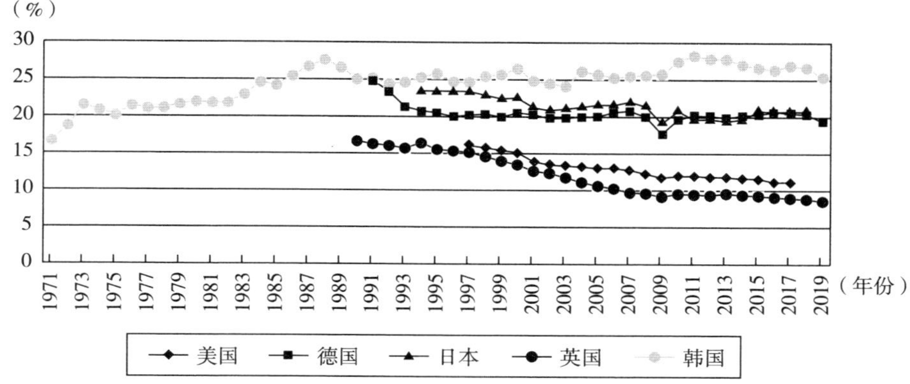

图 3-10　1971~2019 年部分完成工业化国家的制造业对 GDP 的贡献

资料来源：世界银行数据库。

在实现劳动密集型产业的工业化，制造业仍是国民经济的命脉产业。

从历年国民经济的五年规划看（“十五”时期前为发展计划），我国工业发展重点大体经历了重工业—轻工业—重工业—新兴产业的过程。工业的地位也大体经历了农业—工业、工业主导、工业—服务业调整、振兴实体经济的过程。从工业的发展战略来看，经历了从新中国成立后的工业化、四个现代化的发展阶段，这个阶段呈现一个较强的经济波动期，到改革开放后，提出“三步走”的经济发展战略，追求规模增长，市场化机制不断完善，经济增长进入稳定期，出口导向性强化，国民经济“十一五”规划提出工业化、信息化、城镇化、国际化。金融危机后，经济进入增速换挡期，“新型工业化”“四化同步”“制造强国”成为制造业发展的关键词，从追求较高速度向高质量发展转变。历年规划重点内容如表 3-1 所示。

表 3-1　历年国民经济规划/计划中工业的发展重点

规划时期	时间	经济发展重点	工业的历史使命
“一五”计划	1953~1957 年	(1) 集中力量优先发展以能源、原材料、机械工业等基础工业为主的重工业 (2) 以 156 项工程为核心的工业基本建设	解决能源、原材料和机械工业长期落后，以致在国际交往中受制于人的问题

续表

规划时期	时间	经济发展重点	工业的历史使命
“五五”计划	1976~1980年		压重工业促进工业初见成效，轻工业在工业总产值中所占比重上升到47.2%
“六五”计划	1981~1985年	主要是对国家重大建设项目、生产力分布和国民经济重要比例关系等作出规划	(1) 大力增加适合社会现实需要的农产品、轻纺产品和其他日用工业品的生产 (2) 努力调整工业的服务方向和产品结构，大力降低物质消费特别是能源消耗，使生产资料生产同消费资料生产的发展保持大体协调
“十五”计划	2001~2005年	工业化、信息化、城镇化、市场化国民经济保持较快发展速度，经济结构战略性调整取得明显成效，经济增长质量和效益显著提高，为2010年国内生产总值比2000年翻一番奠定坚实基础	(1) 工业具有相当基础，是国民经济发展的重要依托。要切实转变工业增长方式，增强技术创新能力，积极采用高技术和先进适用技术，加快传统产业技术改造 (2) 要加快发展电子信息、生物工程和新材料等高新技术产业，形成工业发展的新增长点
“十一五”规划	2006~2010年	工业化、信息化、城镇化、市场化、国际化 其中提到：产业、产品和企业组织结构更趋合理，服务业增加值占国内生产总值比重和就业人员占全社会就业人员比重分别提高3个和4个百分点	(1) 按照走新型工业化道路的要求，坚持以市场为导向、企业为主体，把增强自主创新能力作为中心环节，继续发挥劳动密集型产业的竞争优势，调整优化产品结构、企业组织结构和产业布局，提升整体技术水平和综合竞争力，促进工业由大变强 (2) 关于工业，第一大任务是发展新兴产业（电子信息、生物、航空航天、新材料），第二大任务是振兴装备制造业（重大技术装备、汽车、船舶），第三大任务是提升轻纺工业
“十二五”规划	2011~2015年	(1) 以科学发展为主体，以加快转变经济发展方式为主线，深化改革开放，保障和改善民生，巩固和扩大应对国际金融危机冲击成果，促进经济长期平稳较快发展和社会和谐稳定，为全面建成小康社会具有决定意义的基础 (2) 把扩大消费需求作为扩大内需的战略重点	(1) 优化结构，改善品种质量、增强产业配套能力、淘汰落后产能，发展先进装备制造业，调整优化原材料工业，改造提升消费品工业，促进制造业由大变强 (2) 以重大技术突破和重大发展需求为基础，促进新型科技与新兴产业深度融合，在继续做强做大高技术产业基础上，把战略性新兴产业培育发展成为先导性、支柱性产业

续表

规划时期	时间	经济发展重点	工业的历史使命
“十三五”规划	2016~2020年	（1）理念。创新、协调、绿色、开放、共享的新发展理念 （2）路线。以提高发展质量和效益为主线，扩大有效供给，满足有效需求，加快形成引领经济发展新常态的体制机制和发展方式	围绕结构深度调整、振兴实体经济，推进供给侧结构性改革，培育壮大新兴产业，改造提升传统产业，加快构建创新能力强、品质服务优、协作紧密、环境友好的现代产业新体系

资料来源：根据历年国民经济和社会发展五年规划公布文件和其他公开资料整理。

2013年后，制造业在国民经济中的角色进入到新的调整阶段，但制造业仍然是我国国民经济增长的重要动力。随着我国服务业的发展以及制造业向高技术转型，2015年起，制造业在我国GDP中占比下降至25%以下，制造业的增速也开始呈现出低于GDP增速的现象。然而与其他国家，尤其与已经完成工业化的国家相比，中国制造业在国民经济中的占比仍维持在较高水平（见图3-11和图3-12）。我国制造业仍是经济增长的重要动力，而在接下来的发展过程中，制造业扮演何种角色仍需我国自主探索与选择。

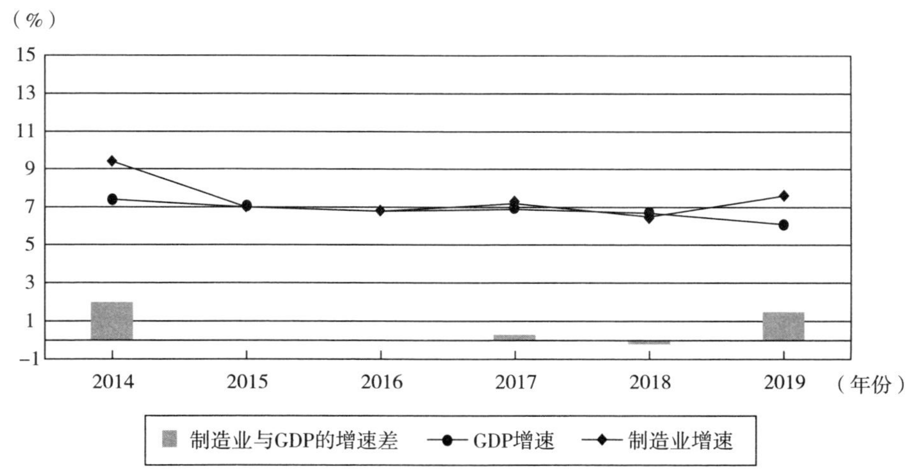

图3-11　2014~2019年中国制造业增加值增速和GDP增速趋势

资料来源：国家统计局。

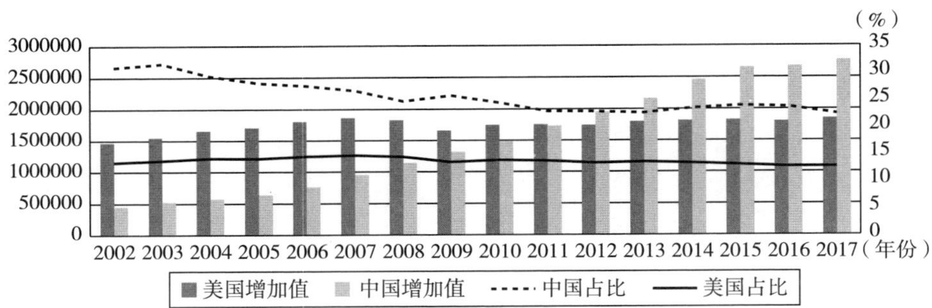

图 3-12　2002~2017 年中美制造业占 GDP 比重

资料来源：世界银行数据库。

二、首屈一指与潜在风险：资本驱动下的制造业增长

进入 20 世纪 80 年代后，资本成了美国制造业增长的最重要源泉，美国制造业资本密集型的特征日益显著，资本稳定性偏低。1988~2018 年，美国制造业的资本密集度持续增加，实现了翻倍。资本密集度（Capital Intensity）表示在生产过程中，每工时对应所需的资本数量，该值越高，说明该行业越具有资本集约型的特征。进入 21 世纪后，制造业资本投入的增速甚至可以达到制造业增速的数倍。资本对于制造业的热情可以从资本回报率上找到答案，美国制造业部门的资本回报率一直维持在较高的 12%左右，甚至高于金融行业。这在一定程度上也解释了美国制造业资本投入的频繁波动：制造业作为备选的利润中心，会更多地对资本市场的变动做出反应。美国制造业资本密集度和投资年增长率及实际产出年增长率如图 3-13 和图 3-14 所示。

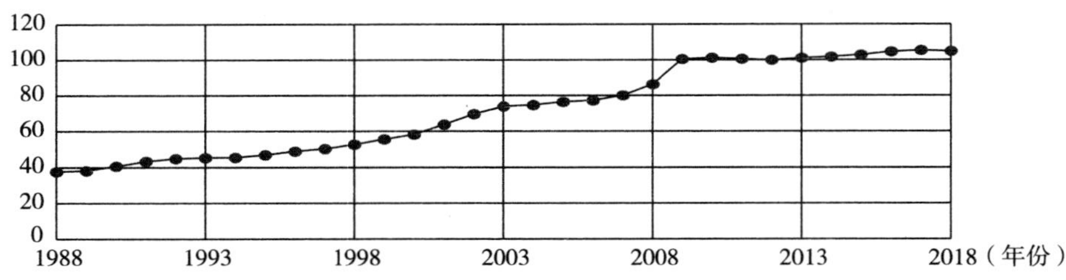

图 3-13　1988~2018 年美国制造业资本密集度

注：2012 年为 100。

资料来源：美联储（Federal Reserve Economic Data）。

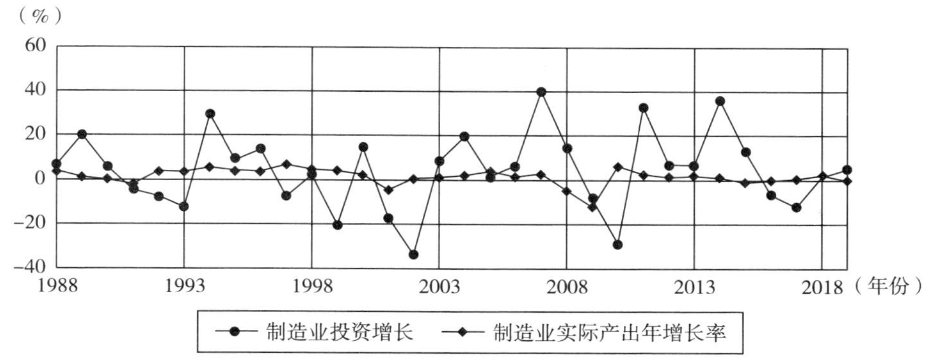

图 3-14 1988~2019 年美国制造业投资年增长率与实际产出年增长率

资料来源：美联储（Federal Reserve Economic Data）。

进入 21 世纪以来，中国制造业的增长动力开始逐渐向资本转变，资本投入增速逐渐超过劳动力投入增速与制造业整体产出增速。2009 年起，制造业投资增速维持在 25%左右，成为制造业发展的显著动力。同美国频繁波动的资本投入相比，制造业的资本流入较为稳定且持续。更为重要的是，这种稳定的投入出现在中国制造业资本回报率相对较低的背景下。中国制造业的资本回报率曾长期维持在 2%左右，直到 2012 年才突破 5%。资本投入持续的高增长既是全球金融危机后政府投入的反映，也是中国制造业进入新的增长阶段的证明：中国制造业在通过其他增长路径突破出口导向型战略的不足。制造业劳动力投入和资本投入增速变化情况如图 3-15 所示。

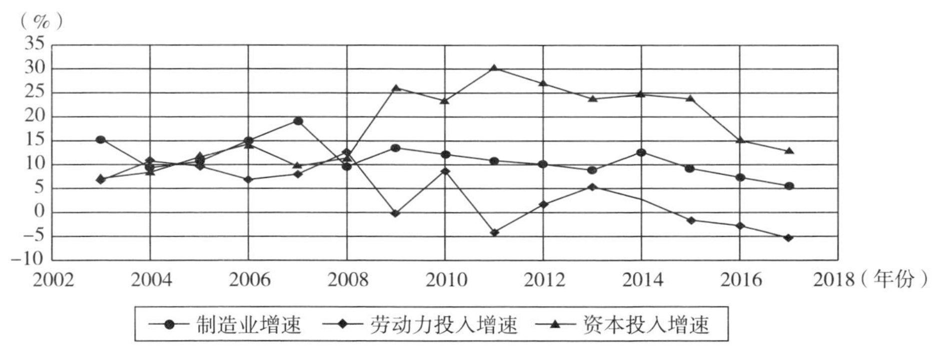

图 3-15 2003~2017 年中国制造业资本投入增速、劳动力投入增速与制造业整体增速的对比

资料来源：国家统计局。

同时，我国制造业投资的进一步增长仍面临众多压力，“十二五”期间，随着我国进入转变经济增长方式、调整产业结构的关键时期，同时也面临世界经济形势复杂多变，制造业面临稳增长和促转型的双重压力，制造企业投资内生动力不足，短期内呈现明显下降态势，投资增长总体进入下行周期。制造业投资增速表现出下行速度快于全国固定资产投资增速，2013~2017 年，制造业投资增速始终低于全国固定资产投资增速，尤其是在 2016 年投资增速差最大，将近 4 个百分点，2018 年短暂回升实现反超，制造业投资增速达到 9.6%，高于全国固定资产投资增速 3.6 个百分点。受国际贸易竞争和国内市场需求不足双重影响，2019 年以来，企业投资活力不足，增速再次下滑至全部固定资产投资增速以下。与此同时，在基础设施建设稳定支撑下，采矿业投资和民生行业投资情况保持良好。作为投资的重要组成部分，民间投资活力一路下滑，与制造业投资增速变动态势保持高度一致。

制造业投资出现了动力减弱，拉动投资增长潜力出现接续压力，后续制造业持续保持高速增长的难度加大。在全球一体化进程中，受国际需求拉动，中国中低端制造产品生产快速增长，原材料、基础加工等行业产能急速扩张，在经历市场需求不足、投资活力减弱的转型过程中，传统中低端制造产业呈现出明显的产能过剩，并引发了一系列市场供需不畅、盈利能力下降、抑制投资活动等问题。长期以来，我国产能利用率一直处于 75%左右，产品价格指数持续下滑，导致企业经营状况持续恶化，生产压力不断加大。消化过剩的产能将是一个长期的过程，对投资的影响会持续显现。

三、第一桶金的困境：制造业的劳动力源泉

如在历史回顾部分描述，劳动力曾经是中美制造业起步和增长阶段的重要动力，但这一要素在制造业有所发展之后快速陷入新的困境。

美国制造业的劳动力源泉面临严重挑战。制造业曾经是美国劳动力最为庞大的需求市场。1950 年，制造业为美国贡献了将近 26%的就业。制造业对于劳动力的吸引力早在 20 世纪 50 年代就开始持续而稳定地下降，1971 年突破 20%，1990 年突破 15%，2002 年跌至 10%，此后一直维持在 8%。自 1988 年以来，制造业劳动力投入增长率基本低于制造业实际产出的增长率，甚至长期处于负增长状态，说明劳动力在 20 世纪 80 年代之后美国制造业的发展中承担的作用较为有限。移民群体的劳动力曾经是美国制造业发展的主要动力，在制造业高速增长时

期占总人口的比例曾达到15%，但随着制造业进入巅峰期，美国移民占比迅速缩减，在20世纪80年代仅占6%。虽然这一比例逐渐回升，目前已恢复至14%左右，但制造业已不再是吸引劳动力的中心，其他产业成为劳动力流动的新目标。1980年后，制造业就业人数的增速开始落后于非农产业就业人数的增速。美国制造业就业人数和总就业人数比较如图3-16所示，美国制造业增长率与劳动力增长率的比较如图3-17所示，美国制造业与非农经济的劳动力增长率比较如图3-18所示。

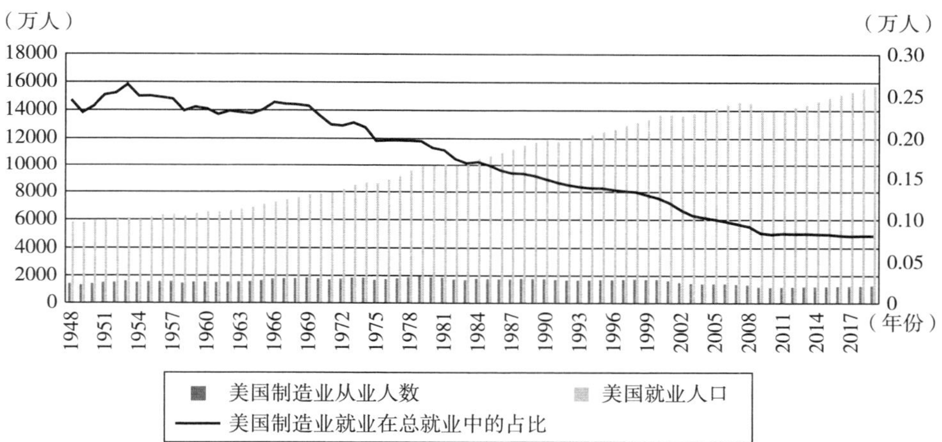

图3-16 1948~2019年美国制造业就业人数与总就业人数的比较

资料来源：美联储（Federal Reserve Economic Data）。

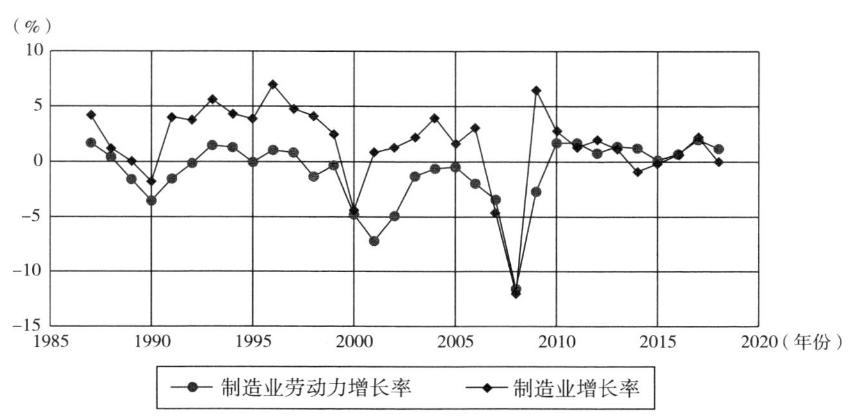

图3-17 1987~2018年美国制造业劳动力增长率与制造业增长率的对比

资料来源：美联储（Federal Reserve Economic Data）。

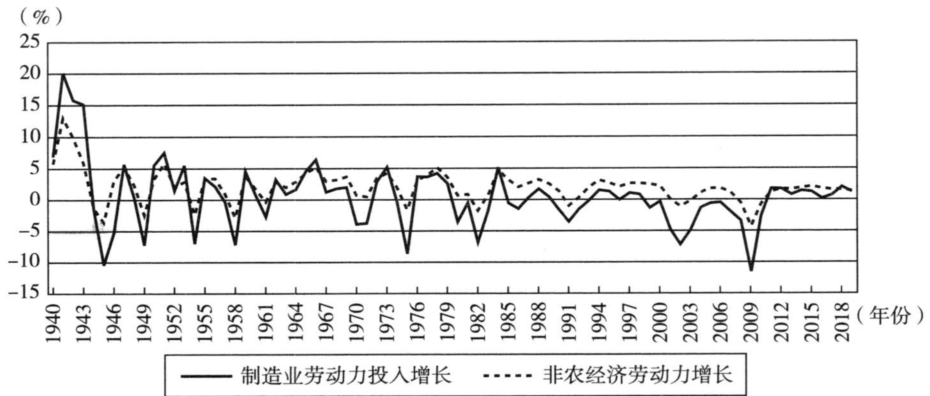

图 3-18　1940~2019 年美国制造业与非农产业劳动力投入年变动的对比

资料来源：美联储（Federal Reserve Economic Data）。

从我国制造业内部来看，与美国相比，劳动力增长对制造业增长的贡献在逐渐减小。从 2004 年开始，劳动力投入增长开始落后于制造业整体增长，从 2011 年开始，劳动力开始流出制造业。但与美国相比，劳动力投入对我国制造业的贡献依旧重要，虽然开始出现负增长，但制造业依旧吸收了大量的就业人口（见图 3-19）。2018 年制造业就业占比仍保持在 17%左右（见图 3-20），2004~2014 年制造业对于城镇就业的贡献率甚至在缓慢增加（见图 3-21）。

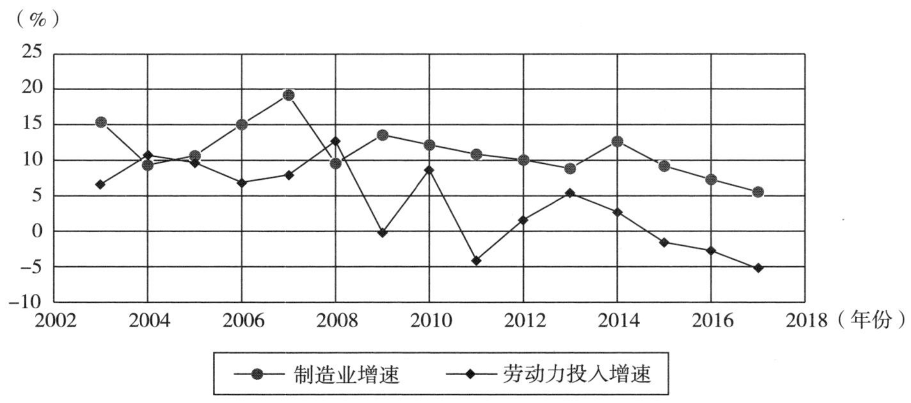

图 3-19　2003~2017 年劳动力投入与中国制造业整体增速的比较

资料来源：国家统计局。

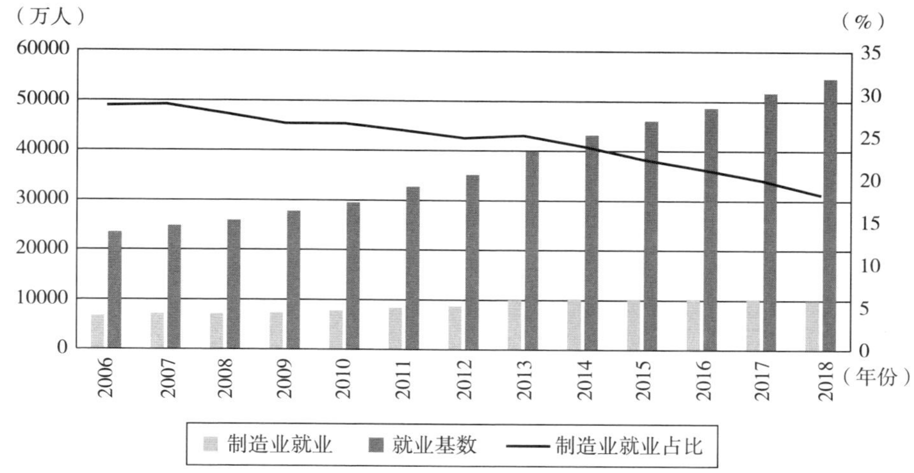

图 3-20 2006~2018 年中国制造业就业与就业基数的对比①

资料来源：国家统计局。

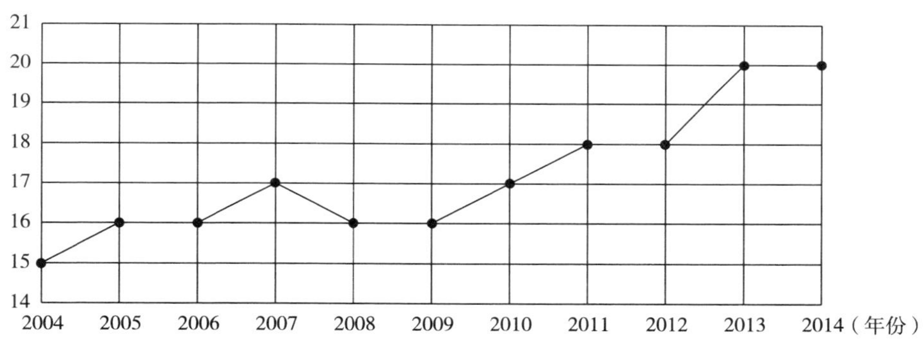

图 3-21 2004~2014 年制造业对城镇就业的贡献

资料来源：国家统计局。

从劳动力的整体情况来看，近年来，我国制造业劳动力需求大于供给，劳动力成本上涨较快，人口红利对工业增长的驱动力明显减弱。劳动年龄人口的增长与工业对就业人员的需求日渐出现缺口，据国家统计局数据，2012 年劳动年龄人口为 9.37 亿，比 2011 年减少 345 万人，这是长期以来劳动人口的首次减少。

① 这里的就业基数是指来自国有单位、城镇集体单位、其他单位、私营与个体单位中的就业人数。

人口红利逐渐消失，供需出现产业内与产业间不平衡，2004 年至今，我国制造业平均工资增长迅速，基本保持两位数以上增长，甚至在 2011 年增速达到 18.6%，平均工资的高速增长使目前我国制造业的人力成本逐渐失去优势，如图 3-22 所示。

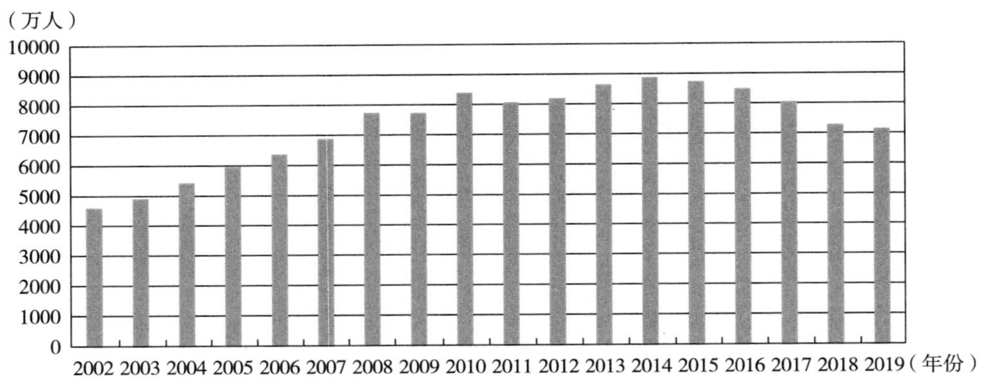

图 3-22　2002~2019 年中国制造业从业人员数

资料来源：历年《中国工业统计年鉴》。

四、逆周期和新动力：制造业增长中驱动要素的转化

与资本和劳动力相比，技术对于经济周期和各种波动的抵抗力更强，是制造业增长动力中的逆周期因素。目前中美两国都在探索技术推动制造业增长的新路径，以获得新一轮技术革命下的领跑优势。

技术是经济冲击下的稳定动力，美国制造业的劳动生产率在持续提升。尽管处于低谷期，但 1988~2012 年，美国的劳动生产率保持逐年增长，说明其制造业的生产效率和技术一直在逐渐优化。1988~1998 年，技术的推动作用并不突出，劳动生产率的增幅与制造业整体增幅保持相当水平。但进入 21 世纪之后的十年，技术进步成为维持美国制造业增长的重要动力，劳动生产率一度增长到 6.5%，远高于制造业整体 1.28%的增长水平（见图 3-23）。劳动生产率的增长动力可以追溯到研发投入上，自 1988 年以来，研发活动在带动劳动生产率增长中的重要性快速提升。研发及技术进步对制造业的作用有逆周期的特性，是面对经济冲击时维持制造业增长的有力要素。在 2009 年金融危机后，研发对劳动生

产率的贡献增长了130%。美国研发对劳动生产率变动的贡献情况如图3-24所示。

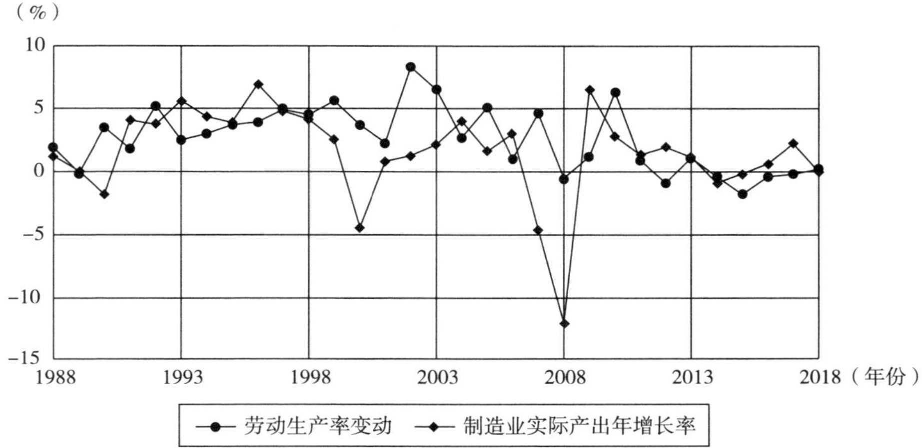

图3-23　1988~2018年美国劳动生产率变化与实际产出变化对比

资料来源：美联储（Federal Reserve Economic Data）。

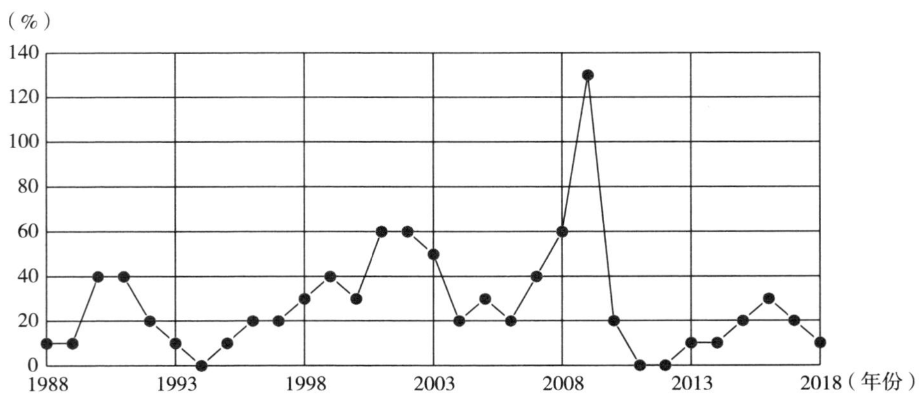

图3-24　1988~2018年美国研发对劳动生产率变动的贡献（与上一年相比的变动率）①

资料来源：美联储（Federal Reserve Economic Data）。

① 研发对劳动生产率变动的贡献：劳动生产率变动中有多少可以归结于研发的作用。

技术进步逐渐成为中国制造业增长的新动力。进入21世纪以来，中国制造业的研发经费呈现了稳定的高增长，增速一度于2011年达到50%。研发支出在2015年后稳定在10%的年增长速度，超越了制造业的增长速度（9.2%），之后有望成为新的增长源泉。中国在过去的进口替代与出口导向时期分别通过中苏合作及国际代工实现了技术进步，但学习型的技术积累也意味着当制造业发展至较高水平时，开发技术源泉会面临更大挑战。

第四节　本章小结

虽然中美制造业历史背景和战略都存在着差异，但两者的发展路径能够相互印证，通过两者的比较也指出了制造业发展的一些共同规律。在当前背景下，制造业是现代经济体实现起步和腾飞相对通用的答案。美国制造业塑造了20世纪以来最强大的国家经济实力和政治实力，由此形成的货币、贸易保护又进一步维系了制造业长达30年的巅峰。同样，中国制造业的腾飞带动了整体国民经济的快速增长，可以说是我国改革开放以来国际政治经济地位在世界上提升的重要支撑。

随着制造业的发展与迭代，制造业完成拉动国民经济快速增长的作用后，其对于经济增长的重要地位极易被其他产业取代。中美制造业经历了快速增长后都进入了减速甚至下降的区间。与美国相比，中国作为面临众多国内外历史和现实压力的后发国家，制造业从高速增长到出现转型调整压力仅经过70年。在我国制造业与GDP之间的增速差在2000年就接近消失，较短的高增速窗口意味着束缚制造业长期发展的许多条件尚未得到解决，留给中国制造业休整的时间极为有限。美国在率先实现制造业高速增长后，服务业等其他产业的快速发展使经济增长的动力多样化，但中国的国民经济仍旧需要维系在制造业增长上。

中美两国制造业增长对于资本投入的依赖程度都在逐渐提升，但两国投入资本的性质存在差别。目前中美制造业都呈现出资本密集型行业的特征。相比之下，美国制造业主要通过高回报率吸引投资，而中国制造业投资回报低，这意味着未来中国制造业的资本源泉仍有较大的开发空间。

劳动力是中美制造业腾飞的“第一桶金”，但美国制造业的历史提示，劳动

力对制造业增长的贡献是快速见效但较难持续的，这一点也开始在中国制造业身上得到验证。劳动力成本的上升使中国不得不在制造业仍占国民经济较大比重的背景下开始应对过早出现的制造业增长减速。

对于走在制造业道路最前端的国家而言，增长的技术源泉是巨大的挑战，同时也是巨大的潜在动力；对于制造业后发国家而言，在制造业发展的绝大部分阶段，都可以通过学习现有的技术快速增长。中国在过去的进口替代与出口导向时期分别通过中苏合作及国际代工实现了技术进步。但学习型的技术积累也意味着当制造业发展至较高水平时，开发技术源泉会面临更大的压力。美国在制造业技术增长源泉上的经验提示，技术或许是抵抗经济波动，对冲制造业风险的有效途径。在这一背景下，中美制造业都在积极探索技术源泉的新机遇。

此外，制造业还需要强有力的制度推动和保障。回顾历史，无论是美国 18 世纪的制度条件还是新中国的发展计划，早期两国制造业的起步都源于政府的助力，在制造业迫切需要寻找新路径的背景下，提示政府再次承担推动制造业发展的时机出现——面对新一轮技术革命，选择何种方式激发制造业生产潜力会影响未来经济、政治走向，制造业政策是真正的“百年大计”。因此，研究制造业生产率及竞争力，为制造业政策提供决策支持的重要性不言而喻。

第四章　中美制造业全要素生产率比较分析

本章首先以中国的制造业全要素生产率为研究对象，在纵向上计算各个制造业细分行业在时间维度上的全要素生产率变化，横向上比较行业层面的生产率变动差异，并对其差异的动力源泉进行分解分析。其次中美制造业的生产率水平如何是本章内容的重点，结合索洛余值法和 DEA-Malmquist 法对各行业进行动态的测算和分析，为后面章节进行与贸易竞争力的关系研究奠定基础。

第一节　理论模型

一、索洛余值法

索洛(1957)最早引入一个希克斯中性(Hicks-neutral)和规模报酬不变的新古典主义生产函数 $Y_t = A_t K_t^{\alpha} L_t^{\beta}$ 来测量全要素生产率，在该函数基础上，将经济增长扣除劳动和资本投入两个生产要素所导致的经济增长后剩余的部分，称为技术进步，将技术进步除以经济增长得到技术进步的贡献率。

设总量生产函数为 C-D 生产函数，C-D 生产函数 $Y_t = A_t K_t^{\alpha} L_t^{\beta}$ 可变换为：

$$\ln\left(\frac{Y_t}{L_t}\right) = \ln A_t + \alpha \ln\left(\frac{K_t}{L_t}\right) \tag{4-1}$$

$$TFP = a - \alpha \times b - \beta \times c \tag{4-2}$$

假设技术水平系数 A_t 保持不变，Y_t、K_t 分别表示实际产出以及相应的资本

投入，L_t 表示实际劳动投入。TFP 表示全要素生产率变动率，结合以上的公式可知，该参数的大小受到以上几个因素的影响，在这些因素中，a 表示实际产出增速，b 表示实际资本增速。当规模报酬不变时，则有：$\alpha+\beta=1$。

要素产出份额估计主要是得出大致的资本份额 α，一种方式是在估值过程中需采用核算获得估值，在规模报酬不变下：$\beta=1-\alpha$；另一种方式是计算要素弹性，即在满足 SR 法的情况下，确定出有要素产出份额，就能得出要素产出弹性。本章先进行回归模型的 Wald 检验。在进行检验过程中，对于劳动和资本产出弹性系数之和为 1 的情形，如果检验不能拒绝，那么需要进行再回归，以进一步确定出相应资本要素产出弹性系数。

二、DEA-Malmquist 指数分析法

20 世纪 50 年代初，Sten Malmquist（1953）提出 Malmquist 方法，这一时期该理论主要用来分析消费的变化。20 世纪 80 年代初期，Cave 等（1982）首次提出了 Malmquist Productivity Index（MPI），但相关的应用研究较少。在此之后的十年时间里，Norris 等（1982）给出了非参数的线性规划算法，建立了 Malmquist 生产率指数，才使 MPI 逐渐被人们所熟知。目前这种方法已成为现代生产率研究中的一个重要方法，应用于多个部门的生产率度量和比较。

对于 s 期生产活动（x^s，y^s），当确定出 S^t 以及相关的参数值后，就可以得出距离函数：

$$D_o^t(x^s,\ y^s)=\inf\left\{\theta \mid \left(x^s,\ \frac{y^s}{\theta}\right)\in S^t\right\} \tag{4-3}$$

其中，下标 o 表示距离函数是基于产出定义的。由定义 $D_o^t(x^s,\ y^s)\leqslant 1$ 等价于（x^s，y^s）$\in S^t$，$D_o^t(x^2,\ y^s)=1$ 等价于（x^2，y^s）位于生产可能集 S^t 前沿上，结合 Farrell 的理论可以得出如下结论：生产相对于可能集而言是技术有效的。

结合以往的研究，当得出决策单元后，就可进一步生成生产可能集。对于存在 $k=1$，…，K 个决策单元的情况，其各个单元在 $t=1$，…，T 期使用 $n=1$，…，N 种投入 $X_n^{k,t}$，经过一系列的处理后得出 $m=1$，…，M 种产出 $y_m^{k,t}$。当以上条件均成立时，t 期规模报酬不变的生产可能集可采用如下关系式表示：

$$S^t(C)=\{(x^t,\ y^t)\mid x^t\geqslant \sum_{k=1}^{K}\lambda^{k,t}x^{k,t};\ y^t\leqslant \sum_{k=1}^{K}\lambda^{k,t}y^{k,t};\ \lambda^{k,t}\geqslant 0,\ k=1,\ \cdots,\ K\} \tag{4-4}$$

加上约束$\sum_{k=1}^{k}\lambda^{k,t}=1$，可得 t 期规模报酬可变的生产可能集为：

$$S^{t}(C)=\{(x^{t},\ y^{t})\mid x^{t}\geqslant\sum_{k=1}^{K}\lambda^{k,t}x^{k,t};\ y^{t}\leqslant\sum_{k=1}^{K}\lambda^{k,t}y^{k,t};\ \lambda^{k,t}\geqslant 0,$$

$$\sum_{k=1}^{k}\lambda^{k,t}=1,\ k=1,\ \cdots,\ K\} \tag{4-5}$$

当存在生产可能集 $S^{t}(C)$ 和 $S^{t}(V)$ 以及 s=t−1，t，t+1 时，就可以有以下几组距离函数 $D_{a}^{t}(x^{S},\ y^{s})$，a=C，V，s=t−1，t，t+1。

此处需要指出的是，Malmquist 指数的分解应是 RD 模型，这种模型在我国并不常见，但能够实现指数的正确分解：

$$M(x^{t},\ y^{t},\ x^{t+1},\ y^{t+1})=\frac{D_{v}^{t+1}(x^{t+1},\ y^{t+1})}{D_{v}^{t}(x^{t},\ y^{t})}\times\left[\frac{D_{v}^{t}(x^{t},\ y^{t})}{D_{v}^{t+1}(x^{t},\ y^{t})}\frac{D_{v}^{t}(x^{t+1},\ y^{t+1})}{D_{v}^{t+1}(x^{t+1},\ y^{t+1})}\right]^{1/2}\times$$

$$\left[\frac{D_{C}^{t}(x^{t+1},y^{t+1})/D_{V}^{t}(x^{t+1},y^{t+1})}{D_{C}^{t}(x^{t},y^{t})/D_{V}^{t}(x^{t},y^{t})}\frac{D_{C}^{t+1}(x^{t+1},y^{t+1})/D_{V}^{t+1}(x^{t+1},y^{t+1})}{D_{C}^{t+1}(x^{t},y^{t})/D_{V}^{t+1}(x^{t},y^{t})}\right]^{1/2} \tag{4-6}$$

$$\text{TFPCH 全要素生产率变动}=M(x^{t},\ y^{t},\ x^{t+1},\ y^{t+1}) \tag{4-7}$$

$$\text{PECH 纯技术效率变动}=\frac{D_{v}^{t+1}(x^{t+1},\ y^{t+1})}{D_{v}^{t}(x^{t},\ y^{t})} \tag{4-8}$$

$$\text{TECHCH 技术进步}=\left[\frac{D_{v}^{t}(x^{t},\ y^{t})}{D_{v}^{t+1}(x^{t},\ y^{t})}\frac{D_{v}^{t}(x^{t+1},\ y^{t+1})}{D_{v}^{t+1}(x^{t+1},\ y^{t+1})}\right]^{1/2} \tag{4-9}$$

$$\text{SECH 规模效率变动}=\left[\frac{D_{C}^{t}(x^{t+1},\ y^{t+1})/D_{V}^{t}(x^{t+1},\ y^{t+1})}{D_{C}^{t}(x^{t},\ y^{t})/D_{V}^{t}(x^{t},\ y^{t})}\frac{D_{C}^{t+1}(x^{t+1},\ y^{t+1})/D_{V}^{t+1}(x^{t+1},\ y^{t+1})}{D_{C}^{t+1}(x^{t},\ y^{t})/D_{V}^{t+1}(x^{t},\ y^{t})}\right]^{1/2} \tag{4-10}$$

理论表明，全要素生产率增长的动力可以分为资源配置效率和技术进步，前者又可具体分为两种，分别是纯技术效率水平和规模效率水平。分解指标的值具有共同特性，如果某一指标对应的变化率超过 1，那么意味着其拉动了全要素生产率增长；如果出现相反的情况，那么意味着会引起全要素生产率降低。全要素生产率变化分解如图 4−1 所示。

三、模型使用说明

本章测算全要素生产率时将索洛模型与 DEA−Malmquist 相结合，索洛余值法核心思想是使用产出增长率扣除掉各要素增长率所得的剩余增长率，代表非要素增长原因导致的产出增长，在跨国比较研究中普遍使用，两者的最大区别在于

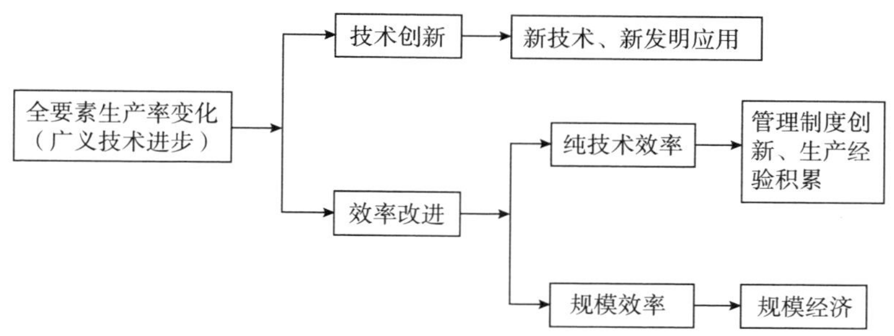

图 4-1 全要素生产率变化分解

DEA 法不需要生产函数假定，主要反映了变动率情况，且可以做分解指数分析。为全面衡量全要素生产率水平与变动情况，具体模型使用安排为以下两个方面：一是对于中美制造业整体的比较，需要考察两国全要素生产率增长水平，在此意义上本章使用索洛余值法计算两国制造业整体历年的全要素生产率增长水平，优于通过数据集计算的 DEA-Malmquist 指数。二是对于制造业行业层面的全要素生产率计算，DEA 可以避免各行业使用固定的生产函数形式，从投入产出效率角度对各个分析模块间的效率做出比较，能够更加公平客观地计算各个行业的全要素生产率变动。因此使用 DEA-Malmquist 指数方法计算中国制造业区域层面全要素生产率指数，以及中国和美国的制造业行业层面全要素生产率指数，并将指数分解，进一步探究比较全要素生产率指数变动的驱动因素。

第二节 数据的选取

一、数据来源

（一）中国的数据来源

本章涉及 2002~2017 年的 28 个制造业细分行业的数据，主要包括行业增加值、投资、价格、从业人员数等数据。由于研究期间制造业部分行业分类标准有一定变动，未包含因行业统计分类调整而变化的行业①，同时，2011 年国民经济行业统计分类调整，行业间存在合并和拆分，为了保证数据的一致性和纵向可比性，按照内涵相同、数据全面的原则，本部分对部分行业数据进行了一定的处理②，数据来源于历年的《中国工业统计年鉴》和《中国统计年鉴》。

（二）变量说明

1. 产出（Y）

本章的制造业产出（Y）用制造业增加值代表，相应地，制造业细分行业的产出由分行业的增加值代表，制造业的增加值数据可由国家统计局公布的统计年鉴获得，但分行业的增加值数据自 2008 年之后不再公布，因此 2008 年以后的细分行业增加值数据由前期增加绝对值和历年增速、价格指数计算而得。此外，因 31 省（市）增加值的公开数据不全，故采用销售总产值数据代替③，本章整体上为消除价格因素影响做了平减处理④。

2. 资本投入（K）

在这一环节的分析中，确定全要素生产率所需的真实产出和劳动投入的数据情况虽然需要进行统一口径处理，但相对而言比较容易，即结合已收集到的统计数据即可获得。而资本存量数据的确定较为困难，需要对统计资料进行加工处理才能获得。结合 Goldsmith 于 1951 年开创的永续盘存法，对资本存量进行估算。该理论在很多国家被关注和引用，其表达式如下：结合 Goldsmith 于 1951 年开创的永续盘存法，对资本存量进行估算。该理论在很多国家被关注和引用，其表达式如下：

$$K_t = \frac{I_t}{P_t} + (1-\delta_t) K_{t-1} \tag{4-11}$$

其中，I_t 表示当年名义投资额；P_t 表示各行业工业生产者出厂价格指数，K_t、K_{t-1} 分别表示第 t 年和第 t-1 年的实际资本存量，δ_t 表示当年折旧率；估算

① 根据数据的可获得性，本书未包括的制造业行业为“武器弹药制造业”“废弃资源综合利用业”和“金属制品、机械和设备修理业”。

② 将 2011 年及之前年份的塑料制品业和橡胶制品业合并为“橡胶和塑料制品业”，将 2012 年及之后年份的汽车制造业与铁路、船舶、航空航天和其他运输设备制造业合并为“交通运输设备制造业”。

③ 分省份全要素生产率测算采用 DEA-Malmquist 指数分析法，反映变动趋势，在不考虑其他因素的情况下，不受销售产值和增加值间的数值差异影响。

④ 为了消除价格因素对产出变动的影响，以 2002 年为基期对产出指标进行平减，平减指数使用每年各行业的工业生产者出厂价格指数。

资本存量需要做一系列的基础准备，包括对测度基期资本存量（K_0）、价格指数的选取或构造、确定投资流量指标，以及折旧率的设定。根据已有的研究，目前对于资本存量的估计主要采取永续盘存法，但是还存在很多细节差异，本章将有代表性的处理方法做了梳理（见表4-1）。

表4-1 资本存量估计方法整理

	基期	基期资本存量	折旧率	投资流量	投资价格指数
全国资本存量测算	张军，章元（2003）1952年	资本产出率法	0	生产性累计数据	上海市固定资产投资价格指数（1991年之前）+全国固定资产投资价格指数（1991年之后）
全国资本存量测算	Holz（2006）1952年	固定资产原值	分行业赋值	新增固定资产	无
	Chow（1993）1952年	1750亿元（1952年价）	0	总累计额	无
	何枫等（2003）1990年	5428.26亿元（1990年价）	0	资本形成总额	资本形成价格指数
省域资本存量测算	张军等（2004）1952年	固定资本形成额除以10%资本存量	9.6%	固定资本形成额	构造（1991年之前）+固定资本投资价格指数（1991年之后）
工业资本存量测算	黄勇峰等（2002）1978年	构造1952年之前的数据推算	建筑8% 设备17%	生产性固定资产投资	零售价格指数
	陈勇，李小平（2006）1980年	固定资产原值	0	相邻两年固定资产净值	1991年前借鉴郑玉歆（1993）结果，1991年后使用《中国统计年鉴》中的固定资产投资价格指数
	孔庆洋，余妙志（2008）1978年	固定资产原值	7.17%	相邻两年固定资产净值	1979年前用社会总产值平减指数，1979~1990年用固定资产隐含价格指数，1991年后用年鉴中固定资产投资价格指数
	单豪杰，师博（2008）1978年	固定资产原值	11.6%	相邻两年固定资产净增加值	根据《中国国内生产总值核算历史资料》分别计算出以1952年和1978年为基期两个全国和省际的平减价格指数序列

续表

	基期	基期资本存量	折旧率	投资流量	投资价格指数
工业资本存量测算	张军等（2009）1980 年	固定资产净值	折旧额/上年原值	固定资产原值净增加值	上海市固定资产投资价格指数（1991 年之前）+全国固定资产投资价格指数（1991 年之后）
	陈诗一（2011）1980 年	固定资产净值	折旧额/上年原值	基本建设、更新改造投资的新增固定资产之和	上海市固定资产投资价格指数（1991 年之前）+全国固定资产投资价格指数（1991 年之后）
	张天华，张少华（2016）1998 年	固定资产原值	5%～9%	固定资产净值	《中国统计年鉴》中的固定资产投资价格指数

注：根据文献资料整理。

（三）估算指标选取

I：目前学者对于投资流量指标的选取主要集中在积累额、全社会固定资产投资等指标上。自 20 世纪 90 年代以来，由于政策的变化，我国不再公布积累绝对额之类的指标，因此，目前张军等的理论方法无法使用。结合《中国统计年鉴》对其他三个指标的定义，可得出以下两个关系式：

新增固定资产=全社会固定资产投资×固定资产交付使用率 （4-12）

固定资本形成总额=全社会固定资产投资-处置的固定资产价值+土地改良+新增牲畜、林木、矿藏价值 （4-13）

采用以上方法进行分析时，当前的资本存量 K 须对当期的生产有贡献，并且是投入使用的固定资产价值，从理论上来讲，新增固定资产指标非常符合 I 的含义。交付使用率能够在很大程度上反映出全社会固定资产投资的偏离；同时，固定资本形成总额的偏离，不一定能在当期形成产出。经过分析，本书选择了新增固定资产作为制造业各细分行业的资本投资额，并通过工业生产价格指数调整为以 2002 年为基期。由于 2013 年新增固定资产数据不可获得，本书利用 2011～2017 年的数据进行直线拟合估计了 2013 年分行业新增固定资产。

K_0：测度基期资本存量。用 2001 年固定资产净值作基期资本存量值，资本存量的估算大小对后续计算结果的影响很大，尤其是前面几期，考虑到折旧的因素后续的年份的估算也会随之较为可靠。

P：价格平减指数。1990 年以后的固定资产投资价格指数可从《中国统计年鉴》中查找。由于本章需要计算分行业的制造业资本存量，因此利用行业层面工业价格指数来代替价格平减指数。

δ_t：当年折旧率。在估算不同行业的资本存量时，以往的大部分学者几乎都是通过估算一个固定的折旧率来实现。但制造业行业间折旧情况可能存在着较大的差异，这种方法会造成很大的误差。事实上，规模以上工业分行业的本年折旧，在确定当前区间的固定资产折旧率时，主要是通过计算当年折旧与上年固定资产原值的比例来实现，计算过程如下：

$$累计折旧_t = 固定资产原值_t - 固定资产净值_t \tag{4-14}$$

$$本年折旧_t = 累计折旧_t - 累计折旧_{t-1} \tag{4-15}$$

$$折旧率_t = 本年折旧_t / 固定资产原值_{t-1} \tag{4-16}$$

在以上的公式中，t 和 t-1 为当期和前期。结合以上的公式，就可确定过去一段时间里工业分行业完整的固定资产折旧率数据。

L：劳动投入。可通过三个要素反映出来，分别是劳动时间、劳动报酬、劳动人数。很多国外测算使用工作小时数，但中国的统计部门暂未统计这个指标，本书选用历年的平均用工人数代表当年制造业劳动者的投入。和大多数文章的做法类似，将前后两年的就业人员数进行算术平均作为平均用工人数。行业层面的用工人数来自 2002~2017 年《中国工业统计年鉴》。

（四）美国数据来源

美国的样本数据选取 2002~2017 年 19 个制造业的增加值、工业生产者出厂价格指数、新增固定资产、规模以上制造业全职当量，数据来源于 The Bureau of Economic Analysis（BEA）。

1. 产出（Y）

在索洛模型和 DEA 模型中使用增加值作为美国制造业的产出指标，根据美国名义增加值和以 2010 年为基期的实际增加值计算出制造业价格指数，并将产出指标调整为以 2002 年为基期，最后用年平均汇率将美国产出进行了调整。

2. 劳动投入（L）

使用各年份美国制造业全职人员（全时当量）作为美国的劳动投入。

3. 资本投入（K）。

使用永续盘存法来实现，其表达式如下：

$$K_t = \frac{I_t}{P_t} + (1-\delta_t) K_{t-1} \tag{4-17}$$

其中，I_t 表示当年名义投资额；P_t 表示制造业固定资产投资价格指数，用细分行业的制造业价格指数代替；δ_t 表示美国当年折旧率；K_t 表示第 t 年实际资本存量，K_0 表示 2001 年固定资产的固定成本净资本存量。

二、数据处理方法

在这一环节的研究中，首选构造完整的面板数据，可消除过去一段时间内中国行业分类变化的影响，根据 2012 年美国 NAICS 的行业分类和中国 2017 年国民经济行业分类标准进行了制造业行业的分类与整合。

现阶段，中美两国制造业的分类标准基本相同，但行业分类存在一定差异，具体体现在：美国的行业分类数目更少，和中国行业对应，存在一对多和多对一的情况，也存在部分口径一致的行业类别。为了便于研究，笔者结合美国标准的 NAICS 行业分类方式，将中美两国的制造行业进行对应。交通制造业由于口径一致性，我国需要将 2012 年及之后年份与交通运输业有关的各个行业合并为“交通运输设备制造业”，美国数据也做了相同的合并。本章删除并合并了部分产业。由于美国“石油加工、炼焦和核燃料加工业”会作为极端值影响制造业技术前沿，与其余行业的可比性不强，因此在 DEA 分析中均去掉了此行业。借鉴周锦程（2011）对中美制造业的行业分类标准，经过调整得到了如表 4-2 所示的 17 个中美行业分类对应表。

表 4-2 中美制造业分类对应

行业	2012 年美国 NAICS 分类	中国制造业分类
ID1	Wood products	木材加工和木、竹、藤、棕、草制品业
ID2	Nonmetallic mineral products	非金属矿物制品业
ID3	Primary metals	黑色金属冶炼及压延加工业
ID3	Primary metals	有色金属冶炼及压延加工业
ID4	Fabricated metal products	金属制品业
ID5	Machinery	通用设备制造业
ID5	Machinery	专用设备制造业
ID5	Machinery	仪器仪表制造业
ID6	Computer and electronic products	计算机、通信和其他电子设备制造业
ID7	Electrical equipment，appliances，and components	电气机械和器材制造业

续表

行业	2012 年美国 NAICS 分类	中国制造业分类
ID8	Motor vehicles, bodies and trailers, and parts	交通运输设备制造业
ID8	Other transportation equipment	交通运输设备制造业
ID9	Furniture and related products	家具制造业
ID10	Miscellaneous manufacturing	文教、工美、体育和娱乐用品制造业
ID10	Miscellaneous manufacturing	其他制造业
ID11	Food and beverage and tobacco products	食品制造业
ID11	Food and beverage and tobacco products	酒、饮料和精制茶制造业
ID11	Food and beverage and tobacco products	烟草制品业
ID11	Food and beverage and tobacco products	农副食品加工业
ID12	Textile mills and textile product mills	纺织业
ID12	Textile mills and textile product mills	纺织服装、服饰业
ID13	Apparel and leather and allied products	皮革、毛皮、羽毛及其制品和制鞋业
ID14	Paper products	造纸和纸制品业
ID15	Printing and related support activities	印刷和记录媒介复制业
ID16	Chemical products	化学原料和化学制品制造业
ID16	Chemical products	化学纤维制造业
ID16	Chemical products	医药制造业
ID17	Plastics and rubber products	橡胶和塑料制品业

第三节　中美全要素生产率及其分解指标对比

中国和美国是全球制造业规模最大的两个国家，其制造业产业链紧密关联、相互影响。2008 年金融危机以来，全球制造业的发展进入了深度调整阶段。为了在新一轮技术革命中抢占制高点，美国针对制造业制定了战略并作出政策调整。近几年来，我国在制造业部门的增长潜力一直是国内外学者研究和争论的问题。本章对 2002~2017 年中国和美国全要素生产率水平、全要素生产率指数及其分解进行了动态和分行业的测算，对比考察两国在此期间的生产率变动情况。

针对不同国家的行业效率，国外学者做出了许多对比研究。Inklar 等

(2007) 测算发现发达国家中美国、英国、澳大利亚的 TFP 增长率较高。Timmer 等 (2011) 计算得出自 1995 年以来，由于通信技术投资回报率低下，欧盟国家 TFP 增长速度降低，但美国同期 TFP 增长显著加快。

现有研究鲜有横向比较中国制造业各个细分行业与另一个制造业大国——美国的生产率差异及其原因。因此，本节以中美制造业为研究对象，通过匹配中美制造业各行业并计算其全要素生产率来对中美制造业发展进行比较分析，寻找中国制造业各个行业的全要素生产率增长点。

一、阶段性变化比较

根据索洛模型拟合得到 α 值和 β 值，并求出 2002~2017 年中美制造业全要素生产率及其增速，结果如图 4-2 所示。

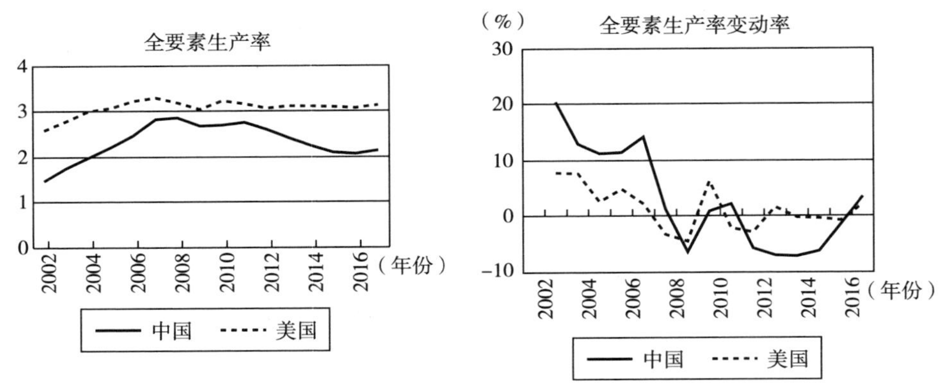

图 4-2 2002~2017 年中美制造业要素生产率及其增长率

总体来看，中美制造业全要素生产率呈现出鲜明的发展阶段特征，中国在经历资本驱动的高速增长阶段后，创新驱动带来的生产方式转变并不明显，全要素增长率与美国的差距进一步扩大，在此后一段时期内，中美将都处于技术驱动产业升级阶段，全要素生产率变动差距仍具有扩大的可能。整体而言，美国全要素生产率高于中国，但在 16 年间两者差距经历了缩小又扩大的过程。在 2002 年美国 TFP 是中国的 1.76 倍，2002~2007 年由于中国全要素生产率增速较快，两者差距在不断缩小，在 2008 年时差距缩小到 1.11 倍。2008~2011 年金融危机期间中国 TFP 增速降低，与美国差距开始拉大，2011 年后，中国 TFP 线性下降，而

美国TFP维持不变，进一步扩大了两者差距，直到2015年，中国TFP几乎回到2005年的水平，这表明在此期间同美国相比，中国制造业生产率增速下降的形势更为严峻，面临着更大的挑战。从2015年起，TFP变动改善，2016年中美TFP变动一致，约为-1%。2017年中国TFP再次进入增长阶段，增速为3.45%，而同期美国TFP增速为2.07%。

二、分解要素分析比较

以上生产率的计算结果可以对中美制造业整体效率进行度量，但无法得出生产率变动的驱动因素，因此进一步根据表4-2中美对应后的行业分类标准计算了TFP变动的分解指数（见表4-3）。

表4-3 2003~2017年制造业行业平均全要素生产率分解指数

年份	技术进步指数		纯技术效率指数		规模效率指数	
	中	美	中	美	中	美
2003	1.211	1	0.934	1.018	1.008	1.003
2004	1.031	1.033	1.08	1.005	1.003	0.982
2005	1.059	1.019	1.011	0.986	0.997	1.014
2006	1.034	1.038	1.024	0.947	1.003	0.999
2007	1.078	1.008	1.009	0.996	0.996	0.981
2008	1.025	0.865	1.008	1.069	0.98	1.002
2009	0.897	0.768	1.068	1.06	1.024	1.026
2010	1.037	1.187	1.015	0.945	0.989	0.955
2011	1.003	1.068	1.005	0.968	0.993	0.983
2012	0.944	0.936	0.996	1.029	1.012	1.006
2013	1.001	0.991	0.98	0.991	1.013	1.016
2014	0.969	0.988	0.998	0.978	0.988	1.017
2015	0.967	0.942	1.012	0.998	0.979	1.028
2016	1.016	1.010	1.016	0.974	0.965	1.018
2017	1.049	1.031	1.000	0.972	0.996	1.001

根据中美两国制造业行业平均的全要素生产率分解指标来看，技术进步的作用成为全行业全要素生产率变动的主要动力，驱动作用在过去一段时间里呈现出

高速增长后平稳发展的态势。

2003~2007 年，中国的技术进步指数的变动率从 2003 年的 21%降至 2007 年的 7.8%，纯技术效率提升明显，与美国形成反差，推动中国制造业 TFP 有了明显增长，这可以被全球化下中国制造业深度参与全球价值链所解释，美国在此期间技术也有所提高，规模效率几乎维持不变，美国的规模效率变动幅度也很小，但纯技术效率在 2005~2007 年持续下降，制造业“空心化”现象是导致美国中下层机会的流失和福利下降的原因所在。

2008 年，中美制造业技术进步率同步明显下降。金融危机期间中国制造业技术进步增速降至 2.5%，由于金融危机期间一系列经济刺激政策的实施，并未缓解金融危机，而是将经济下行的时间推迟到 2009 年，2009 年中国技术进步率出现 10%的下降，TFP 也下降了 6%。美国作为金融危机的发源地受到了更大程度的影响，经济危机使制造业投资下降，最终导致技术进步不足无法拉动生产率的提高，制造业发展受阻，2010~2011 年有所恢复但依然未达到 2007 年技术进步对 TFP 的拉动力水平。

2012 年开始，中美技术进步指数开始进入下降区间，美国制造业 TFP 在此期间几乎稳定在一个水平。罗默（2012）指出，由于需求不足美国制造业未能突破金融危机后的发展瓶颈，而中国制造业依赖模仿和进口高端设备刺激技术进步已经无法拉动全要素生产率持续提高。在此期间美国的纯技术效率指标下降明显，而中国的规模效率在 2014 年开始持续处于下降趋势。低技术制造业供给过剩而高技术制造业发展受到核心技术制约，同时国际环境影响下外需降低，中国制造业的需求端和供给端均存在挑战。直到 2016 年，在“中国制造 2025”的实施以及美国的制造业回流下，两国技术进步分别实现了 1.6%和 1%的增长，拉动了两国 TFP 正向增长，2017 年中美技术进步进一步加速，实现了 4.9%和 3.1%的增长。

三、中国行业层面分析

在对中国和美国行业层面全要素生产率进行对比之前，本书基于中国原始的行业分类数据对中国行业的效率进行分析，以此观察基于中国行业分类的制造业全要素生产率的演变规律。

研究期间使用索洛残差和 DEA 计算得出的中国制造业 TFP 变化趋势基本一致。从全要素生产率分解结果来看，在制造业高速增长期，技术进步贡献显著，制造业

进入中高速增长阶段，创新驱动政策力度加大，纯技术效率贡献逐步凸显。

从行业层面的平均来看，大部分年份的全要素生产率的变动都是负向的，技术进步拉动了效率的提高，但资源配置效率对生产率增长存在阻碍，且超过了技术进步的促进作用，技术进步的拉动作用在减弱。2009 年前后，源于规模效率的拖累作用和技术进步的动力不足，中国制造业的 TFP 显著下降，粗放式投资对效率存在一定抑制作用。近年来规模效益呈下降趋势。同时发现，规模效率是导致资源配置效率低下的主要原因，这可能是由于产能过剩导致了规模不经济的出现。在这一时期，制造业依然处于技术红利期，技术提高持续推动着 TFP 增长。值得注意的是，自 2016 年以来，在供给侧改革的实施影响下，TFP 实现总体增长资源配置效率提高了 12%，取得了阶段性进展，向着集约式发展转变。可以看到一个明显的现象，2017 年开始，结束了持续三年的技术进步动力的下降，开始出现正向拉动，信息化建设、企业智能化、数字化转型为全社会技术进步和变革进一步赋能，以智能制造为主攻方向的产业升级进一步带动了产业的高端化，促进了技术升级，拉动了技术进步，这一阶段，技术进步增长率达到 11.8%，并推动全要素生产率增长 6%，但规模效率仍有待提高。具体如表 4-4 所示。

表 4-4　2003~2017 年中国制造业各行业平均全要素生产率变化率及分解

年份	资源配置效率指数	技术进步指数	纯技术效率指数	规模效率指数	Malmquist 指数	TFP 增长率（%）
2003	0.992	1.136	0.974	1.018	1.127	12.70
2004	0.987	1.121	1.014	0.973	1.107	10.70
2005	0.933	1.12	0.991	0.942	1.046	4.60
2006	0.912	1.14	0.993	0.919	1.039	3.90
2007	0.888	1.181	0.981	0.904	1.049	4.90
2008	0.917	1.025	0.969	0.946	0.94	-6.00
2009	0.872	1.004	1.075	0.811	0.876	-12.40
2010	0.935	1.023	1.018	0.919	0.957	-4.30
2011	0.911	1.007	0.962	0.947	0.918	-8.20
2012	0.87	1.038	1.057	0.824	0.904	-9.60
2013	0.896	1.051	1	0.896	0.942	-5.80
2014	0.956	0.945	0.972	0.983	0.903	-9.70
2015	0.959	0.986	1.041	0.921	0.946	-5.40

续表

年份	资源配置效率指数	技术进步指数	纯技术效率指数	规模效率指数	Malmquist 指数	TFP 增长率（%）
2016	1.124	0.898	1.019	1.103	1.009	0.90
2017	0.949	1.118	1.007	0.942	1.06	6.00
平均值	0.938	1.05	1.004	0.934	0.985	-1.50

从整体来看，制造业全要素生产率的行业技术水平都有改善，其中烟草、化学纤维制造业等行业的技术进步最为显著。表明资本密集型行业技术进步水平最高，由于资本的大量投入带动技术水平提升。劳动密集型产业的资源配置效率，尤其是规模效率有较为明显的降低，说明生产方式和资源配置没有得到有效优化，其中纺织业的规模效率有所降低。从整体上来看，引入先进技术后，各行业的 TFP 都有所提高，是促进大多数相关行业发展的关键因素之一，制造业大多行业规模效率的拖累效应越发显现，而在规模效率影响较小的行业 TFP 实现增长。依赖资本投入发展的制造业 TFP 增长率多为正，如烟草制品业、石油加工、炼焦和核燃料加工业等，具体如表 4-5 所示。

表 4-5 2003~2017 年制造业各行业规模以上平均全要素生产率变化率及分解

行业	资源配置效率指数	技术进步指数	纯技术效率指数	规模效率指数	Malmquist 指数
农副食品加工业	0.934	1.048	1.028	0.908	0.979
食品制造业	0.920	1.031	1.013	0.908	0.948
酒、饮料和精制茶制造业	0.944	1.048	1.017	0.928	0.989
烟草制品业	1.000	1.067	1.000	1.000	1.067
纺织业	0.939	1.035	1.015	0.925	0.972
纺织服装、服饰业	0.881	1.030	0.980	0.899	0.907
皮革、毛皮、羽绒及其制品业	0.889	1.030	0.955	0.931	0.916
木材加工及竹、藤、棕、草制品业	0.934	1.054	1.015	0.920	0.985
家具制造业	0.868	1.042	0.902	0.962	0.904
造纸和纸制品业	0.962	1.058	1.022	0.941	1.018
印刷业、记录媒介的复制	0.918	1.044	0.995	0.922	0.958
文教体育用品制造业	0.867	1.030	0.913	0.949	0.892
石油加工、炼焦和核燃料加工业	0.978	1.106	1.004	0.974	1.081

续表

行业	资源配置效率指数	技术进步指数	纯技术效率指数	规模效率指数	Malmquist指数
化学原料和化学制品制造业	0.952	1.033	0.996	0.955	0.984
医药制造业	0.932	1.040	1.024	0.910	0.969
化学纤维制造业	0.983	1.070	1.019	0.964	1.052
橡胶塑料制品业	0.927	1.045	1.013	0.915	0.969
非金属矿物制品业	0.948	1.055	1.023	0.927	1.000
黑色金属冶炼及压延加工业	0.995	1.065	1.023	0.973	1.059
有色金属冶炼及压延加工业	0.982	1.055	1.059	0.927	1.035
金属制品业	0.884	1.033	0.985	0.897	0.913
通用设备制造业	0.928	1.050	1.021	0.909	0.974
专用设备制造业	0.918	1.060	1.017	0.903	0.973
交通运输设备制造业	0.927	1.044	1.010	0.918	0.967
电气机械和器材制造业	0.912	1.043	1.013	0.900	0.952
计算机、通信和其他电子设备制造业	0.932	1.030	1.000	0.932	0.960
仪器仪表制造业	0.944	1.055	1.014	0.931	0.996
其他制造业	1.105	1.106	1.062	1.041	1.223

制造业分行业全要素增长率的分阶段特点。结合图 4-3、图 4-4 和图 4-5，从行业的 TFP 分解指标变动可以分析得出，在制造业高速发展期，资本驱动发展模式有力地促进了技术进步的贡献，随着增长方式的转变和发展阶段的演变，资源配置效率对制造业发展的贡献逐步凸显，同时也带动了规模效应的贡献，在技术密集型行业中体现得尤为明显。具体分析以下两个方面：①各个类型制造业的技术进步率在 2003~2014 年均大于零且比较平稳，在 2015 年、2016 年普遍有下降趋势，2016 年技术进步约下降 10%，在 2017 年资本密集和技术密集型制造业都有了明显上升。②资本密集型产业的资源配置效率在正负数间小幅度波动，劳动密集型和技术密集型产业的资源配置效率在 2004~2015 年变动基本为负，但 2016 年各行业效率普遍提高，其中，农副食品加工业、木材加工业、橡胶塑料制品业等劳动密集型产业的资源配置效率有了 20%的大幅提升，技术密集型制造业的资源配置效率也都达到了 15%以上的增速，而资源配置效率的提高主要是由于规模效率的提高，2017 年资源配置效率有了一定的回落。制造业按要素划分可分为：劳动密集型、资本密集型和技术密集型，具体如表 4-6 所示。

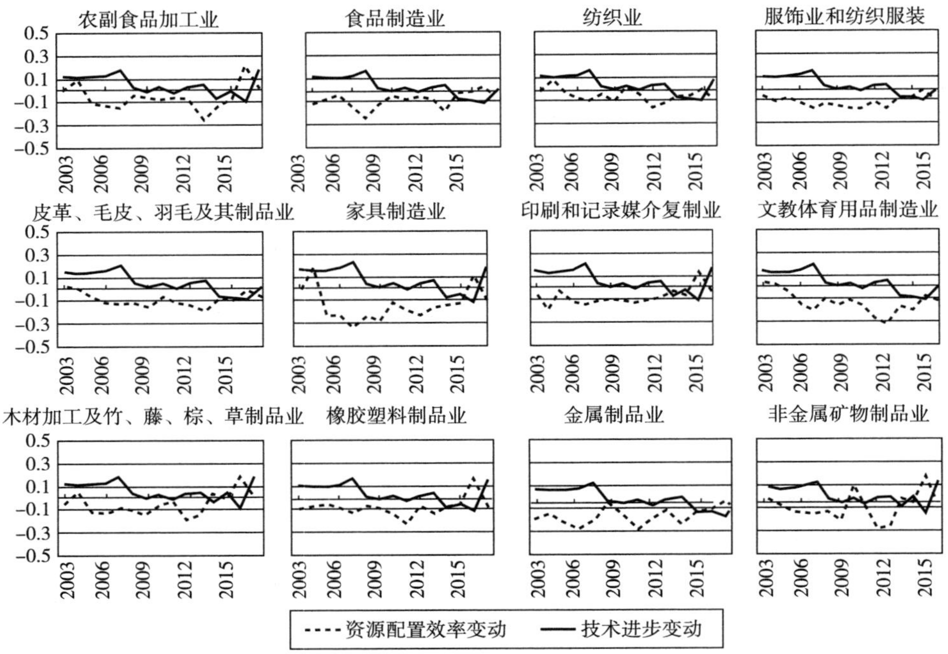

图 4-3 劳动密集型产业的分解指标变动

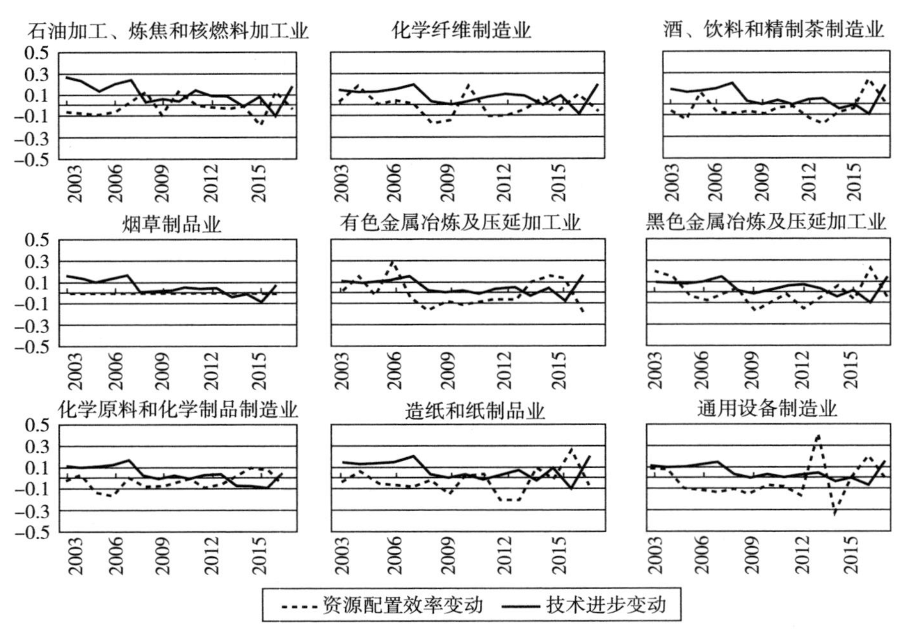

图 4-4 资本密集型产业的分解指标变动

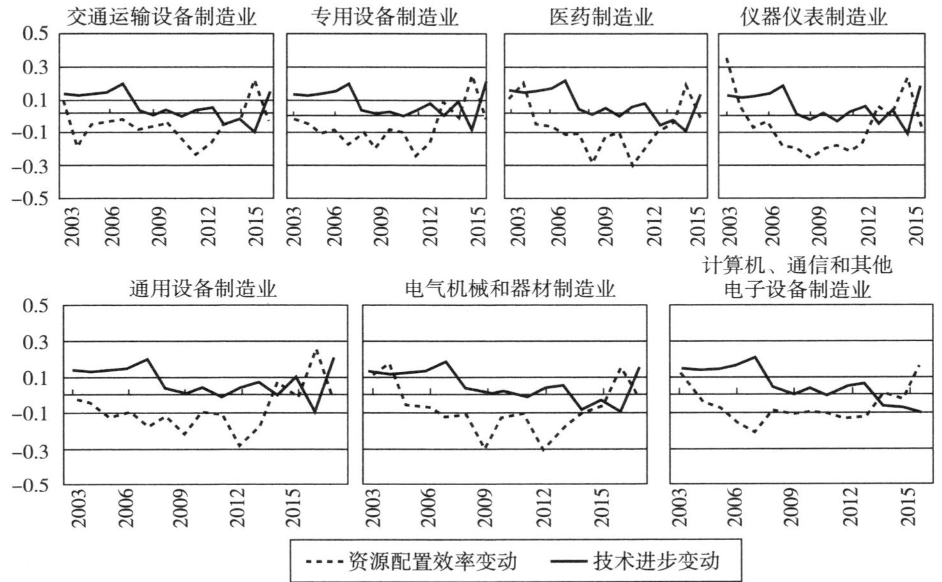

图 4-5 技术密集型产业的分解指标变动

表 4-6 制造业按要素划分①成分

产业类型	包含的细分行业
劳动密集型制造业	农副食品加工业，食品制造业，纺织业，纺织服装、服饰业，皮革、毛皮、羽绒及其制品业，木材加工及竹、藤、棕、草制品业，家具制造业，印刷和记录媒介复制业，文教体育用品制造业，橡胶塑料制品业，非金属矿物制品业，金属制品业
资本密集型制造业	酒及饮料和精制茶制造业，烟草制品业，造纸和纸制品业，石油加工与炼焦和核燃料加工业，化学原料和化学制品制造业，化学纤维制造业，黑色金属冶炼及压延加工业，有色金属冶炼及压延加工业，通用设备制造业
技术密集型制造业	医药制造业，专用设备制造业，交通运输设备制造业，电气机械和器材制造业，通用设备制造业，仪器仪表制造业，计算机、通信和其他电子设备制造业

总结来说，在研究期间多数制造业属于技术进步驱动，但技术进步对全要素生产率的正向影响能力逐渐减弱，2017 年，技术再次拉动 TFP 增长。劳动密集型和技术密集型产业中资源配置效率作用没有充分发挥出来。近年来，制造业的转型发展取得初步成果，技术水平稳定提升，涌现出一批“小巨人”和单项冠军企业，各项围绕新技术、生产要素有效流动的制度改革不断为提高资源配置效

① 根据王志华、董存田（2012）对制造业归类的方法按各行业生产要素特点将制造业归类为劳动密集型、资本密集型和技术密集型三类。

率创造制度条件，同时也要看到，制造业仍在经济转型阶段，发展动力出现波动，仍需注意部分行业效率的潜在问题。

四、中美行业层面比较

中美制造业在各行业有不同的生产、管理方式，同时也处在国际价值链中的不同位置，各行业的效率也有差异。为更好地理解中美制造业行业 TFP 变化差异及驱动因素，依据经济周期划分出五个时间段，分别进行比较分析。

为了消除 2002~2017 年中国行业分类变化的影响以及与美国行业分类的行业可比，根据 2012 年美国 NAICS 的行业分类对中国制造业行业进行了进一步的分类与整合。由于数据的一致性和可获得性，删除及合并了部分行业。最终经过合并调整，得到如表 4-2 所示的 17 个大的行业分类以及中美行业对应表。

2002~2007 年，中国资本密集型产业和美国技术密集型产业技术进步对全要素生产率的贡献形成了重要支撑。中国处于全球化驱动上升周期，在此区间制造业全要素生产率平均增长率为 9.4%，其中技术进步率为 8.1%，是拉动 TFP 增长的主要动力。非金属矿物制品业（ID2）、交通制造业（ID8）、造纸（ID14）和初级金属业（ID3）等资本密集型制造业在技术进步的拉动下 TFP 增长较快，TFP 增速均达到了 13%以上。金属制品业（ID4）和家具制造业（ID9）由于效率制约，全要素生产率有所下降。这一期间美国处于后工业化时期，传统制造业投资不足以及人才纷纷涌向虚拟经济产业和金融业造成了产业空心化，使得美国制造业开始经历趋势性萎缩。美国在此期间通过发展高附加值制造业来弥补传统制造业损失，因此除技术密集型制造业（ID5-ID8）和造纸业（ID14）、化学制造业（ID16）的全要素生产率有明显提高外，其余大多产业 TFP 都出现了下降。总体来看，这一时期中国处于人口红利期间，承接了发达国家制造业外流的部分环节，快速的技术进步拉动了制造业全要素生产率增长，而美国技术进步平均而言对 TFP 影响不大，效率却有所降低。2002~2007 年中美制造业 TFP 指数及分解如表 4-7 所示。

表 4-7　2002~2007 年中美制造业 TFP 指数及分解

2002~2007 年	全要素生产率指数		技术进步指数		技术效率指数	
	中	美	中	美	中	美
ID1	1.076	0.981	1.078	1.011	0.998	0.970

续表

2002~2007年	全要素生产率指数		技术进步指数		技术效率指数	
	中	美	中	美	中	美
ID2	1.153	0.979	1.094	1.026	1.054	0.954
ID3	1.282	0.923	1.133	1.028	1.131	0.898
ID4	0.952	0.999	1.075	1.022	0.886	0.978
ID5	1.091	1.048	1.068	1.027	1.021	1.021
ID6	1.047	1.235	1.052	1.021	0.996	1.209
ID7	1.128	1.003	1.077	1.023	1.048	0.981
ID8	1.147	1.051	1.074	1.030	1.067	1.021
ID9	0.984	0.980	1.067	0.984	0.923	0.996
ID10	1.143	0.990	1.144	1.019	0.999	0.972
ID11	1.116	1.005	1.075	1.025	1.038	0.981
ID12	1.057	0.991	1.067	1.026	0.991	0.965
ID13	1.017	0.933	1.042	1.002	0.976	0.932
ID14	1.173	1.015	1.085	1.019	1.081	0.996
ID15	1.100	0.966	1.081	1.020	1.018	0.947
ID16	1.109	1.023	1.097	1.023	1.011	1.000
ID17	1.063	1.001	1.071	1.030	0.993	0.972
行业平均	1.094	1.005	1.081	1.020	1.012	0.986

金融危机期间中美制造业各个行业投资下降，导致技术进步不足，阻碍了TFP增加。中国大多劳动密集型制造业在此期间由于受技术限制较小，而效率有所提高，因此受到的波动较小。在此期间交通制造业（ID8）的资源利用效率尤其是规模效率有所提高，拉动TFP提高了5%。其余产业TFP均受到了一定程度的影响，从分解指标来看均是由于经济萧条时技术进步不足。美国作为金融危机的发源地，除初级金属业（ID3）和计算机等设备制造业（ID6）生产率提高外，其余行业TFP下降明显，在此期间其行业全要素生产率平均下降12%，其中技术进步平均下降18.5%。制造业暴露出的结构化问题促使美国重新考虑“去工业化”是否合乎理性，逐渐发现次贷危机的根本原因是大量生产性资源从工业部门转移到了金融部门。2007~2009年中美制造业TFP指数及分解如表4-8所示。

表 4-8　2007~2009 年中美制造业 TFP 指数及分解

2007~2009 年	全要素生产率指数		技术进步指数		技术效率指数	
	中	美	中	美	中	美
ID1	1.030	0.854	0.979	0.80	1.052	1.067
ID2	1.041	0.870	0.977	0.844	1.066	1.031
ID3	1.006	1.161	1.006	0.823	1.000	1.411
ID4	1.058	0.789	0.918	0.800	1.152	0.986
ID5	0.994	0.827	0.976	0.803	1.018	1.030
ID6	0.950	1.013	0.940	0.835	1.010	1.213
ID7	0.928	0.838	0.928	0.800	1.000	1.048
ID8	1.030	0.825	0.980	0.825	1.051	1.000
ID9	0.934	0.783	0.932	0.800	1.001	0.979
ID10	1.128	0.949	1.034	0.800	1.091	1.186
ID11	1.031	0.879	0.979	0.840	1.053	1.046
ID12	0.933	0.826	0.882	0.815	1.057	1.012
ID13	0.854	0.899	0.879	0.800	0.971	1.123
ID14	0.998	0.907	0.978	0.817	1.020	1.110
ID15	1.026	0.917	0.979	0.800	1.048	1.147
ID16	0.997	0.825	0.979	0.825	1.018	1.000
ID17	1.055	0.856	0.969	0.828	1.088	1.034
行业平均	0.997	0.879	0.959	0.815	1.040	1.079

2009~2011 年，中国劳动密集型行业技术进步和资源配置效率双增长，美国技术进步长期具有明显优势。中国在 2010 年左右进入工业化后期，经济增速换挡，随着内外环境的变化制造业进入了深化调整时期，结构改革和创新升级成为制造业新增长点。在此期间全要素生产率增长快速的是非金属矿物制品业（ID2）、造纸业（ID14）、木材加工制造业（ID1）、初级金属业（ID3）等传统制造业，传统制造业的技术进步指数和资源配置效率指数均有提高。计算机等设备制造业（ID6）在此期间由于核心技术研发不足，技术进步和全要素生产率指数均下降 4%，总体而言技术密集型制造业由于技术进步缓慢，与美国相比 TFP 增长不明显。金融危机后，美国认识到金融发展不能持续促进经济增长，颁布了相关法案推行再工业化，通过投资减税等财政政策显著提升了工业产能。在此期间美国各个产业效率降低但技术进步明显，平均技术进步指数增长 11.6%，拉动

了行业 TFP 约 4%的增长。但食品制造业（ID11）、纺织业（ID12）等产业的生产率下降问题依然没有改善。2009~2011 年中美制造业 TFP 指数及分解如表 4-9 所示。

表 4-9　2009~2011 年中美制造业 TFP 指数及分解

2009~2011 年	全要素生产率指数		技术进步指数		技术效率指数	
	中	美	中	美	中	美
ID1	1.077	1.053	1.032	1.133	1.044	0.929
ID2	1.135	1.087	1.028	1.135	1.104	0.958
ID3	1.081	0.954	1.081	1.040	1.000	0.917
ID4	0.900	1.066	1.000	1.122	0.899	0.950
ID5	1.040	1.123	1.029	1.151	1.011	0.976
ID6	0.962	1.055	0.962	1.055	1.000	1.000
ID7	1.004	1.087	1.004	1.153	1.000	0.943
ID8	1.037	1.161	1.031	1.161	1.006	1.000
ID9	0.986	1.015	1.010	1.140	0.976	0.890
ID10	1.265	0.975	1.140	1.153	1.110	0.846
ID11	1.050	0.954	1.032	1.103	1.017	0.865
ID12	0.960	0.986	0.959	1.130	1.001	0.873
ID13	0.884	1.050	0.942	1.153	0.939	0.911
ID14	1.118	1.016	1.027	1.045	1.089	0.972
ID15	1.013	1.047	1.036	1.153	0.978	0.908
ID16	0.983	1.006	1.032	1.039	0.953	0.968
ID17	0.925	1.013	1.005	1.111	0.920	0.912
行业平均	1.021	1.038	1.020	1.116	1.001	0.931

长期以来中国制造业主要依靠要素投入增长，在国际价值链中主要负责低技术水平产业，而美国制造业以生产高端设备为主，随着美国再工业化的施行，中美制造业的互补关系逐渐转为竞争关系，这一关系的转变也使中国制造业放慢了发展的步伐，直接影响了制造业技术进步。

金融危机后，中国制定了扩大投资和内需的政策来振兴经济，美国也出台了扩张性的货币政策和财政政策等救市政策，但在制造业 TFP 短期反弹后再次进入下行趋势。中国的制造企业低成本制造的优势正在逐渐消退，大多数制造行业的利润回报率正在下降，内生变化和外部环境共同造成了产能过剩问题，进一步削弱了制造业增长的驱动力。在此期间，由于印刷业（ID15）工艺方法不断改进，全要素生产率增长明显，其余大多产业由于技术进步制约，降低了制造业全要素生产率。技术密集型制造业下降明显，如何推动传统产业的革新并发展高技术制造业成为制造业发展的重要问题。美国制造业全要素生产率在 2009 年后一度全面回升，但这一势头并不稳固。2011~2014 年制造业 TFP 又转为下降趋势，在此期间中美技术进步指数均下降 3%，但美国在自动化生产、管理等方面领先，因此全要素生产率下降幅度较小。值得一提的是，随着互联网的高速发展，计算机等设备制造业（ID6）作为美国优势产业，在此期间由技术进步拉动了其 TFP 2.4%的增长。2011~2014 年中美制造业 TFP 指数及分解如表 4-10 所示。

表 4-10　2011~2014 年中美制造业 TFP 指数及分解

2011~2014 年	全要素生产率指数		技术进步指数		技术效率指数	
	中	美	中	美	中	美
ID1	0.958	0.901	0.988	0.956	0.970	0.942
ID2	0.952	0.994	0.986	0.979	0.965	1.015
ID3	1.004	1.057	1.004	1.013	1.000	1.044
ID4	1.030	0.977	0.960	0.956	1.073	1.021
ID5	0.930	0.969	0.984	0.956	0.945	1.013
ID6	0.944	1.024	0.944	1.024	1.000	1.000
ID7	0.900	0.992	0.957	0.956	0.940	1.038
ID8	0.911	0.968	0.965	0.968	0.944	1.000
ID9	0.932	1.031	0.961	0.956	0.970	1.078
ID10	1.103	0.970	1.030	0.957	1.071	1.014
ID11	0.937	0.948	0.961	0.955	0.975	0.992
ID12	0.951	1.030	0.967	0.954	0.983	1.077
ID13	0.888	0.892	0.910	0.956	0.976	0.933
ID14	0.936	0.993	0.994	1.007	0.942	0.987
ID15	1.042	1.005	0.970	0.956	1.075	1.051
ID16	1.015	0.973	0.969	1.009	1.048	0.964
ID17	1.021	1.003	0.960	0.960	1.064	1.045
行业平均	0.966	0.983	0.971	0.971	0.995	1.012

2014~2017年中美制造业仍然处于下行阶段，中国存在高技术产业技术进步不足和劳动密集型产业资源配置效率下降的双重问题。中国2016年的经济增长6.7%，为20多年来的最低水平，增长率低的原因之一是制造业产能下降。中国劳动力成本与2005年相比增加了5倍，与1995年相比增加了15倍，劳动成本上升和人口红利消失降低了中国成本优势，外资正在从中国流入劳动成本更低的国家。在此期间中国制造业全要素生产率降低了2.8%，问题在于部分高技术制造业（ID6~ID8、ID16）的技术进步不足，同时劳动密集型产业的资源配置效率也在下降（ID1、ID2、ID4、ID9~ID13、ID15），存在一定的产能过剩问题，而依靠资源投入的资本密集型产业全要素生产率在此期间均有所提高。中国制造业还处于探索时期，由于受到众多因素的影响和限制，发展动力不稳定，新旧动能转化接续压力大，需注重规模效率的提高，在此期间筹划的供给侧改革和“中国制造2025”也将着重于解决这一问题。2014~2017年中美制造业TFP指数及分解如表4-11所示。

表4-11　2014~2017年中美制造业TFP指数及分解

2014~2017年	全要素生产率指数		技术进步指数		技术效率指数	
	中	美	中	美	中	美
ID1	1.006	1.015	1.041	0.963	0.966	1.054
ID2	1.035	0.953	1.045	0.963	0.990	0.990
ID3	1.024	1.090	1.024	1.016	1.000	1.073
ID4	0.955	0.928	0.976	0.963	0.978	0.964
ID5	1.037	0.932	1.055	1.000	0.983	0.932
ID6	0.972	1.032	0.972	1.032	1.000	1.000
ID7	0.947	0.995	0.966	0.963	0.981	1.033
ID8	0.995	0.957	0.972	0.957	1.024	1.000
ID9	0.929	0.978	0.963	0.963	0.965	1.016
ID10	1.006	0.987	1.003	0.963	1.003	1.025
ID11	0.935	0.986	0.966	0.983	0.967	1.003
ID12	0.960	0.964	0.994	0.963	0.966	1.001
ID13	0.839	1.103	0.934	1.000	0.898	1.103
ID14	1.029	0.969	1.053	1.010	0.977	0.959
ID15	0.961	1.000	0.968	0.963	0.993	1.038

续表

2014~2017 年	全要素生产率指数		技术进步指数		技术效率指数	
	中	美	中	美	中	美
ID16	1.042	0.950	0.964	1.011	1.081	0.94
ID17	0.976	0.990	0.972	0.993	1.004	0.997
行业平均	0.978	0.992	0.992	0.985	0.986	1.008

对美国而言，市场需求变动对制造业技术进步影响较大。2015~2016 年石油危机已经表明，美国制造业几乎会随着油价下跌而衰退，制造业 TFP 小幅下降，技术进步平均降低了 1.5%，反映在企业实际经营方面就是停止研发投资。但制造业 TFP 变动在各个行业表现有很大差异，初级金属业（ID3）和皮革制品业（ID13）资源配置效率显著提升，其余劳动密集型产业的技术进步和效率均制约着 TFP 增长。在技术密集型产业中，同时受到出口市场不稳和生产放缓的影响，电气设备制造业（ID7）和交通制造业（ID8）技术进步降低了约 4%，而机械制造业在油价暴跌中深受其害，资源配置效率降低了 6.7%。

第四节　本章小结

本章将中美两国的制造业各行业进行分类对应后计算并分析了两国 17 个制造业细分行业的全要素生产率及其驱动因素，得出以下四个结论：

第一，总体来看，中美制造业全要素生产率呈现鲜明的发展阶段特征，中国在经历资本驱动的高速增长阶段后，创新驱动带来的生产方式转变并不明显，全要素生产率与美国的差距进一步扩大，在研究期间美国制造业 TFP 始终高于中国，但两者差距经历了缩小、扩大又缩小的过程，在此后一段时期内，中美将都处于技术驱动产业升级阶段，全要素生产率变动差距仍具有扩大可能。近年来，中国着力发展实体经济调整经济结构，培育具有国际优势的高端制造业和新兴产业，而美国的重振制造业计划与我国制造业战略部署迎头相遇。

第二，从增长源泉来看，研究的初期阶段我国制造业通过对技术的引进、学习和研发，技术水平大幅度提高，带动了 TFP 指数持续增长。随后依赖技术引进

对技术进步的提高效用逐渐减弱，2014~2016 年较低迷，2016~2017 年正是“十三五”前两年，在国家作出制造强国战略部署后，围绕发展先进制造业的战略目标以及各地政府的大力引导下，技术重新成为拉动 TFP 增长的关键因素，TFP 出现全面提升。

第三，从行业来看，中国技术密集型制造业技术进步不足，美国计算机产业 TFP 显著提高。中国制造业技术进步显著，但在金融危机后的各个时期，中国制造业的技术红利逐渐退去，纯技术发展已经无法拉动其全要素生产率持续提高，其中计算机等设备制造业和电气设备制造业的技术进步明显不足，制约着 TFP 的提高。美国技术密集型各产业变动不一，计算机等设备制造业的 TFP 在技术拉动下不断提高，交通制造业在效率上有所提高，而机械制造业、电气设备制造业的效率和技术进步指数均有所下降。近年来中国资本密集型产业生产率增长明显，劳动密集型产业效率降低。资本密集型产业（初级金属业、造纸业、化学制造业）全要素生产率有所增加。金融危机后大多劳动密集型产业的资源配置效率开始下降，近年来更为明显，可能是由于中国低端制造产能相对过剩，外部需求疲软。内外环境变化下，传统制造业面临着能力不足和动力缺失的双重制约，其经济发展方式有待调整。

第四，从趋势来看，中国制造业将迎来技术密集型行业技术进步和劳动密集型、资本密集型行业资源配置效率同步增长阶段，美国技术进步优势仍将保持。随着技术密集型行业进入新一轮的竞争性增长阶段，中国技术密集型行业受技术投入、市场需求的影响将会有较大增长空间，劳动密集型行业和资本密集型行业自我升级压力较大，将进一步促进纯技术效率和规模效率的提升。美国技术型行业的技术进步优势仍将保持，全球层面的产业转移也可能促进美国其他行业资源配置效率的提升。

第五章　中美制造业贸易竞争力比较分析

从制造业的全要素生产率中可以看到中美两国经济增长驱动力上的差异，是一种较为隐性的内生力量，而在世界贸易版图中，制造业的贸易竞争力更是两国制造业国际竞争力水平的直观反映和显性表现。相较之下，美国工业化起步早，制造业发展进程相对较快，在国际竞争当中长时间保有先发优势。在不断开放的发展格局和自由贸易浪潮中，中国也在不断地融入世界，成为世界制造分工体系中的重要阵地。贸易竞争力的强弱代表着一国的产业实力，为准确判断未来中美制造业的转型升级趋势和方向，深入分析中美制造业贸易竞争力的情况，本章通过构建贸易竞争力指数的方式来对中美制造业和分行业的贸易竞争力进行测度和评价，并进行对比分析。

第一节　贸易竞争力的评价方法

对于国际竞争力评价方法的研究是经济领域判定国家经济发展情况的核心内容，以世界经济论坛、瑞士洛桑管理学院的竞争力指数以及迈克尔·波特的钻石模型为经典代表，其指标维度和指标选取成为当今竞争力评价的重要参考，影响较为深远，本书的重点在于进行产业的国际竞争力的评价，产业的国际竞争力更多地表现为产业的贸易竞争力，关于贸易竞争力的评价方法主要应用进出口数据计算相关的指数，常用的指数有：显示性比较优势指数（Revealed Comparative Advantage，RCA）、显示性竞争优势指数（Comparative Advantage，CA）、贸易竞争力指数

（又称可比净出口指数，Normalized Trade Balance，NTB）、净出口显示性比较优势指数（Net Exportrevealed Comparative Advantage，NXRCA）、市场占有率（Market Share，MS）等，本章重点对具有代表性的前四类指数进行测度和分析。

一、贸易竞争力指数

贸易竞争力指数在国内和国外的称谓不同，在国外，该指数又被称为“可比净出口指数（NTB）”或“净贸易比（NTR）”。在国内，其是指产品的净出口与其进出口总额之比，该指数主要是用于反映某一产品或产业的国际竞争力。其计算公式为：

$$NTB_{ia} = (X_{ia}-M_{ia}) / (X_{ia}+M_{ia}) \tag{5-1}$$

其中，X 和 M 分别表示一国家 i、产业/产品 a 的出口和进口额，在国家层面，只有出口或只有进口的贸易状况不会长期存在，在正常情况下，长期来看，一个国家的进出口应该是平衡的，即数值应该围绕 0 上下波动，1 和-1 是一国只有出口或只有进口的极端情况。这个更加侧重对本国出口相对于进口的绝对量优势。该指标的优点在于，它本质上是一个对本国贸易总额进行解释的相对值剔除了许多影响因素如通货膨胀等宏观经济总量的变化。但是 NTB 的局限性在于，在国家层面，单一的进出口的贸易状况只是短期现象，而且仅是就本国的总量对比而言，对于长期的解释力不足。

二、显示性比较优势指数

20 世纪 60 年代中期，国外著名学者巴拉萨提出了“显示性比较优势指数（RCA）”，该指数主要用于表明某个国家进出口贸易中的比较优势，该学者经过长期的研究后指出，国家 i 在产业/产品 a 贸易上的比较优势，与 a 产品在该国的出口额，a 产品在世界的出口额相关，两者的比值就是其比较优势，其含义是，某行业或某产品出口额占本国出口总额的份额与世界此类产品出口额占世界总出口额的份额的比值。其表达式如下：

$$RCA_{ia} = (X_{ia}/X_{it}) / (X_{wa}/X_{wt}) \tag{5-2}$$

其中，X_{ia} 表示国家 i 在产业/产品 a 上的出口，X_{wa} 表示 a 产业/产品在世界市场上的总出口，X_{it} 表示 i 国总出口，X_{wt} 表示世界市场总出口。

三、显示性竞争优势指数

一个行业内进出口同时存在的情况下，显示性比较优势指数只考虑一个行业的出口比例而不考虑进口的因素，则有可能出现较大偏误。20 世纪 80 年代末期，国外学者 Vollrath 和 Vo 提出显示性竞争优势指数，该指数主要是用于消除进口因素的影响，如式（5-3）所示：

$$CA = RCA - (M_{ia}/M_{it}) / (M_{wa}/M_{wt}) \quad (5-3)$$

其中，M_{ia} 表示 i 国在 a 产业/产品上的进口，M_{wa} 表示 a 产业/产品在世界市场上的总进口，M_{it} 表示 i 国总进口，M_{wt} 表示世界市场总出口。

即在产品比较优势方面，从出口中减去进口，在此基础上可进一步计算出 i 国 a 产品的真正竞争优势。RCA 的优势在于，它简洁有力地反映了某一产业/产品的出口与世界出口水平的相对优势，它剔除了总量波动的影响，较好地反映了该产品的相对优势，这一指标的局限在于，未考虑进口的因素，因此 CA 指数可以作为 RCA 指数的一个补充。

四、净出口显示性比较优势指数

从条件思维来看，不同贸易背景下的竞争力影响因素存在差异，一国的出口情况不仅受自身发展条件的限制，也同时受到其进口条件的制约。一般情况下，进口会在一定程度上影响一个国家的出口，由于贸易环境存在差异，因而影响因素也存在差别。为了找出两者之间的关系，20 世纪 80 年代巴拉萨改进了显示性比较优势指数，即 NXRCA：

$$NXRCA_{it} = \left[\left(\frac{X_{it}}{\sum_j X_{it}} - \frac{M_{it}}{\sum_j M_{it}} \right) \right] \times 100 \quad (5-4)$$

该指标忽略产业内贸易或国际分工，显示出进出口之间存在的相关性。故而，用其判断一个产业的国际竞争力更为合理。数值越高，则相对竞争力越强；数值越低，则相对竞争力越弱。该指标的优势在于，不仅能孤立地分析单一国家或地区贸易对象的竞争力水平，同时也能将客观联系的两者交互关系考虑进去。

五、评价指数对比

总结来看，贸易竞争力指数（NTB）用以衡量一个国家剔除通货膨胀等宏观经济总量后的净出口绝对优势，该指标可用于衡量产业竞争力在年度间的变动情况，但无法对产业间国际相对优势进行比较。显示性比较优势指数（RCA）和显示性竞争优势指数（CA）衡量的分别是只考虑出口和考虑进出口情况下，一国行业贸易水平与世界贸易水平相比的比较优势，是学者在比较国际竞争力时常用

的评价指标，能够在 NTB 指数结果上形成行业横向比较的进一步解释。净出口显示性比较优势指数（NXRCA）未受到世界贸易额的影响，只衡量国内某产业的贸易格局变动，能够更加清晰客观地反映两国在某产业竞争力上的差距，在国别比较上形成补充。四个指数优缺点对比如表 5-1 所示。

表 5-1　贸易竞争力指数优缺点对比

指标	优点	缺点
贸易竞争力指数（NTB）	本指标是绝对竞争力指标，剔除了通货膨胀的影响，可用于本国变化比较	单纯根据指数的大小无法反映产业间相对优势情况，忽略了国际贸易环境的影响
显示性比较优势指数（RCA）	排除了国家和世界总波动的影响，更好地反映了产品的相对优势	忽略了进口的影响
显示性竞争优势指数（CA）	在 RCA 的基础上进一步考虑了该行业或产品进口的影响	在判断一国竞争力演变情况时受到较多因素影响，不够直观
净出口显示性比较优势指数（NXRCA）	可以反映国内某产业的贸易格局变动及贸易经济的稳定程度，在国别比较上形成补充	没有将一国某产品比较优势的测量与世界该产品的平均进出口水平的计算联系起来，很难揭示其与世界同类产业贸易现状之间的关系

第二节　中美制造业贸易竞争力测算与演变分析

一、变量说明及数据来源

本章对 2000~2018 年中国和美国制造业 26 个细分行业的制造业贸易竞争力进行了测算。基于数据可获得性和研究目的，为从不同的角度反映制造业贸易竞争力的情况，采用四种不同的指数（显示性竞争优势指数——CA，显示性比较优势指数——RCA，贸易竞争力指数——NTB，净出口显示性比较优势指数——NXRCA）来对两国制造业整体和分行业的竞争进行测度和演变分析。

本章所使用的相关数据均出自联合国商品贸易数据库。由于缺少以行业为标准统计的进出口贸易额，因此，根据数据库中的 6 位 HS 代码对 6000 多个贸易商品按照2017年国民经济行业分类标准进行了划分。划分参考国民经济行业分类与ISIC Rev4之间的对应表、学者整理出的HS2007、HS2002与行业分类标准对应表。首先依据这些材料整理出所有商品对应的制造业行业大类，其次通过STATA软件将中国、美国、世界的2000~2018年各个行业的进口额和出口额进行计算，最后运用上述产业贸易竞争力的计算公式计算得到相关结果。

二、中美制造业贸易竞争力指数测算

在本节的研究中，为深入分析中美制造业在世界范围内的参与程度，首先从不同的角度解读两国制造业在一段时间内的大致发展情况；其次选取的数据为2000~2019年产生的数据，包括货物出口总额、总体货物进口总额等指标，以反映两国在该时间段内制造业整体的发展态势，然后通过构建的贸易竞争力指数，对两国制造业贸易竞争力进行时序的分析和比较。进出口总额及变化趋势如表5-2、图5-1和图5-2所示。

表5-2　中美制造业进出口总额

年份	制造业出口总额（千亿美元）		制造业进口总额（千亿美元）	
	中国	美国	中国	美国
2000	2.45	7.51	2.21	11.50
2001	2.61	7.00	2.40	10.70
2002	3.20	6.65	2.91	10.90
2003	4.33	6.94	4.09	11.80
2004	5.86	7.83	5.55	13.90
2005	7.54	8.67	6.53	15.70
2006	9.60	9.97	7.84	17.50
2007	12.10	11.20	9.47	18.50
2008	14.20	12.40	11.20	19.90
2009	11.90	10.10	9.85	14.80
2010	15.70	12.20	13.50	18.30
2011	18.90	14.10	16.50	21.20
2012	20.40	14.80	17.00	21.90
2013	22.00	15.10	17.90	21.70
2014	23.30	15.50	18.20	22.50
2015	22.70	14.40	15.60	21.40

续表

年份	制造业出口总额（千亿美元）		制造业进口总额（千亿美元）	
	中国	美国	中国	美国
2016	21.20	13.90	14.70	20.80
2017	22.70	14.70	17.20	22.30
2018	24.80	15.70	20.30	24.20
2019	24.80	15.50	19.80	23.70

注：数据由世界贸易数据库中的 HS6 位代码商品进出口额计算获得，为未经年度调整的初步数据，与中国商务部及海关总署公布的数据有较小出入。

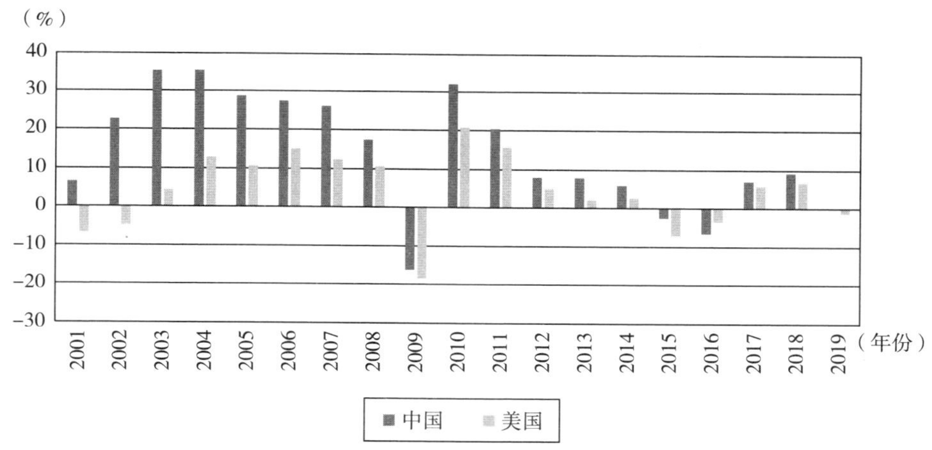

图 5-1　2001～2019 年中美制造业出口总额增速

从进出口总量来看，2007 年成为一个分界点，在此之前美国制造业的出口总额高于中国，之后中国制造业的出口开始高于美国并且差距不断变大，但两国的出口总额整体都呈现趋势性上升，受金融危机影响，同步出现了振荡下行，从进口来看，中国的制造业进口额始终低于美国，美国的进口额在 2000 年为 11.50 千亿美元，是中国的 5.2 倍。随着经济的快速发展，中国进口额以更大的增速迅速提高，在 2019 年达到 19.80 千亿美元，而美国为 23.70 千亿美元，将差距缩小了 1.2 倍。2008 年的金融危机同样对两国进口额产生了较大的影响，中国下降了 1.35 千亿美元，而美国作为金融危机中心，影响程度更大，2009 年下降了 5.1 千亿美元。由于主要大宗商品价格的大幅下跌，2015 年中美的进口均在减少。货物贸易面临自新一轮全球金融危机以来国际形势较为复杂严峻的一年，全球经济低速增长，中国也进入了新常态发展阶段。2019 年的中美贸易摩擦导致两国的进口额明显下降，均下降了 0.5 千亿美元。

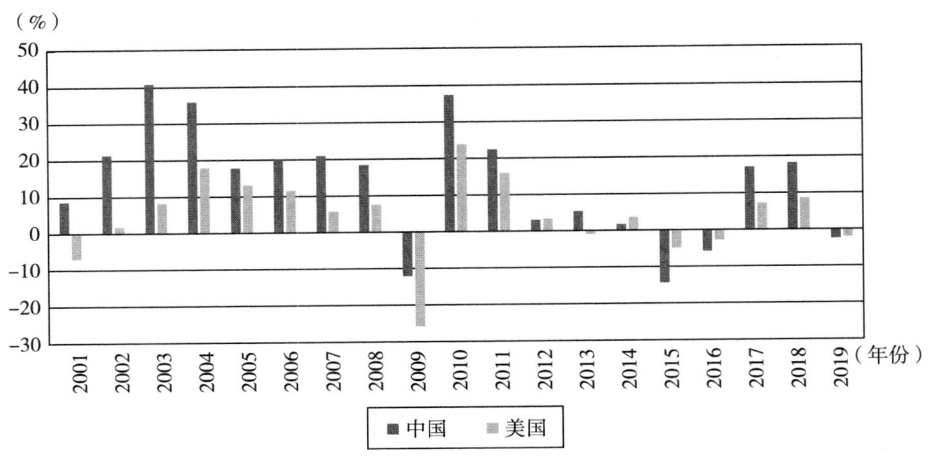

图 5-2　2001~2019 年中美制造业进口总额增速

从增速来看，中国和美国作为制造业出口的两个主要大国，在变动趋势上呈现出了高度一致。中国在 2002 年加入世界贸易组织后，出口额以极高的增速不断提高，美国在此期间也从负增长转变为了中速发展。除 2016 年以外，中国的制造业出口额和进口额增速均超过了美国。金融危机后，中美两国出口额降低了 16%和 19%，随后在 2010 年两国均有强劲的恢复，在 2010~2014 年均处于增速减弱的增长阶段。从进口额增速来看，在 2015 年和 2016 年，大宗商品的价格下跌对中国的进口产生了更大的影响，在 2015 年降低了中国 14%的进口额，在 2017 年和 2018 年有所恢复。从 2019 年两国的进出口表现来看，贸易摩擦导致两国的进出口额增速大幅度减弱，出口经济逐渐转变为内需经济。

从中美制造业进出口增长来看，变动趋势与全要素生产率阶段性特点大致相同。2007 年之前，中国处于产业高速增长阶段，两国全要素生产率差距在缩小的同时，贸易增长差距也在缩小过程中。经过金融危机及后续一段时间的调整，中美制造业进出口均保持在较低的水平上。2017 年以后，随着技术产业变革深化，两国产业发展进入新一轮的发展阶段，进出口增速逐步提升。

通过反映贸易竞争优势的指数来进行综合分析，从显示性比较优势指数

（RCA）来看，只考虑出口时，中国和美国均在国际贸易中具有明显的优势。中国的 RCA 指数在 2001~2011 年不断上升，从 1.055 增长到 1.085，表明中国加入世界贸易组织后，制造业在 2001 年之后逐步建立了出口优势，制造业产品比起所有出口的商品占有越来越大的市场份额。2011 年达到峰值后有所下降，并在 2012~2016 年围绕 1.07 波动，2018 年重新实现增长。根据日本贸易振兴协会的划分，中国的制造业 RCA 小于 1.25 而大于 0.8，处于中等优势阶段。相比较而言，美国的 RCA 指数始终低于中国，在 2000~2011 年围绕 1.03 进行波动，在 2012 年受国际经济不稳定因素影响，两国出口竞争力指数均出现了明显下降，并且在 2017 年再一次进入下降区间，表明美国制造业的出口竞争劣势正在不断扩大，2018 年中国竞争力得到了明显回升（见图 5-3）。

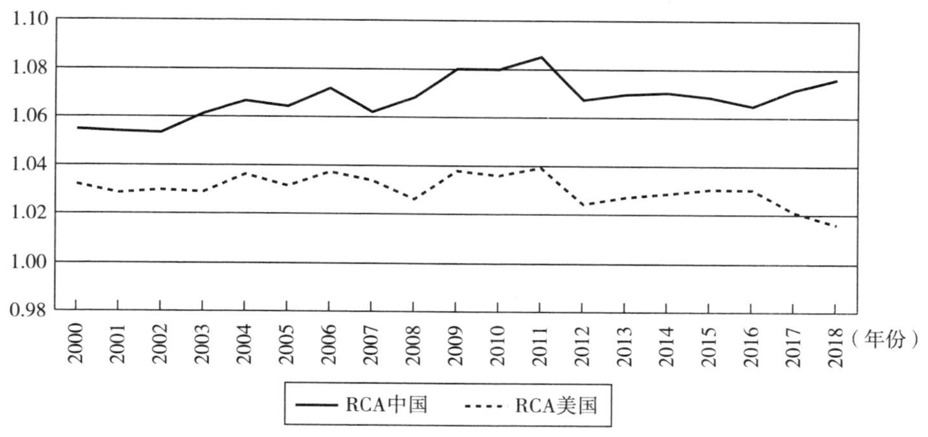

图 5-3　2000~2018 年中美制造业显示性比较优势指数对比

从显示性竞争优势指数（CA）来看，考虑进口之后，中国的制造业 CA 指数始终大于 0，显示出中国的制造业产品在世界贸易中始终保持了竞争优势。

2000~2009 年，中国 CA 指数保持稳定，贸易优势较小，在 2008 年金融危机后我国贸易增长方式发生了一定变化，这一时期主要致力于开放型经济体系的构建，CA 指数呈现出了线性增长的趋势，CA 指数从 0.006 增长到了 0.083。“一带一路”倡议的实施、双边自由贸易区的建立发展、出口贸易结构的提升、对贸易平衡的关注和汇率政策的稳定实施等在成为这一时期对外贸易政策主要特征的同时，也取得了积极的贸易效果。2015 年的经济下行和国际形势变动对中国竞争力产生了较为显著的影响，2014~2016 年中美竞争力呈现此消彼长的趋势，中国竞争力指数从 0.078 下降到了 0.036，主要原因在于经济发展迅速，人民生活水平提高，中国制造业进口产品与全部进口商品比例的增长超过了世界的比例。随着中国制造业产品价值提升，2016~2018 年产业链得到了重塑，中国制造业的竞争力优势有了进一步扩大。在 2008 年前，美国制造业竞争力超过了中国，约为 0.03。但金融危机后，美国 CA 竞争力进入了下行阶段，逐年不断下降，直到 2012 年，达到这一时期的最低点，CA 值为-0.005。在 2012 年后美国贸易竞争力触底回升，全球技术的发展使美国代表性的高技术产品竞争力扩大，CA 指数由-0.005 增长到 0.03，回到金融危机发生之前的贸易竞争力水平。2016 年开始美国贸易保护的加强和经济摩擦使美国制造业以进出口角度衡量的国际竞争劣势正在不断扩大（见图 5-4）。

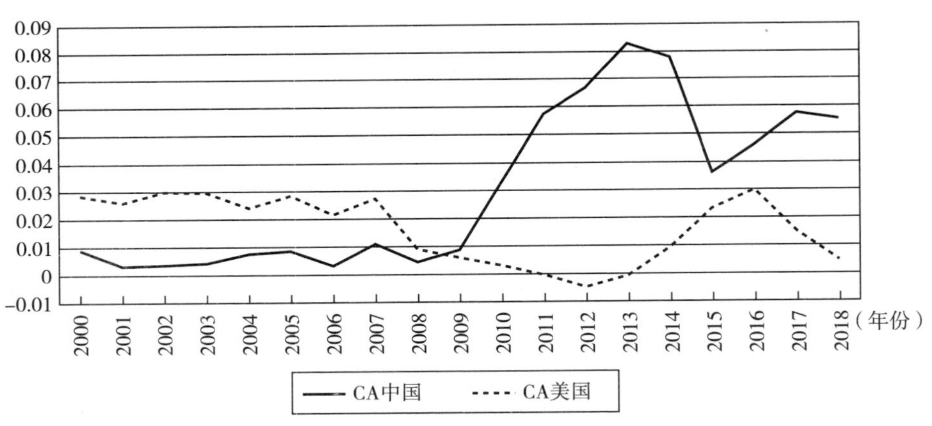

图 5-4 2000~2018 年中美制造业显示性竞争优势指数对比

净出口显示性比较优势指数（NXRCA）展现的趋势和显示性竞争优势一致，也反映出总体上中国的竞争实力在增强，而美国的贸易竞争力劣势正在不断出现扩大。通过 NXRCA 指数，可以明显观察到 2015 年的经济下行和国际形势变动对中国的竞争力造成了较大的影响，主要是由于制造业进口在中国所占份额的增加，导致进出口份额之差有了明显变动，而美国的进口量、出口量一直较大，外贸结构更加稳定（见图 5-5）。

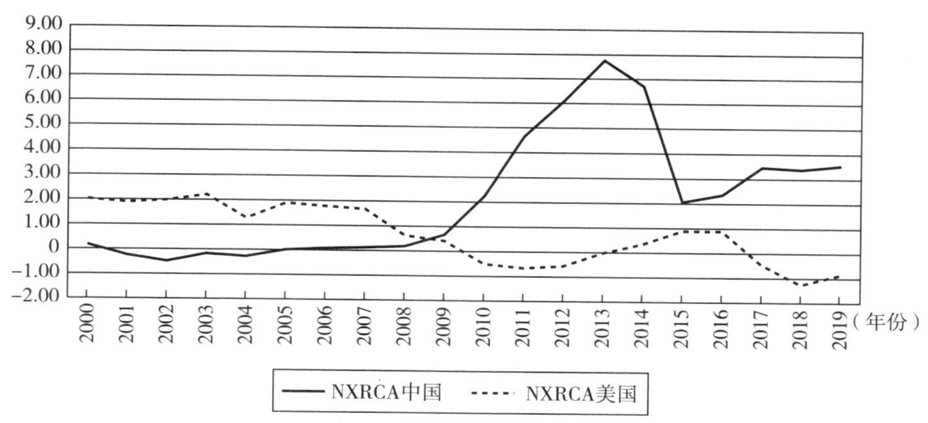

图 5-5　2000~2019 年中美制造业净出口显示性比较优势指数对比

贸易竞争力指数（NTB）更加直观地反映了国家的制造业净出口能力，其优势在于能够剔除通货膨胀等因素对于比较优势的影响。不同于其他指标结论，2008 年之前，中美的制造业已经产生了巨大差异（见图 5-6）。

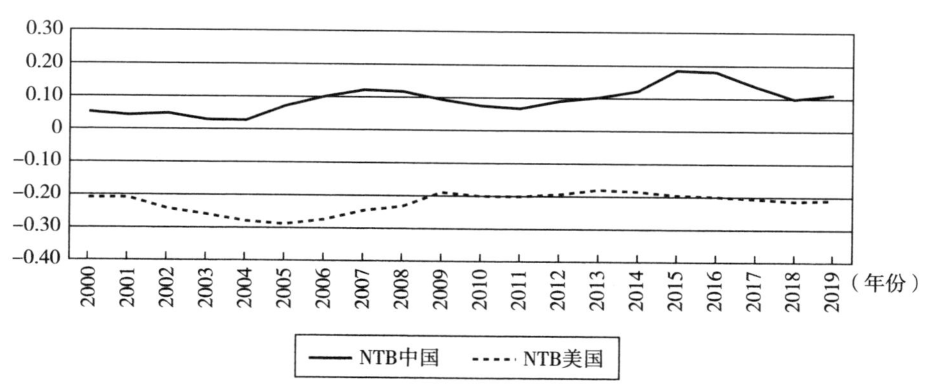

图 5-6　2000~2019 年中美制造业贸易竞争力指数对比

中美制造业竞争力变动趋势呈现不同的特点，综合几个指标分析来看，中国制造业竞争力在金融危机之后，由于产业结构调整、产业升级步伐加快，全要素生产率经过几年的调整之后重新进入增长阶段，制造业竞争力也进入较为稳定的上升阶段。净出口显示性比较优势指数（NXRCA）在 2009 年以后超过了 1，表明中国制造业在经历高速发展阶段之后，在前期的发展积累基础上逐步建立了出口优势，与此同时，美国制造业出口竞争劣势正在不断扩大。考虑进口因素之后，中国制造业竞争力变动趋势变化不大，但全球贸易结构变动下的进口增加导致制造业竞争力出现较大的向下调整，美国的净出口竞争力处于较为稳定的水平。

三、中美制造业贸易竞争力演变分析

综合前文几个指标分析来看，美国的制造业贸易竞争力在2000~2019年处于平稳发展的阶段，没有发生显著的阶梯形变化，进出口额始终维持在较高的水平，但增长速度与我国相比较为缓慢，全球贸易始终存在稳定的逆差。这种“稳定性”和“一致性”常见于工业化起步早、发展时间长、有资本与技术积累的先发优势国家，高出口意味着美国制造业在平稳发展的过程中始终保有强劲的国际竞争力，高进口意味着同时仍存在较大的需求缺口。贸易竞争力并没有因影响制造业发展的要素总量而产生明显的变化，要素的内在协调机制使其能够保持强劲的贸易竞争力。

中国的制造业贸易竞争力发展从全球贸易进出口额变化当中明显地体现为三个阶段，分别是2000~2004年、2005~2014年和2015~2019年。在这三个阶段当中，中国制造业进出口总额整体变化呈上涨趋势，贸易平衡从“入世”初期的顺差极小变为顺差逐渐增大，在2015年达到最大后保持稳中有降的态势。

2000~2004年，中国制造业发展进入了一个通过扩大贸易积累前期优势的阶段。中国制造业进出口基本平衡且均快速增长，但是与美国相比总量差距悬殊，在国际贸易当中尚未形成鲜明的竞争优势，但是巨大的进出口增速体现了我国国内制造业迅猛发展的势头，在改革开放20多年的要素禀赋积累下，良好的贸易环境催化了制造业生产效率的提高。

2005~2014年，中国制造业通过价格优势促使贸易竞争力显著提升。在中国“入世”的初期，受制于要素禀赋约束，“中国制造”仍旧是低端产品的代名词，中国产业只能以低端方式嵌入国际产业分工，与其他国家进行投入资源式的竞争，走出了一条资本、劳动力驱动下的经济发展道路。中国在这一阶段成为以出口为导向的制造大国，加工贸易和外商投资带来的不仅是我国制造业的出口经济快速发展，实现了对国民经济的有力支撑，但低端的生产环节、资源环境的浪费、科技人才培育不足等问题也相伴而生。

2015~2019年，中国制造业贸易竞争力与美国同处于全球较为领先的地位，

开始进入平稳发展的阶段，随着中国在全球产业链中的位置不断变化、产业结构不断升级，制造业增长动力转向国内。中国制造业在逐渐摆脱出口导向时期的“国际代工”模式，寻求新的增长路径。

随着经济全球化程度的加深和跨国公司价值链治理能力的加强，一方面，包括东盟国家在内的新兴经济体也采取中国的发展方式，以较低的劳动力/原材料等要素价格吸引外部投资，因此我国在嵌入制造业全球价值链的制造过程中，实现制造业的高速发展，同时也与低端市场形成强劲的国家竞争格局。另一方面，欧美发达国家不仅通过全球价值链管理功能控制了中国制造企业的盈利能力，而且对中国制造企业进行了技术性封锁，压制了中国制造企业的能力，企图将中国制造业锁定在价值链的低端环节。在以东盟为代表的新兴经济体和欧美发达国家的双重“夹击”下中国制造业面临高端封锁、低端竞争、生产成本上涨三大难题，探求制造业贸易竞争力提升的内在机制、挖掘制造业贸易竞争力的动力来源和驱动要素，是现阶段保持中国制造业贸易竞争力的必经之路。

在此背景下，中国高新技术企业在美国贸易保护主义抬头、非关税壁垒类和技术封锁的重拳出击下自主创新能力得到了极大提升。RCEP 规则将在一定程度上重构全球产业链和价值链的分布格局，对中国来讲是一个机遇，倒逼部分传统产业升级，低端产业淘汰，随着国际国内双循环的格局的建立，国际国内两个市场将对中国产业升级形成良性的需求拉动，也将极大提升中国产业链、供应链自主可控能力，以新型多边合作方式创造新增长。

第三节 中美制造业贸易竞争力的行业差异

一、中美不同阶段下制造业贸易竞争力的行业特征

通过对 2000~2018 年中国和美国制造业 17 个细分行业的制造业贸易竞争力进行测算和对比分析，选取四个有代表性的指数，显示性比较优势指数（RCA）、显示性竞争优势指数（CA）、贸易竞争力指数（NTB）和净出口显示性比较优势指数（NXRCA），从不同角度比较分析中美制造业的细分行业的竞争力演变情况。在中国经历产业高速发展阶段、美国产业调整阶段，中美重点产业贸易竞争

力呈现出不同特点。相比于美国，中国贸易竞争力最大的是家具制造业，其次是纺织服装、服饰业和纺织业，部分技术密集型制造业如计算机、通信和其他电子设备制造业在中国也表现出绝对的贸易竞争优势。对于美国而言，造纸业是其贸易竞争力最大的行业，交通设备制造也是美国制造业占有绝对优势的领域。中美两国的印刷和记录媒介复制业在世界上都同样处于优势的地位。美国贸易竞争优势主要体现在资本和技术密集型行业（见表5-3）。

表 5-3　中美制造业分行业贸易竞争力指数对比

ID	名称	中国竞争力	中国竞争力排序	美国竞争力	美国竞争力排序
1	木材制品业	0.43	9	−0.75	14
2	非金属矿物制品业	0.50	8	0.04	9
3	金属冶炼及加工业	−0.09	12	−0.27	13
4	金属制品业	1.32	5	−0.24	12
5	设备制造业	0.00	11	0.16	8
6	计算机、通信和其他电子设备制造业	2.10	3	0.17	7
7	电子器械和器材制造业	−0.62	17	0.00	10
8	交通设备制造业	−0.18	13	0.26	5
9	家具制造业	2.40	1	−1.70	17
10	其他制造业	0.81	6	0.18	6
11	食品饮料业	−0.31	14	0.39	3
12	服饰业和纺织业	2.24	2	−0.89	15
13	皮革、毛皮、羽毛及其制品业和制鞋业	1.75	4	−0.95	16
14	造纸业	−0.49	16	0.68	1
15	印刷和记录媒介复制业	0.32	10	0.43	2
16	化学制品业	−0.42	15	0.37	4
17	塑料橡胶制品业	0.63	7	−0.02	11

食品加工业、酒、饮料和精制茶加工业等食品类消费产业进口、出口需求都较大，国内高端食品需求满足程度不高，出口竞争力优势不明显，美国食品行业出口优势明显，从净出口来看，美国对中国更具竞争优势，由于食品需求的刚性特点，这一竞争差距将继续保持。从纺织行业来看，基于之前高速发展阶段技术进步、资源配置效率带来的发展红利，中国表现出绝对的出口竞争优势，考虑进

口因素后中美差距进一步拉大，但由于市场需求不振、行业技术进步和资源配置效率增速放缓，服装行业的优势正在不断下降，但仍远高于美国。从家具、塑料等日用消费品行业来看，贸易竞争力优势增长明显，尤其是橡胶制品业、塑料制品业竞争优势进入快速提升阶段，非金属矿物制品业受基础设施建设和房地产发展影响，净出口竞争力也呈现明显优势。从基础、化学原材料行业来看，美国呈现出较强的竞争力，如石油、煤炭加工业、医药制造业、黑色金属冶炼及压延加工业等，美国出口竞争力相对较强，作为国民经济的基础产业，由于技术进步缓慢，中美竞争力差距虽然有所改善但仍需不断提升。从高端装备制造行业来看，美国具有明显的竞争优势，尤其是在专用设备制造、仪器仪表制造领域，美国竞争力始终保持领先，中国在不断技术进步过程中贸易竞争力缓慢提升，但美国交通领域净出口优势仍然较强，中国电气机械和器材制造业竞争力在波动上升，美国在波动中呈下降趋势，但仍高于中国。

结合行业发展特点来看，中国在经历高速增长阶段后，基于过程中积累的技术进步和效率改进，一些综合需求量大、产业链条较短的行业贸易竞争力有了较大的提升，且长期保持显著优势地位，主要是食品类和日用消费类行业；一些技术含量高、技术消化吸收成本高、产业链条较长的行业，中国贸易竞争力仍然处于相对劣势地位，主要是基础原材料和高端装备制造业，但由于中国不断加大技术创新力度、加快产业转型升级，中美差距总体呈现缩小态势。总体而言，超过一半的制造业细分行业表现出比美国更强的优势，包括绝大多数的劳动密集型行业和部分资本密集型行业。从未来趋势来看，中国需要在基础原料、原材料、装备制造领域提升竞争力，力行工业强基计划、加强高端制造。

二、中美制造业分行业贸易竞争力比较

为分别对两国制造业贸易竞争力的变化趋势和对比情况进行分析，本节从行业的角度，对贸易竞争力指数（NTB）、显示性比较优势指数（RCA）、显示性竞争优势指数（CA）、净出口显示性比较优势指数（NXRCA）四个指数分别展开分析，同时，为体现代表性，选取具有明显贸易优势或劣势的行业，从行业本身的角度探讨两国的竞争力对比情况。由于篇幅原因，在此仅展示具有代表性的10个行业，可覆盖原材料、消费品、装备和电子行业四大类别。

（一）食品加工制造业

美国食品行业出口优势明显，中国出口竞争力优势不明显，中国的食品行业

贸易竞争力持续下降，考虑进口后差距没有拉大，美国净出口竞争力较为稳定，整体处于优势地位。从显示性比较优势指数（RCA）来看，中国食品加工业从2000年开始呈现下降趋势，从2013年开始缓慢回升，但仍低于美国；从显示性竞争优势指数（CA）来看，中国的CA指数也呈现下降的趋势，且与美国差距不断拉大，近年来呈现波动下降的趋势；针对NTB指数，和CA指数类似，中国在与美国差距拉大的过程中不断下降，反映本国进出口结构中食品行业的进口量较出口量具有绝对优势；针对NXRCA指数，中国呈现逐年下降的趋势（见图5-7）。

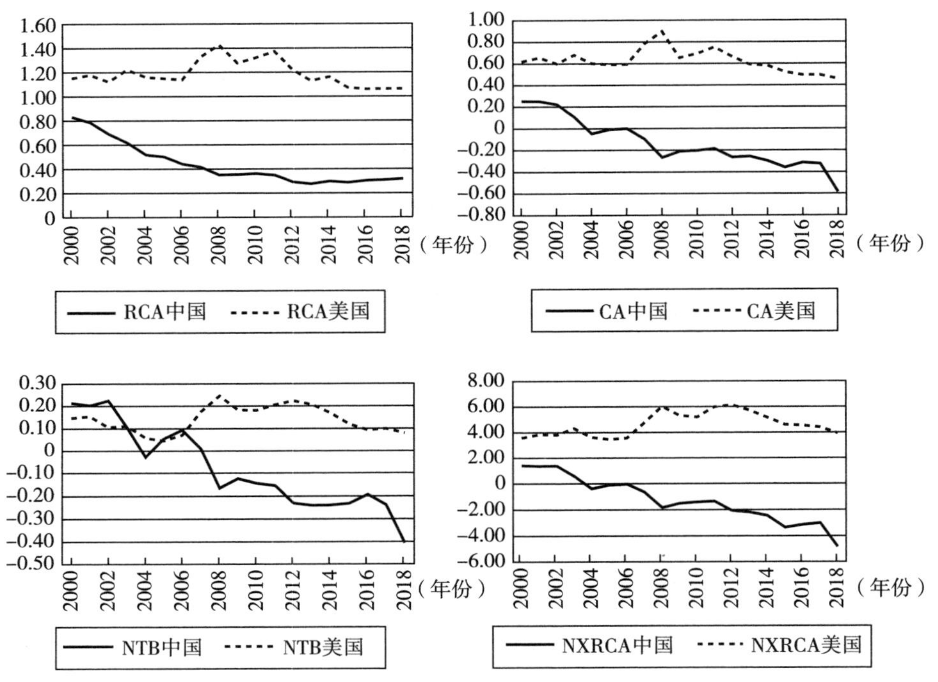

图5-7　2000~2018年中美食品加工制造业竞争力指数对比

（二）纺织业

中国纺织业具有明显的竞争力优势，考虑到进口因素中美差距变大，并呈现逐年的分化趋势。美国的纺织业没有明显比较优势，净出口始终为负。从该行业看，基于之前高速发展阶段技术进步、资源配置效率带来的发展红利，中国表现出绝对的出口竞争优势，考虑进口因素后中美差距进一步拉大，但由于市场需求

不振、行业技术进步和资源配置效率增速放缓，服装行业的优势正在不断下降，但仍远高于美国（见图5-8）。

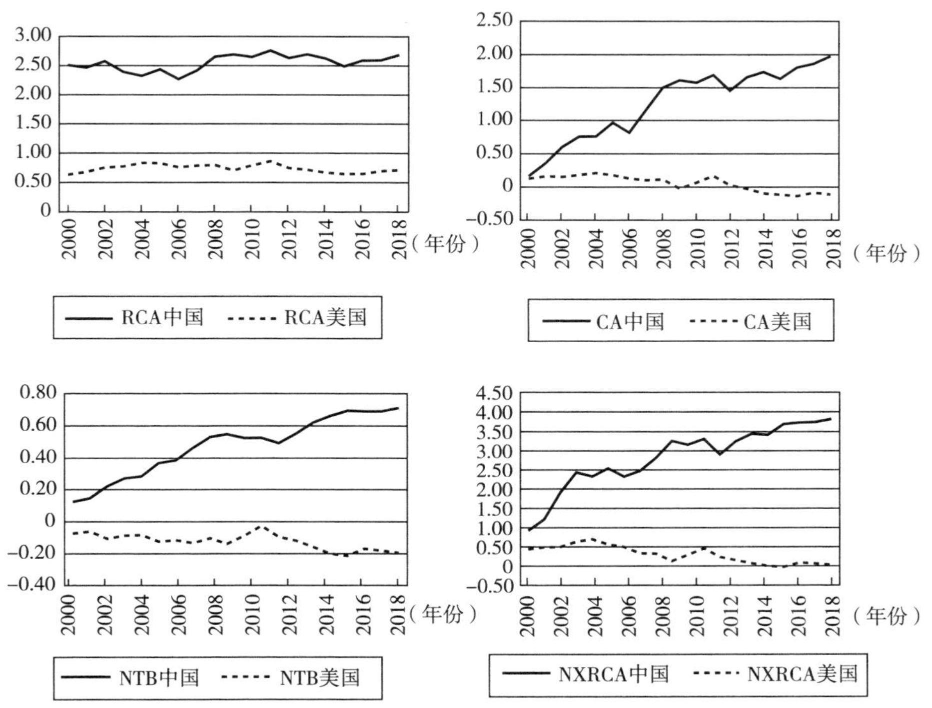

图5-8 2000~2018年中美纺织业竞争力指数对比

（三）家具制造业

中国家具制造业相比美国具有明显的优势，且保持相对稳定。2000~2018年间，中国家具制造业RCA、CA和NXRCA指数均大于1，NTB指数保持在0.9以上，四项指数均高于美国，拥有十分卓越的贸易竞争力和明显的相对优势，且和美国正好呈现出反向的关系，对于两国而言，该行业属于中国相对最具竞争优势的，属于美国相对最具劣势的行业，美国四项指数均呈现逐年缓慢下降趋势，波动较小。2012年，中国该行业RCA、CA和NXRCA指数达到峰值，2012~2018年，三项指数变动趋势由下降转为平稳（见图5-9）。

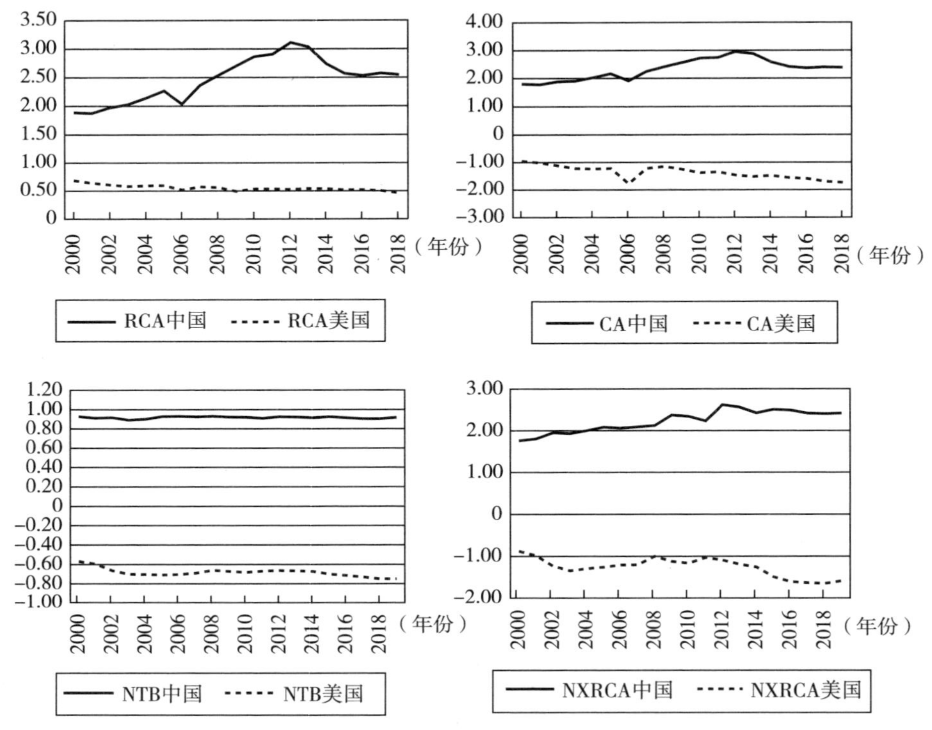

图 5-9　2000~2018 年中美家具制造业竞争力指数对比

（四）造纸和纸制品业

美国在造纸和纸制品业拥有明显的相对优势和较强的国际竞争力，虽然美国四项指数均高于中国，但两国的差值在不断缩小（NTB 指数与 NXRCA 指数较为明显），竞争力优势在缓慢地减弱。通过引进技术装备与国内自主创新相结合，中国造纸行业部分优秀企业已完成转型升级，转型后，逐步步入世界先进造纸企业行列。另外，我国造纸企业的数量日益增多，很多企业的规模也逐步扩大，使得造纸总产量跃居世界首位。值得注意的是，美国四项指数的峰值均在 2011 年，此后，美国在该行业的优势逐年减弱，而这与该行业所呈现的颓势有关：2010 年至今，美国造纸和纸制品业进入缓慢衰退阶段，其造纸行业规模以年平均 2. 17%的速度缩减，占 GDP 比重逐年下跌（见图 5-10）。

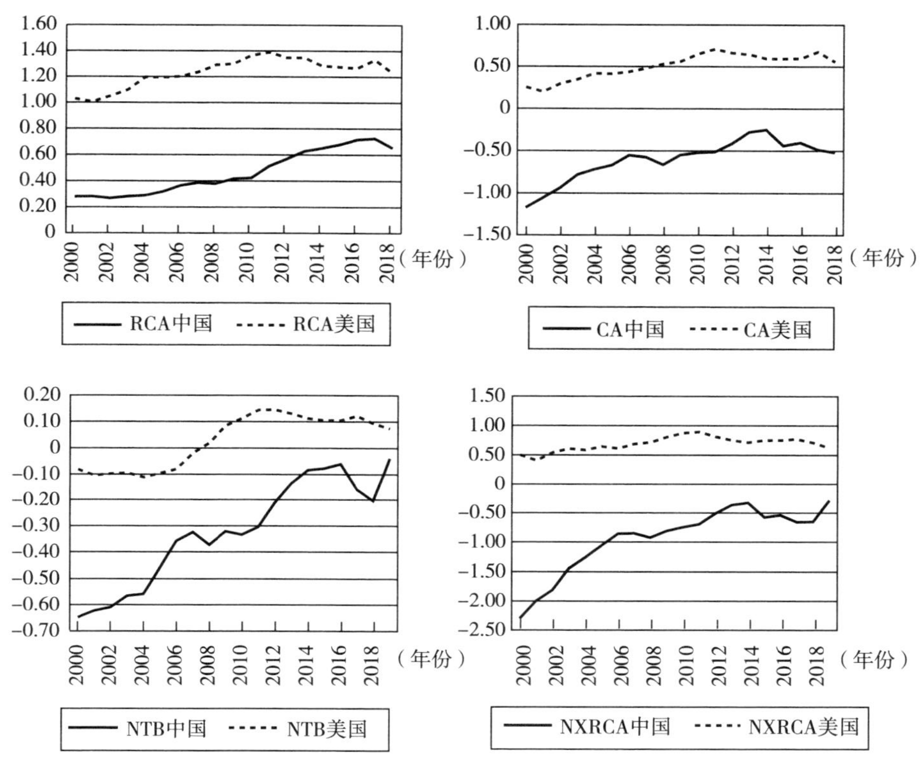

图 5-10 2000~2018 年中美造纸和纸制品业竞争力指数对比

(五) 黑色金属冶炼及压延加工业

中国黑色金属加工业呈现波动性增长。从 RCA 指数来看，美国始终低于 1，处于相对劣势的状态，而中国则在其中 9 年处于相对优势的状态，且在任何时间点均高于美国的数值，具有更强的相对竞争力。NTB、CA 及 NXRCA 指数呈现出竞争力转移的现象：从 NTB 指数来看，自 2004 年起，中国的优势逐渐凸显，较美国拥有更大的国际竞争力；从 CA 指数与 NXRCA 指数来看，中国在 2006 年起由相对劣势状态转为优势状态并首次赶超美国。值得注意的是，无论是哪一个竞争力指数，中国在 2008~2009 年均出现了一次骤降，部分可归因于当时钢铁行业面临的国内市场产能过剩和因金融危机带来的国际市场需求下降的双重压力（见图 5-11）。

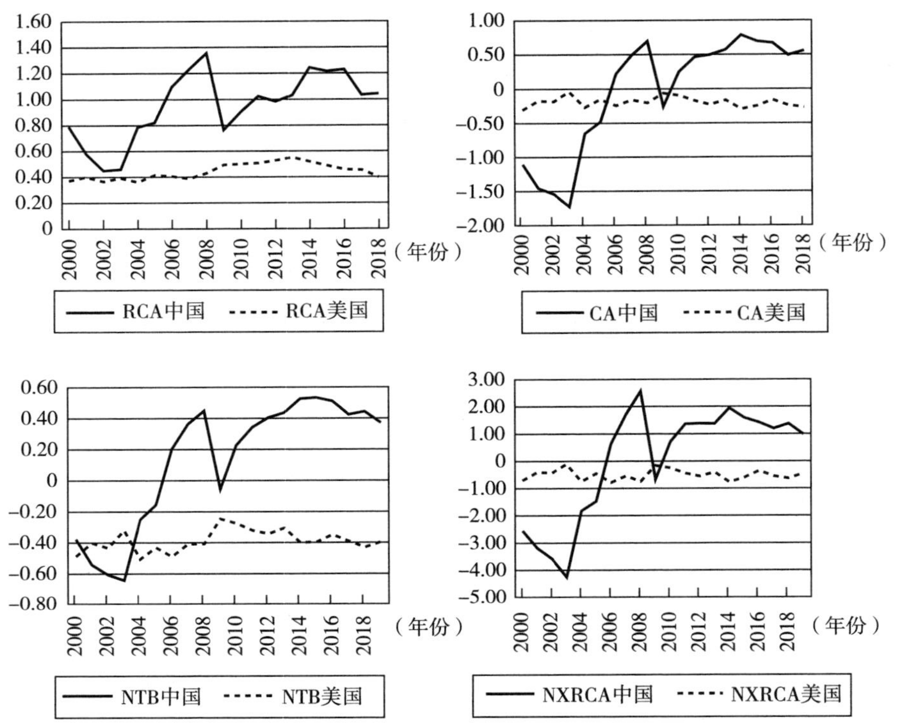

图 5-11　2000~2018 年中美黑色金属冶炼及压延加工业竞争力指数对比

（六）通用设备制造业

两国通用设备制造业竞争力呈现反向变动，起初，美国在通用设备制造业具有十分明显的相对优势，随着时间推移，其优势不断减弱，中国的相对竞争力不断攀升；从 CA、NXRCA 和 NTB 指数来看，中国更是在后期反超美国，具有更强的相对竞争力。从 NTB 指数来看，自 2007 年起，中国首次超越美国，且指数不断提高，差距逐年扩大；而结合 RCA 指数，美国的相对优势虽不断下降但仍略高于中国，说明美国在进口通用设备领域的需求量仍然较大。总体来看，中国在装备制造领域国际市场占有率不断扩大，而相比中国，美国呈现出相反的趋势。现阶段，我国高端装备制造业相关政策频频出台，重大技术装备工程项目、首台（套）等政策引导政府和社会资金流向高端装备制造业（见图 5-12）。

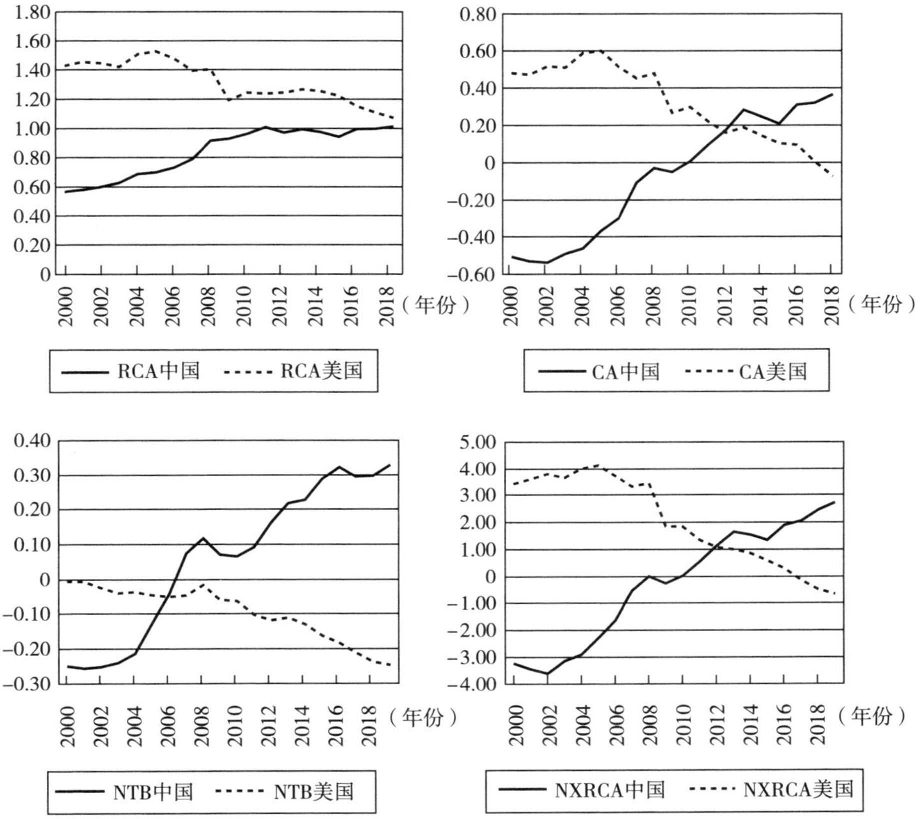

图 5-12 2000~2018 年中美通用设备制造业竞争力指数对比

（七）专用设备制造业

两国专用设备制造业竞争力优势始终保持，中国缓慢提升，这也反映了美国在高端装备制造业领域的绝对优势，而中国整体而言呈现竞争力逐步提升的趋势，但也存在一定的波动。美国在专用设备制造业具有明显的相对优势：其 RCA 一直保持在 1.5 以上，CA 指数与 NXRCA 指数均保持在 0 以上，NTB 指数在 2018 年前始终为正值，2018 年后转为负。中国则一直处在相对劣势的状态。不过，随着美国的相对优势持续下降，中国的相对劣势不断减小，两国在该行业的竞争力差距也在逐渐缩小（见图 5-13）。

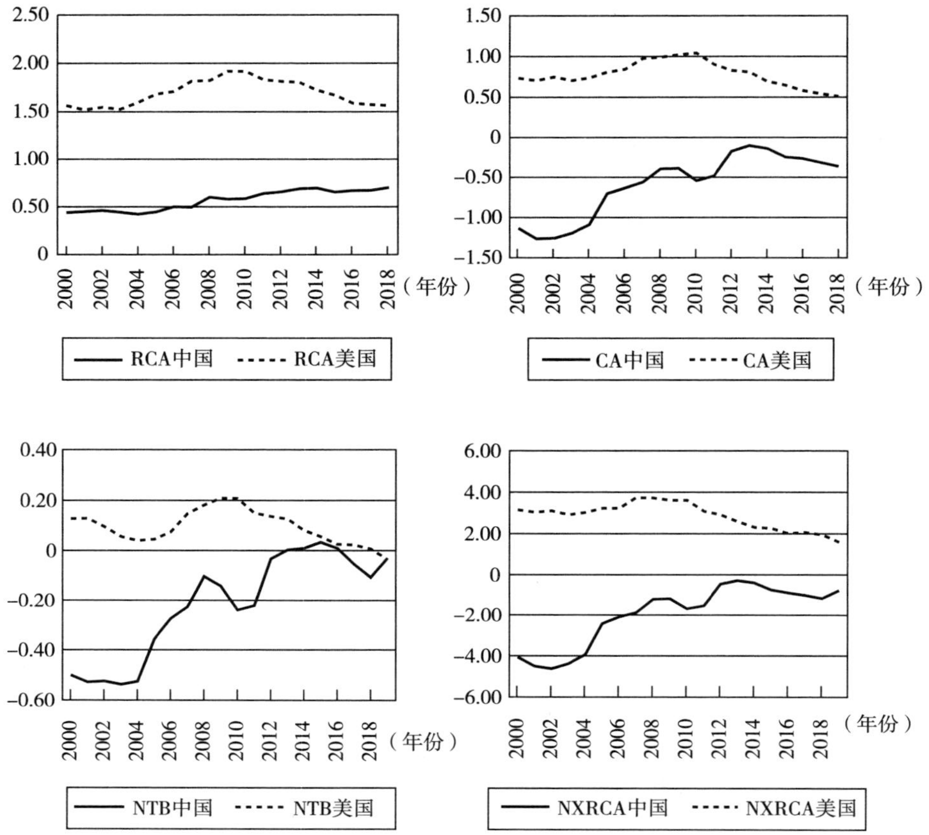

图 5-13　2000~2018 年中美专用设备制造业竞争力指数对比

（八）交通设备制造业

2000~2018 年，美国 RCA 指数始终大于 1，一直处于相对优势的状态，而中国则始终低于 1，两国的差值变动趋势较为平稳。从净出口角度来看，除 2014 年外，中国的竞争力均高于美国，美国 NTB 指数仅在 2009 年突破 0，其余年份皆为负值，表明其该产业产品进口需求长期高于出口优势。针对 CA 指数与 NXRCA 指数，自 2005 年起，美国的相对优势逐渐凸显，且两国的竞争力差距在之后几年不断拉大。一方面反映出中国的交通业市场需求较大，另一方面反映出中国的高端交通设备的国际市场占有率还有极大的拓展空间（见图 5-14）。

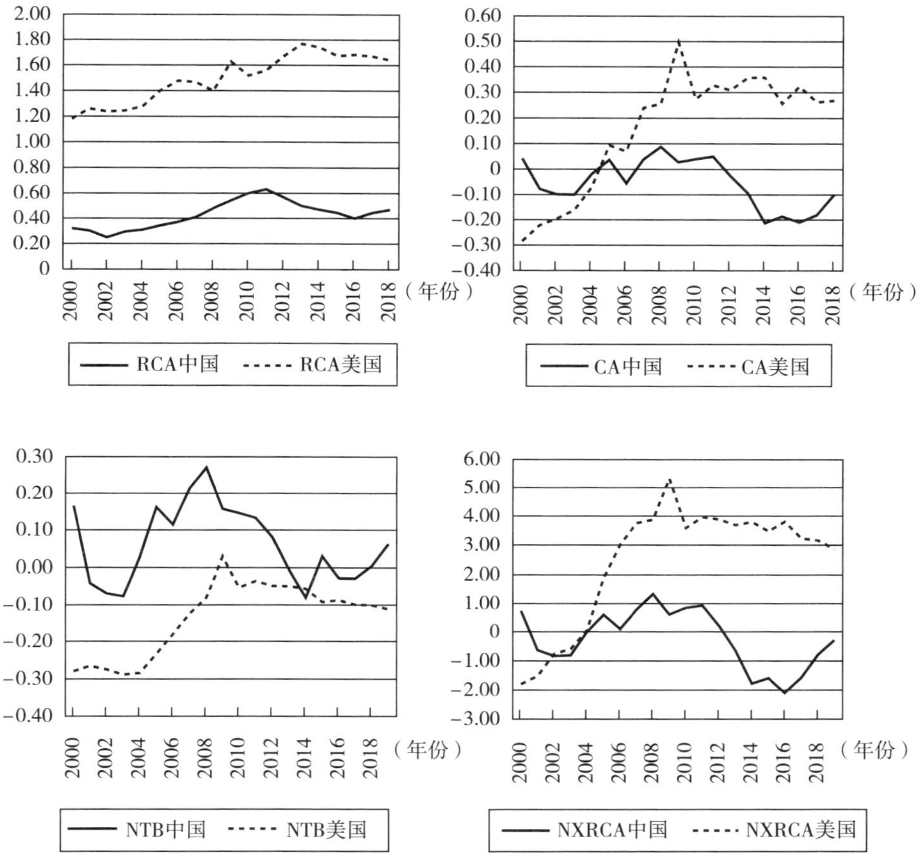

图 5-14　2000~2018 年中美交通设备制造业竞争力指数对比

（九）电气机械和器材制造业

中国电气机械制造业竞争力在波动上升，美国在波动中下降。综合 RCA 指数和 CA 指数，中国的出口总量优势高于美国，但净出口的全世界份额相比美国呈现弱势，说明中国的电气机械行业的进口需求量较大。从 NTB 指数来看，在 2011 年两国出现优势调整，但都是从本国的贸易竞争力角度，中国该行业的出口拉动作用不断增强而美国持续减弱，比在世界贸易份额中反映出的竞争力态势更为明显。总体看该行业，中国的贸易竞争优势有不断增强的态势，但对国外产品的进口依赖度可能较强，在技术和产品质量等方面或许存在提升的空间（见图 5-15）。

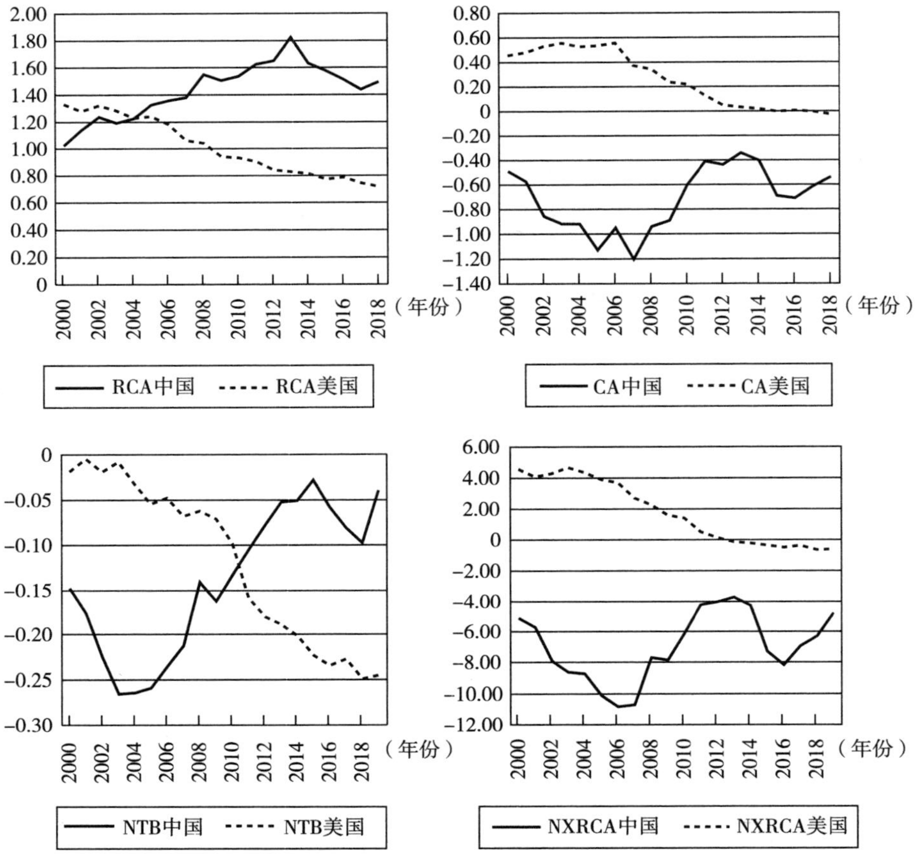

RCA中国 RCA美国

CA中国 CA美国

NTB中国 NTB美国

NXRCA中国 NXRCA美国

图 5-15　2000~2018 年中美电气机械和器材制造业竞争力指数对比

（十）计算机、通信和其他电子设备制造业

相较于美国，中国计算机、通信和其他电子设备制造业具有显著的相对优势。从四项指数来看，中国和美国在可获得数据年限期间均处于相对优势状态，中国的优势显著大于美国，且差距在 2000~2015 年经历了扩大后缩小的过程，但值得注意的是，从趋势上来看，2012 年开始中国电子信息行业出口优势进入下降趋势，自 2015 年开始，不断回升，可能因智能终端类产品的大量出口，两国差距值明显扩大，反映出中国在该行业的制造大国地位，但也面临生产企业全球布局的影响（见图 5-16）。

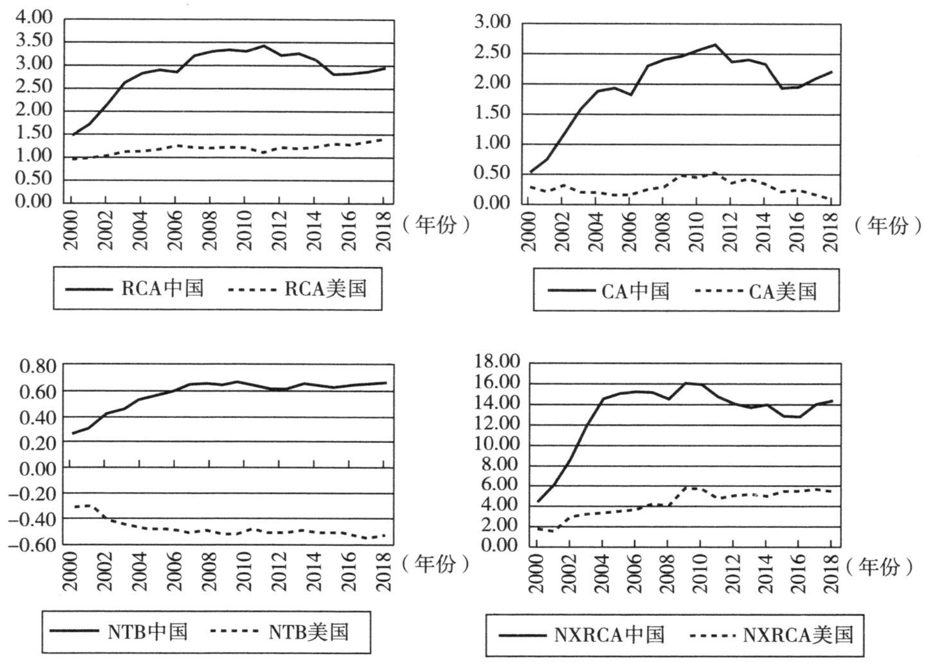

图 5-16 2000~2018 年中美计算机、通信和其他电子设备制造业竞争力指数对比

第四节 本章小结

从进出口绝对量来讲，中国进口额始终小于美国，出口额在 2007 年超过美国后，两国差距逐年扩大，反映出中国在制造业的国际净出口上的绝对优势。

在中国经历产业高速发展阶段、美国产业调整阶段，中美重点产业贸易竞争力呈现出不同特点。通过四种反映贸易竞争力的指数所反映出来的两国竞争力水平绝对量的对比情况基本吻合，尤其是通过从显示性竞争优势指数（CA）来看，考虑进口之后，中国的制造业 CA 指数始终大于 0，显示出中国的制造业产品在世界贸易中始终具有竞争优势。2008 年前美国制造业竞争力始终大于中国，两国差距较为稳定。2008 年后，两国的显示性竞争优势指数开始出现分化，中美两国的制造业竞争优势的差异呈现出逐步扩大的趋势。反映出金融危机对于美国的影响较为深远，中国在金融危机后的制造业出口优势不断增强。

结合行业发展特点来看，中国在经历高速增长阶段后，基于过程中积累的技术进步和效率改进，一些综合需求量大、产业链条较短的行业贸易竞争力有了较大的提升，且长期保持显著优势地位，主要是食品类和日用消费类行业；一些技术含量高、技术消化吸收成本高、产业链条较长的行业，中国贸易竞争力仍然处于相对劣势地位，主要是基础原材料和高端装备制造业，但由于中国不断加大技术创新力度、加快产业转型升级，中美差距总体呈现缩小态势。总体而言，超过一半的制造业细分行业表现出比美国更强的贸易竞争优势，主要是大部分的劳动密集型行业和部分资本密集型行业。从未来趋势来看，中国需要在基础原料、原材料、装备制造领域提升竞争力，加强工业强基、高端制造。

在不同历史阶段中，中美两国的制造业竞争力根植于各自的时代背景、政策制度、贸易环境和历史沿革。资本的此消彼长、劳动成本的不断攀升和政策的因地制宜在很长一段时间内左右了中美两国制造业的发展。随着全球价值链的形成使国际分工日渐复杂，产业内贸易的占比不断攀升，美国制造业面临着外生因素饱和、要素投入边际效应递减、产业发展动力不足的瓶颈，因此，不断发掘产业内部动力、探寻制造业内生增长路径，成为美国制造业突破瓶颈进一步提升竞争力的重中之重。与此同时，中国制造业面临着国际市场上高端封锁、低端竞争、生产成本上涨的三大难题，不断提升高端制造业自主创新能力、专注于产业转型和改良升级、提升制造业生产效率、加强供应链自主可控能力，是中国制造业打破封锁，提升国际竞争力的现实道路。

第六章 全要素生产率与贸易竞争力关系的特征事实和机理研究

全要素生产率与贸易竞争力的关系是本章需要解决的核心问题，在进行实证分析和理论推演之前，将基于对全要素生产率与贸易竞争力的分布及变化趋势的考察，结合部分行业事实的分析，对中美制造业全要素生产率与贸易竞争力的相关性作出基本的经验判断，从理论上解析全要素生产率对贸易竞争力的作用机制。本章将探讨以下三个方面的主要问题：①全要素生产率和竞争力的特征分析；②全要素生产率与贸易竞争力变动的行业经验事实；③全要素生产率对贸易竞争力提升的机理解析。

第一节 全要素生产率和贸易竞争力的特征分析

本章将全要素生产率与竞争力相结合，从分布和对比变动角度观察中美制造业生产率和竞争力的相关性。本章数据中竞争力指数为 2017 年中美制造业显示性竞争优势指数（CA），全要素生产率指数为 2017 年索洛模型计算得出的制造业全要素生产率。

一、中美全要素生产率视角下的贸易竞争力分布

本章以全要素生产率为横轴，竞争力为纵轴，建立中美制造业全要素生产率和贸易竞争力的对比图并划分成了四个象限：第一象限代表在本国全要素生产率和贸易竞争力都相对较高的制造业；第二象限代表在本国全要素生产率较低但贸

易竞争力较高的制造业；第三象限代表全要素生产率和贸易竞争力均较低的制造业；第四象限代表全要素生产率较高但贸易竞争力较低的行业。分布图如图 6-1 所示。

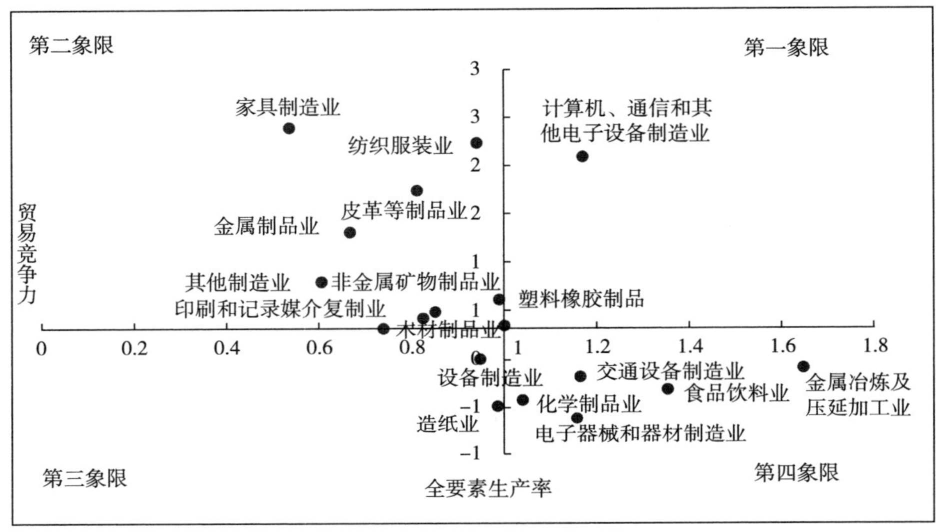

图 6-1　中国分行业全要素生产率视角下的竞争力

中国的计算机、通信和其他电子设备制造业是第一象限中唯一的行业，其全要素生产率和贸易竞争力均处于较高水平。电子器械和器材制造业、交通设备制造业、食品饮料业、化学制品业、金属冶炼及压延加工业处于第四象限。其全要素生产率处于较高水平，但贸易竞争优势相对不够明显的。大部分劳动密集型行业处于第二象限，如家具制造、皮革等制品业、纺织服装业、非金属矿物制品业、塑料橡胶制品业等。这些产业的全要素生产率较低但获得了较高的贸易竞争力。设备制造业和造纸业的全要素生产率和贸易竞争力均处于较低位置。这表明中国竞争力高的行业以劳动密集型行业为主，这一优势可能主要是由前期大量的劳动力资源投入而带来的，全要素生产率发挥的作用有限。中国装备制造和消费品行业呈现鲜明的对比特征，交通设备制造业、电子器械和器材制造业等行业由于技术进步全要素生产率相对较高，但因为效率提升受限、市场竞争等因素贸易竞争力有待提升，家具制造、纺织服装等消费类产品由于要素配置效率提升较

快、市场需求体量大，贸易竞争力较强。

美国高技术行业技术引领优势明显，装备制造、消费品、原材料等行业受市场需求变动、行业格局变动全要素生产率无明显提升，贸易竞争力呈现不同特点。电子信息领域技术领先优势突出，全要素生产率遥遥领先，贸易竞争力表现突出。木材、皮革、纺织服装、塑料橡胶等劳动密集型产业的全要素生产率和贸易竞争力均较低。电子器材制造业、化学制品业和交通设备制造业的全要素生产率和国际竞争力均较高。食品饮料业、造纸业、非金属矿物制品业、印刷和记录媒介复制的全要素生产率较低，但国际竞争力较高。美国分行业全要素生产率视角下的竞争力分布如图 6-2 所示。

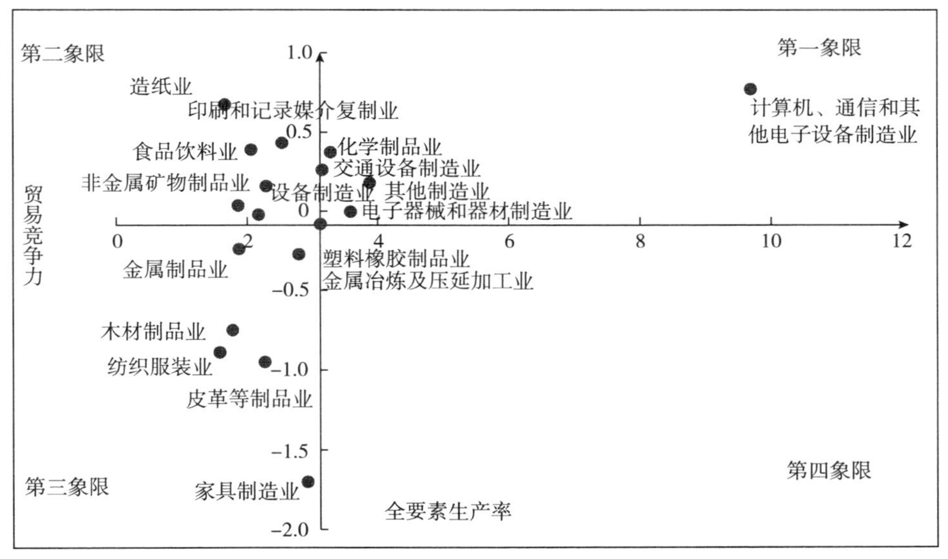

图 6-2　美国分行业全要素生产率视角下的竞争力

总体而言，美国的高技术产业处于第一象限（高生产率和高竞争力），劳动密集型产业处于第三象限。中国高技术产业处于第四象限（高生产率和低竞争力），劳动密集型产业处于第二象限（低生产率和高竞争力）。美国制造业行业间全要素生产率与贸易竞争力相关性更高，生产率的提高能够转化成贸易竞争力，但中国存在差异现象，而劳动密集型产业的竞争力以生产要素投入的拉动为主，高生产率的产业未能在贸易中显现优势。

二、中美全要素生产率与贸易竞争力的变化走势

在研究期间中国制造业贸易竞争力和全要素生产率均有所提高，而美国的全要素生产率基本稳定，贸易竞争力经历了下降又回升的过程。中美制造业全要素生产率呈现出鲜明的发展阶段特征，2002~2009 年中国制造业竞争力基本平稳，中国在国际贸易当中尚未形成鲜明的竞争优势，CA 指数低于 0.01，但在要素禀赋积累下，良好的贸易环境催化了制造业全要素生产率的提高，中国全要素生产率增速较快，和美国差距在缩小，全要素生产率正在不断积累。在金融危机期间美国的全要素生产率均有明显下降。金融危机后中国对外开放程度不断提高，在世界经济的舞台上占据越来越重要的地位，廉价的劳动力和较为紧凑的加工环节促使中国抓住这一机遇，劳动密集型产业在国际市场上迅速形成优势，上一阶段全要素生产率的积累也为中国贸易竞争的飞速提升提供了动力。

与此相对的是，美国的贸易竞争力受金融危机影响出现阶段性下降，危机使美国失业率高居不下，面临着工会与制造商的压力，在不断加剧的贸易保护主义下，美国跨国公司生产、销售和资金链循环遇到困难，全要素生产率在此期间从 3.28 下降到了 3.1，对美国贸易竞争力产生明显的抑制作用。

随着全球经济的回暖，美国高技术产品比较优势凸显。2015 年后，中国制造业贸易竞争力与美国同处于全球较为领先的地位，开始进入平稳发展的阶段，中国竞争力的不断上升凸显了中国制造业企业在沿产业价值链条上移过程中的强劲竞争力。2016~2017 年随着贸易保护主义有所退潮，全球贸易回暖，我国贸易优势恢复了增长（见图 6-3 和图 6-4）。

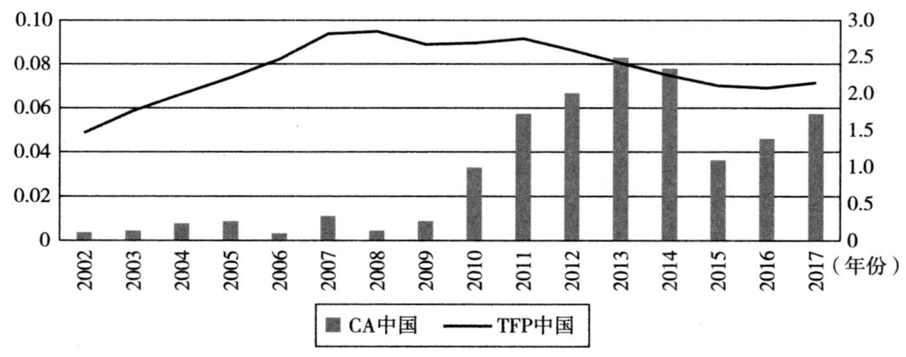

图 6-3　2002~2017 年中国制造业全要素生产率及贸易竞争力变动

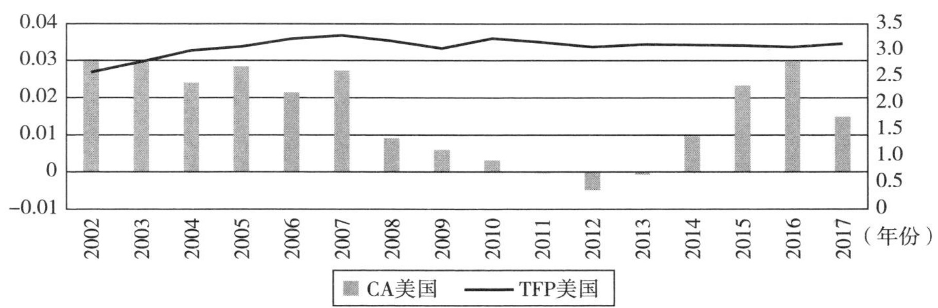

图 6-4 2002~2017 年美国制造业全要素生产率及贸易竞争力变动

中国制造业优势仍然集中于劳动密集型产业，劳动密集型制造业 CA 显著大于美国，结合进口时，这一竞争力优势更加明显。但中国制造业的这一优势呈现不断下降的趋势，CA 指数从 2000 年的 1.18 降低至 2017 年的 0.73。劳动密集型产业如纺织业、服装业等对中国经济腾飞具有重要推动作用的行业，由于中国劳动力成本的上升，因此，行业的贸易竞争力出现下降。美国的竞争力在此期间始终保持稳定，CA 指数在 0~−0.2 浮动，竞争劣势经历了缩小又扩大的过程。美国劳动密集型贸易竞争力劣势的扩大与全要素生产率的变动呈现一定的关联性，金融危机后 TFP 指数和 CA 指数均呈现下降趋势。在中国，生产率和竞争力也在一定阶段呈现了同一方向的变动，2011 年中国 CA 指数开始明显下降，与此同时全要素生产率水平也从 1.12 下降至 0.95，劳动密集型产业面临着供给抵消、贸易状况恶化、相对空间缩小、贸易影响力下降的趋势。总体来看，在劳动密集型产业中，中美两国的全要素生产率均在金融危机后与竞争力产生了正相关关系（见图 6-5）。

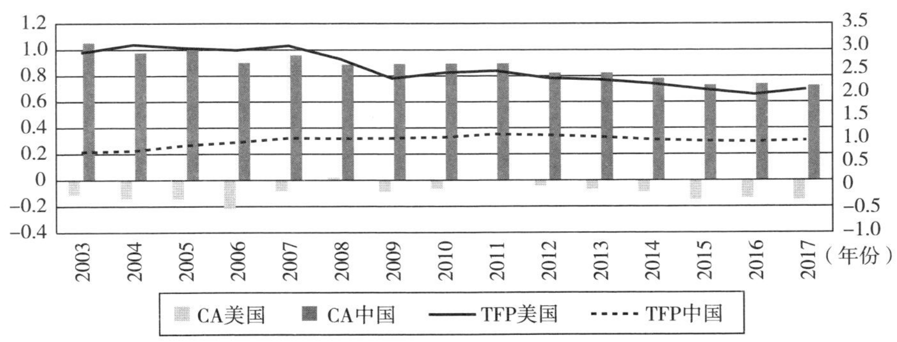

图 6-5 2003~2017 年中美劳动密集型制造业生产率及竞争力变动

中国的资本和技术密集型产业竞争优势显著低于美国。技术密集型产业的CA指数呈现波动上升趋势，从2003年的-0.35上升到了2017年的-0.17，劣势有所减弱但仍然未超过0。美国资本技术密集型制造业竞争力高于中国，金融危机后有较小幅度的下降，之后在2015年恢复到了危机前水平，并保持稳定。伴随着中国竞争劣势的缩小的是中国全要素生产率的提高，在此期间TFP指数从2003年的0.71增长到2017年的1.14，增长了约0.6倍，CA指数扩大了约0.5倍，表明中国资本密集型产业正在通过技术变革带动产业结构升级，在国际贸易中正在形成日益增强的主导型影响。金融危机后，美国的竞争力变动与中国呈现明显相反的趋势，在中国竞争力增强的同时，美国竞争优势减弱（见图6-6）。

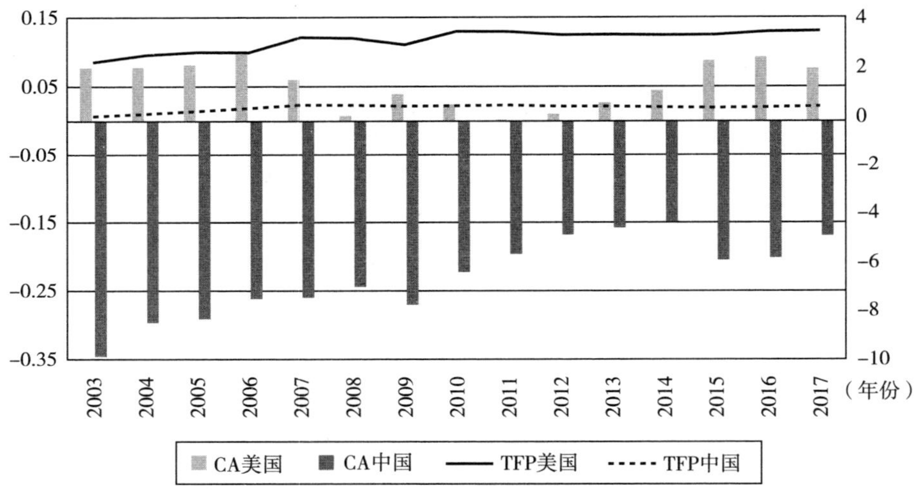

图6-6　2003~2017年中美资本技术密集型制造业生产率及竞争力变动

综上所述，中美制造业全要素生产率呈现出鲜明的发展阶段特征，伴随中国劳动力减少、劳动成本增加以及生产效率提升，中国贸易正在向技术密集型产业转型，传统的劳动密集产品优势正在弱化。美国制造业行业间全要素生产率与贸易竞争力存在明显相关性，而中国全要素生产率和贸易竞争力也一定阶段下呈现同步变动。

第二节　全要素生产率与贸易竞争力变动的行业经验事实

通过全要素生产率与贸易竞争力指数的分布和走势比较可以看出，全要素生产率与贸易竞争力具有一定相关性，也就是说，制造业全要素生产率可以在贸易优势扩大中发挥重要作用。制造业行业间要素密集敏感程度不同，外贸的竞争优势差异较大，因此有必要通过典型行业分析来考察生产率对竞争力提升的影响作用。本章选择了劳动密集型的典型行业纺织品及服装制造业以及代表技术密集型的典型行业计算机及电子产品制造业的行业，从实践经验层次上利用行业相关数据和特性来阐述全要素生产率与贸易竞争力提升的典型事实。

一、纺织服装业[①]的动能转化

纺织服装业作为我国传统的劳动密集型行业，是我国国民经济传统支柱行业和重要民生行业，在促进就业、发展地方经济、扩大外贸方面发挥着重要作用。

我国纺织服装业生产能力居于首位，出口量在世界纺织品出口总量中具有绝对优势。从中国纺织品及服装业贸易竞争力指数来看，纺织服装业 CA 指数从 2003 年 2.39 持续增长，到 2011 年达到峰值 2.61，与此同时全要素生产率也基本处于上升态势，TFP 指数从 0.58 提高到 1.06。值得说明的是，2006 年纺织服装业贸易竞争力优势有短暂明显的下降，这可能是由于在纺织品配额[②]解除之后，纺织品外贸成为中国外贸争端的焦点，美国、印度和欧盟纷纷对中国发起反倾销，我国纺织出口成为国际贸易摩擦的重灾区。但在贸易阻碍下，中国依然在纺织品贸易中具有极大的优势，产业链配套较为完备、产业投资活跃等，此外，随着产业集聚发展，如常熟服装市场、杭州四季青纺织品市场等形成了较为完整的纺织服装产业链。行业集中度持续提高，国内外市场份额和利润向优秀企业集中，促进了

① 本部分计算纺织服装业生产率的原始相关数据是来自纺织业和纺织服装、服饰业之和。竞争力原始数据是归类为纺织业和纺织服装、服饰业的产品贸易额之和。计算方法同第四章、第五章。

② 国家间纺织品协议中具体规定了每一协议年度准予进入该国家或地区的纺织品服装的类别和数量。

纺织服装制造行业资源配置效率的提高，从而相对保持了纺织服装业的成本比较优势（见图 6-7）。

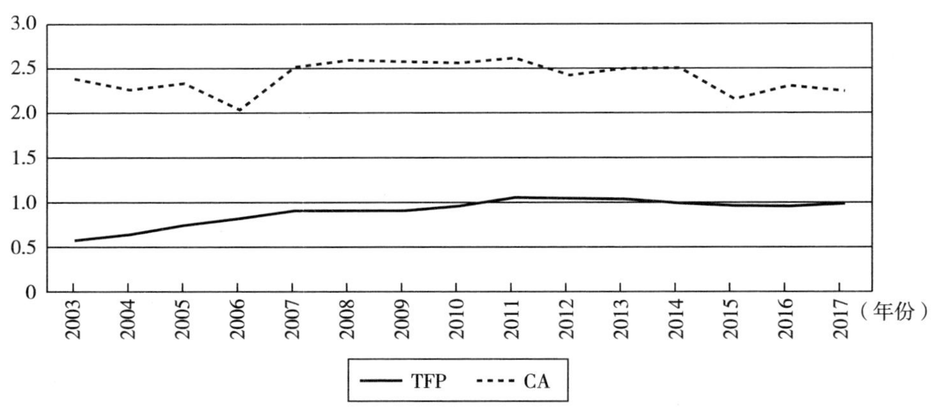

图 6-7　2003~2017 年中国纺织服装业全要素生产率和竞争力

科技进步是纺织服装业全要素生产率持续提高和贸易优势保持的关键原因。改革开放后 40 多年来，纺织服装业的科研产出涌现，40 多个研发成果获得了国家科技进步奖，并随后投入应用阶段。初始阶段，科技发明集中于纺织业的生产加工阶段，同时也吸收了国外先进技术，在设备方面进行了大量改进。随后单纯对于设备的更新换代已经无法为企业持续提供利润，此时行业已经关注到产品本身的科研，在人造血管、中空纤维、水溶性纤维等产品上开展了研发并有了成果。

至此，纺织服装业实现了生产效率和产品质量、产品多样性上的全面提高。21 世纪以来，纺织服装业不断满足国防、人民生活、环保方面的需求，同时在外贸上展现出性价方面的优势，产品获得国际认可，持续保持国际领先优势。

随着国际市场变化及中国劳动力红利逐渐消失，纺织服装行业面临越来越多的压力和挑战。2011 年后中国纺织服装业贸易竞争力指数波动下降，除世界经济下行外，传统生产要素拉动效应的减弱还可能是造成贸易下行的另一种原因。如图 6-7 所示，2003~2014 年劳动和资本要素贡献率在 10%上下波动，2014 年以来，经济步入新常态，粗放式的投资和劳动人口的减少无法持续为经济增长提供动力，纺织服装业的生产要素贡献率正在持续下降。从全要素生产率增长来看，同一时期 TFP 稳定在 1 附近，纺织服装业落后产能造成资源配置的低效，产

品结构存在不合理现象，限制了全要素生产率的提高，外贸企业在物流、用工、原材料等方面也感受到不小的压力，突出了运营效率的不合理问题。在生产要素贡献率下降的同时，可以看到全要素生产率正在成为促进纺织服装业国内增加值增长和国外贸易竞争优势扩大的关键因素。除劳动力成本上升外，目前纺织服装业还在面临多方面的成本压力，如原材料成本和环保要求的提高。纺织服装业发展需要加快动能转化，打破低端要素依赖，提升全要素生产率，在国际市场分工中向价值链高端攀升，寻求集约化发展的转变（见图 6-7 和图 6-8）。

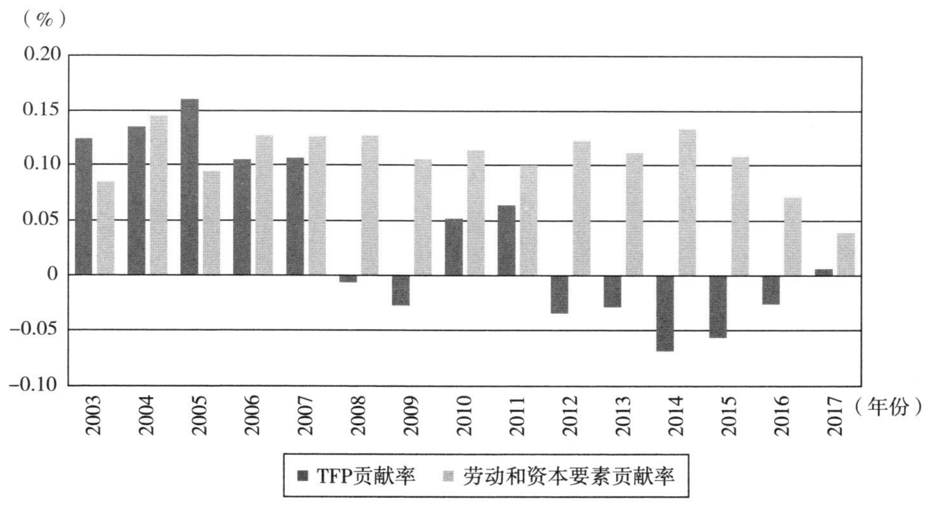

图 6-8　中国纺织服装业各要素贡献率

二、电子信息制造业①的发展新机遇

科技革命给人们的生产和生活带来了极大的便利，人类社会正在以一种前所未有的发展速度向着知识经济时代迈进。在 20 世纪人类科技进步史上，计算机的问世与电子设备的普及应用可称为最伟大的发明，计算机借以得到加速发展。以计算机、通信和其他电子设备制造业为主体的电子信息制造业全球生产网络已基本形成。在电子产品国际分工中，各国根据比较优势选择各个分工环节进行生产制造。

① 本部分电子信息制造业相关数据等同上文计算得出的计算机、通信和其他电子设备制造业。

美国凭借技术的高度垄断型奠定了其在全球计算机通信行业的高端地位。我国电子信息制造业的发展起步较晚，自20世纪90年代以来，电子信息制造业和市场的规模逐年扩大，成为国民经济的重要产业之一，2017年我国高技术产品出口的技术领域仍以计算机与通信技术为主，占高技术产品出口总额的68.7%。

2003~2011年，凭借劳动优势我国电子信息制造业的贸易份额持续扩大，贸易竞争力指数从1.59增长到2.65。同时需要提及的是我国计算机和通信设备产品制造业主要是以加工贸易方式出口的。我国电子设备的出口集中于依靠劳动密集优势的元器件等制造技术含量较低，需要劳动要素的分工制造环节产品，而真正体现实力的一般贸易仍处于较低的比例。完善的产业链和配套服务体系吸引了众多跨国公司来此投资设厂，进一步推动了加工贸易的发展，也使电子设备产品在全要素生产率较低的生产能力下依然凭借成本优势成为中国乃至全球重要的计算机产品出口基地，从劳动和资本要素的贡献率也可以窥探出这一时期投资和劳动力对产业的重要拉动作用。同时，我国实行的开放政策也为大批计算机跨国企业来我国投资建厂提供了良好的环境。

然而，2012年的全球经济下行导致中国电子信息制造业出口优势进入下降趋势，CA指数从2011年的2.65下降到2015年的1.94。这一现象暴露出我国电子信息制造业目前存在的一系列问题，如产品附加值低、受贸易风险影响较大等。依靠产业链前端产品的生产成本优势无法稳定维持行业竞争力。劳动和资本要素的投入贡献率从30%下降到了10%以下。贸易竞争力的下降也反映出我国电子信息产业的根本矛盾，即产量的增长与全要素生产率降低的矛盾，创新能力不足和核心技术的缺乏导致产业整体发展水平不高，关键产品严重依赖进口，面临向中高端转型升级的压力与挑战。随着东南亚新兴国家劳动力红利的凸显，我国在电子信息行业的生产大国时代即将面临变革，主要表现在，电子产品的一致性差和价格竞争力弱，前者影响市场准入，后者影响市场占有率（见图6-9和图6-10）。

随着互联网时代的到来，5G、人工智能技术发展迅猛，电子设备制造业正在经历新一轮发展周期。我国新一代信息技术行业抓住机遇，在新兴领域有了积极布局，在5G方面突破关键技术，走在世界前沿。2015年在技术进步下贸易竞争力开始提高，从1.94增长到2017年的2.1。同时，我国电子信息制造业快速发展，新的科技产品和模式不断涌现，全要素生产率有了明显提高，从2015年的1.1上升到1.25。全要素生产率的增长不仅通过技术进步实现贸易格局的突破，企业的集聚凭借其规模经济效应实现了管理水平的提高，同时国家推进供给

侧结构性改革，企业加速迭代更新，提高了行业资源配置效率。

近年来，电子信息业仍面临着中美贸易摩擦和宏观经济下行的挑战。劳动和资本要素的拉动效应持续疲弱，全要素生产率成为贸易结构转变和分工地位提高的着力点。行业研发能力明显提升，在一些重点环节我国的产品达到了国际先进水平，并满足了应用需求，中高端产品的自主研发程度提高，电子信息制造业的生态体系逐步形成。因此，要持续提高电子信息行业贸易竞争力，必须加大研发强度，发展核心技术，并在注重管理效率，顺应电子设备市场技术发展趋势的同时，及时调整产品结构，优化资源配置，以提高全要素生产率为突破，发展开放式经济，逐步提高电子产品的自主生产能力，使产品的国际分工向高端发展，从根本上提高我国的贸易利益分配比例，抢占新一轮产业竞争制高点。

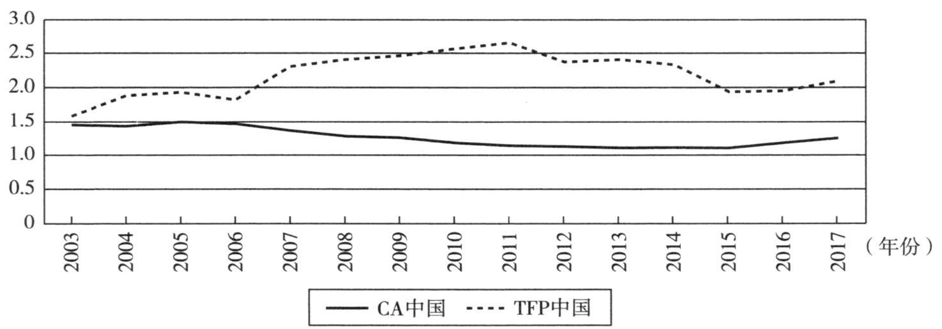

图 6-9　2003~2017 年中国电子信息制造业全要素生产率和竞争力

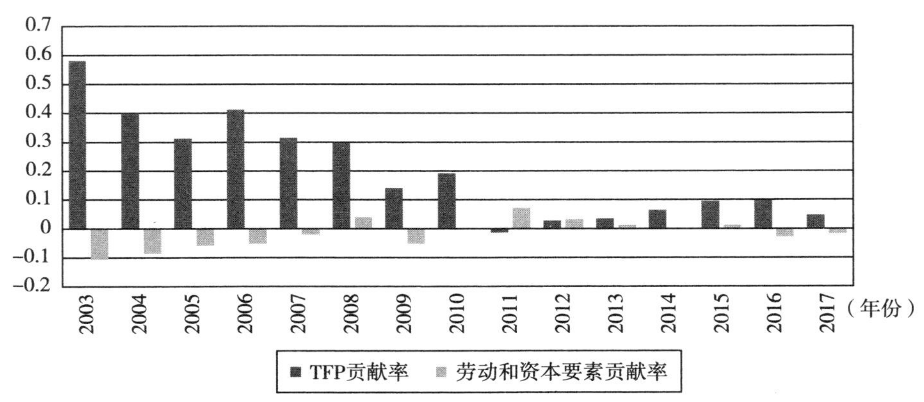

图 6-10　2003~2017 年中国电子信息制造业各要素贡献率

第三节　生产率对竞争力提升的机理解析

一、生产率到贸易竞争优势形成的传导路径

市场竞争推动了制度与技术创新。在市场为主要资源分配方式的社会环境下，竞争是客观存在的。国际市场的竞争环境倒逼生产主体进行制度和技术的创新，以此来提高自身生产力之于社会平均生产力的相对水平，因而促进了全行业的技术进步、提升了资源配置效率。一方面，市场竞争的调节作用有助于资源流向效率较高的生产部门。根据出口导向型增长理论，一国的出口通常集中于最有效率的部门，在国际上进行行业比较时，这些部门参与到国际市场中可以比单独在国内市场进行更大规模的经营，这使得它们能够凭借较高的竞争优势从规模经济中获益。另一方面，竞争市场为技术创新带来了动力和渠道。Friesenbichler 和 Peneder（2016）发现，市场竞争和技术创新对劳动生产率有促进作用；师博等（2018）利用我国制造业行业发现市场竞争与技术创新投入能够直接提升绿色全要素生产率。广泛接触国际竞争能够增加出口部门的压力，使其保持低成本，并为引进提高生产率的技术变革提供激励。与此同时，开放的市场也提供了技术和知识转让的渠道，与贸易伙伴或竞争对手的接触可能会产生知识溢出。这就导致了知识资本的积累，增强了对研发投资的激励，并鼓励技术创新。

技术进步和配置效率的提升有助于在降低成本的同时满足更大的需求，从而获得持续超额利润。技术创新和配置效率提高作用于任何单一生产要素的增量都会带动全要素生产率的提升，以此为桥梁最终实现出口产品增加值创造能力的提升。实现了技术进步和配置效率提升的优势部门在进入国际市场更为广泛的竞争环境后，因其多样化和专业化生产能力突出，无论是产品横向差异还是价格优势都能够使他们获得更多的市场份额。因此企业进一步深入参与国际分工时，在生产过程中高效配置有限资源并且使用基于前沿知识和技术的投入，能够持续技术创新获得超额利润，从而提高了生产率和在出口市场上的成功率。

要素投入尤其研发这一新要素投入是全要素生产率对国际贸易优势的影响路径上的关键要素。通过索洛模型和 DEA-Malmquist 指数对生产函数进行分解处理

可以发现，经济增长的来源可以拆分为要素投入的增加和要素产出效率的提高。新新贸易理论认为研发对于制造业而言是区别于人力资本、自然禀赋和技术差距而客观存在的又一重要生产要素，然而在研发等要素投入规模一定的条件下，要素投入对经济增长的拉动作用存在边际效益递减、而技术创新和配置效率提高带来的乘数效应实现的全要素生产率的提升才是突破生产力瓶颈的要义。

资源禀赋和贸易条件也同要素投入一并作用于国际贸易竞争优势的形成。在国际贸易往来当中，产品的交易实际上是在交换生产和流通过程中附加到生产要素上的价值，在生产要素投入一定和国际贸易环境稳定的条件下，创新绩效与技术溢出效应带来的全要素生产率提高本身是一个乘数，需要依托于客观条件和资源要素的常量才能发挥作用，从而实现竞争优势的循环累积。总结而言，在国际市场中，利用比较优势获得更大的竞争市场、规模经济和知识和技术传播，并通过改善稀缺资源分配提升的静态效率收益，产生了更具生产率的国际市场竞争部门。生产率到贸易竞争优势的传导路径如图 6-11 所示。

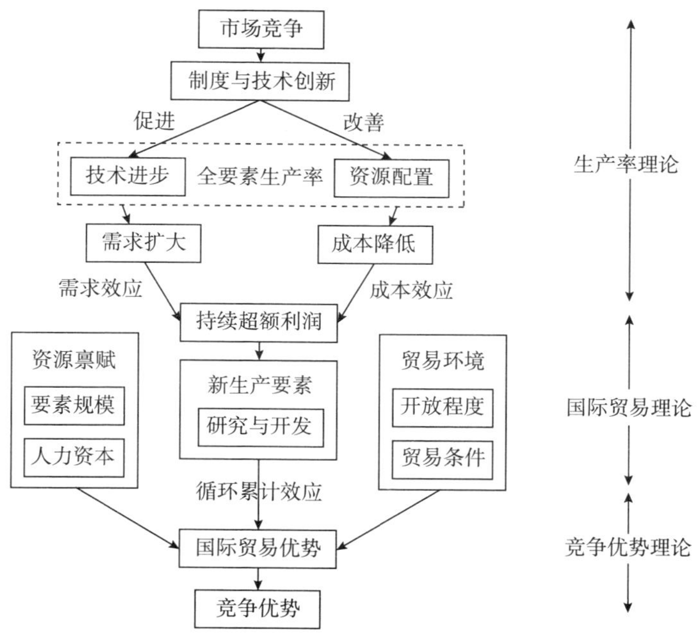

图 6-11　生产率到贸易竞争优势的传导路径

二、生产率对贸易竞争力提升的关键影响效应

全要素生产率是国内外环境下企业进行可持续发展的动力源泉，其分解要素技术进步和资源配置从技术升级和配置优化两个方面支撑效率的提升，进而通过成本效应和需求效应辐射到贸易优势中。持续利润增长是贸易竞争力提升的首要驱动力，其中循环累积效应的发挥是其中的重要环节。因此本节对生产率对贸易竞争力影响的三个关键效应：成本效应、需求效应和循环累积效应分别进行阐述。

（1）成本效应。全要素生产率对贸易竞争力的影响，可以通过降低制造成本和交易成本来实现。技术进步如新设备、新工艺的采用是将低原材料消耗、降低产品成本的重要手段。资源配置效率通过优化资源配置，使企业在产出一定下实现成本最小化，提高要素配置效率对经济增长的贡献，例如，企业根据自身的竞争优势将不擅长的业务外包出去，集中精力进行核心竞争优势环节的生产。因此技术进步和资源配置效率均能够通过降低企业成本来发挥作用。在更低的平均成本下，企业能够在国际贸易中以更具优势的价格参与竞争，从而获得国际贸易竞争优势。另外，成本效应可以通过规模来发挥，生产率的提高使产业边际收益增加，企业有动力进一步扩张自己的规模，从而产生成本效应。20 世纪 70 年代以后，克鲁格曼提出了学习曲线，考察了技术创新对国际贸易的影响，克鲁格曼等认为企业内部存在着动态的规模经济，而技术的改变是企业获得动态规模经济的最重要形式。规模扩大能够为企业降低平均固定成本，提高利润率。

（2）需求效应。全要素生产率的提高意味着在一定资源投入上创造更多的产出、更好的品质或更多样化的产品，具备满足更多国外需求的潜力和竞争力，能够满足更多的海外现有需求，并且可能催生新的产业需求。新技术催生出的新产品，例如，人工智能技术的发展使智能机器人等产品受到广泛应用，刺激了大量潜在海内外消费者，引致了大量贸易需求，创造了持续的超额利润。新技术也能够刺激市场需求、扩大市场规模，同时，企业对产品功能、性能的升级能够更加满足现有国际需求，实现产量的扩张，从而使全要素生产率的提高转换为利润，最终促进产业结构升级。

（3）循环累积效应。循环累积效应是持续超额利润转化为贸易优势的关键环节，短暂的超额利润无法直接在国际贸易中形成稳定的竞争优势，本国企业必须具备一定水平的研发能力，才能诱发产业结构升级，吸收和运用全要素生产率

提高所带来的溢出效应。生产率提高使行业能够有更多盈余利润，产生更多资金去增加研究与发展的资金支出和人员投入，对产业技术升级和资源利用效率水平进行进一步的提高和拓展。关于研发在利润与优势转化中发挥的关键作用已有许多理论支持。20世纪60年代的新技术理论认为在企业R&D和出口绩效之间总是存在一定正向联系。技术差距学说与技术进化论相结合，说明了国际贸易中厂商维持技术优势的目的，即技术的商业化特有性质和垄断力量与成功的研发相结合，通过研发不断地维持或缩小技术差距。同时企业需要具备一定的研发规模才能够较好地发挥行业内技术进步等带来的溢出效应，而Girma（2005）认为，这种效用可能需要达到某一个阈值，才能够从整体上提高资源转化能力。因此生产率可以通过研发投入来产生循环累积效应，不断产生技术和制度创新，成为经济增长的主要动力，对竞争力产生长期积累性的促进作用。

三、不同经济发展阶段下国家差异

全要素生产率对贸易竞争力的影响作用在各国有所差异，这是由于国家间的历史沿革和发展历程区别较大，制度社会中的“游戏规则”形成了各国不同的管理、创新和创业的激励机制，造成各国影响作用差异的根本深层决定因素。

各国的经济增长和工业化演变以及产业结构演变与城市化在20、21世纪之交引起了经济学家的广泛与深入研究。其中较为著名的有钱纳里（1989，1991）提出的工业化阶段理论。他的理论研究中，以工业高速发展的“二战”之后期间为研究区间，以工业化为主的发展中国家和准工业化为研究对象。最后，他以人均GDP为核心依据，将整个工业经济从不发达经济体到成熟经济体的整个变化过程分为了三个阶段和六个时期。不仅如此，他还贡献了一个十分重要的理论，他指出，工业经济的发展，尤其是从一个发展阶段到一个更成熟的阶段要依靠产业结构转化来促进。通过结构变化与发展政策、工业化和经济增长的比较研究。

在发展的初级阶段中，食品、皮革、纺织等部门是初期对经济发展起主要作用的制造业部门，这一时期的产业主要是以劳动密集型产业为主。效率的提高依赖于劳动生产率以及规模扩张，在国际贸易竞争中以价格优势获得市场份额。发展中期，对制造业内部而言，发展方向发生了转变。中型工业代替了轻型工业在这个期间蓬勃发展，驱动区域经济发生迅速且明显的增长。处于这一阶段的产业，大部分属于资本密集型产业，此时劳动生产率的提高空间有限，全要素生产率成为产业利润增长的动力，对资源进行有效配置、产业布局和集聚、产业结构调整成为国家在国际竞争中获得优势的关键。到了发展后期，在这一阶段的产业中，对于制造业而言，其内部结构同样发生了变化。由于技术密集型产业的高速发展，技术密集型产业逐渐替代了资本密集型产业。从而，在此时技术进步是工业后期产业全要素生产率增长的关键动力。与此同时，技术进步带来产品变革在国际市场上产生差异性才能够在国际市场上获得稳定的贸易优势。不仅如此，此时生产能力其实得不到完全的发挥，是因为新兴市场经济体正处于投资扩张期，由于吸引了大规模的国家投资，出现大量新兴项目处于初级获得投资阶段或者处于建设阶段，这部分项目的生产能力得不到充分的发挥。资源粗放式投入的发展牺牲了一定的效率。

第四节　本章小结

本章利用第四章、第五章所测算的全要素生产率与贸易竞争力数据，分析了中美制造业全要素生产率与贸易竞争力相关关系、分布情况和变动走势，并应用国内两个制造业行业的典型演变情况对全要素生产率在贸易竞争力提升中发挥的作用进行了经验验证。本章研究对我国制造业全要素生产率与贸易竞争力的相关性作出了基本的经验判断，解析了全要素生产率提升贸易竞争力的作用机理，获得以下四个重要的结论：

（1）全要素生产率与贸易竞争力指数具有一定的关联性，也就是说制造业全要素生产率可以在贸易优势扩大中发挥重要作用。美国的竞争力变动与中国呈现明显相反的趋势，在金融危机特殊阶段，中国贸易竞争力增强的同时，美国竞争优势减弱，呈现此消彼长的特点。劳动密集型产业中，中美的全要素生产率均在金融危机后与竞争力产生了正相关联系。

（2）伴随中国劳动力减少、劳动成本增加以及生产效率提升，中国贸易优势正在向技术密集型产业转型，传统的劳动密集产品优势正在弱化。美国制造业行业间全要素生产率与贸易竞争力存在明显相关性，而中国全要素生产率和贸易竞争力也一定阶段下呈现同步变动。

（3）通过两个典型行业的分析发现不同类型的行业虽然在生产效率和贸易

竞争优势上存在差异，但都可以在提高全要素生产率来促进贸易竞争优势的形成中找到答案，全要素生产率正在成为促进纺织行业经济增长和贸易竞争的关键，电子信息行业的自主研发生产能力是我国抢占新一轮国际市场的着力点。

（4）生产率通过市场竞争、技术创新、持续超额利润等环节形成到贸易竞争优势的传导路径。要素投入尤其研发这一新要素投入是全要素生产率对国际贸易优势的影响路径上一个关键。资源禀赋和贸易条件也同要素投入一并作用于国际贸易竞争优势的形成。在传导路径中通过成本效应、需求效应和循环累计效应发挥作用。国家间所处发展阶段是全要素生产率发挥不同的深层次决定性作用的因素。

第七章　全要素生产率与贸易竞争力关系的实证分析

本书第四章和第五章通过建立全要素生产率和贸易竞争力的测度，分别比较了中美两国制造业和其细分行业的全要素生产率和贸易竞争力水平，探讨了两国在全要素生产率和贸易竞争力视角下的水平差异和呈现出的阶段性特征，并发现在全要素生产率和贸易竞争力的不同行业中的分布差异。通过第六章，对两国全要素生产率和贸易竞争力进行的关系进行交叉对比分析，探究了两者的关系的特征事实，并建立了生产率对国际竞争优势形成和贸易竞争力的影响机制分析。在这三章的测算分析基础上，本章将按以下五个方面展开讨论：①以中美制造业17个细分行业作为研究对象，实证分析行业层面全要素生产率对贸易竞争力的影响作用，并从技术进步和资源配置角度来探究全要素生产率对贸易竞争力影响的内在路径在中美的区别；②对模型进行内生性检验和处理；③计量结果的稳健性检验；④针对不同要素密集类型的行业进行异质性分析，详细讨论中美全要素生产率的不同的表现；⑤通过 PVAR 面板向量自回归模型进行动态分析，探究全要素生产率的两大来源——技术进步和资源配置效率，如何动态影响贸易竞争力的提升。

第一节　问题提出与待检验假设

虽然全要素生产率是国际直接贸易中技术和管理水平的重要体现，生产技术和管理方式、理念的进步都给国家出口提供足够的生产能力，并形成一定的出口潜力，但全要素生产率的提高是否真正能够形成国际商业竞争优势，提升本国贸易竞争力，仍是一个存在争议的议题。根据前文理论分析结果可知，全要素生产率可以通过成本效应、需求效应、循环累积效应等影响路径来影响贸易优势的扩大。在理论分析基础上，本章试图通过实证考察以下两个问题：①全要素生产率在贸易竞争力中是否发挥促进作用？②在技术进步和资源配置效率视角，中美的全要素生产率驱动作用是否会存在差异性？

在理论和实证分析上，对于生产率和国际竞争力的互动关系学者们进行了广泛的研究和探讨。出口导向型增长假说强调出口是促进生产力增长的关键因素，即贸易竞争优势的扩大可以实现本国企业生产力不断提高。这一理论被学者在多国数据上得到了证实。自 21 世纪以来，学者发现生产率和出口扩大的相关性可能是由于出口企业的“自我选择”，在进入国际市场之前，未来的出口企业的生产率要高于非进口企业。这一现象在国际上普遍存在，可能是生产率与贸易具有相关性的理由。贸易的技术理论提出因果关系是从生产率到出口，而并非相反。这一理论认为生产率的提高是促进竞争力持续增长的关键条件。

从整体情况来看，全要素生产率与贸易竞争力两者存在显著的相关关系，在完美市场下，贸易竞争力能够通过“竞争效应”“干中学”“自我选择”等效应促进全要素生产率的提升，但在市场失灵下，经济缺乏完善的市场退出机制时，出口的资源再分配无法有效发挥作用。这种市场失灵在转型经济体中经常可以观察到，此时，促进国家贸易竞争力持续增长的关键因素是一国的内在驱动力——全要素生产率的提高。结合第六章生产率对贸易竞争力的相关性和理论分析可知，全要素生产率正在成为国际贸易发展的动力，全要素生产率的促进作用通过规模效应、需求效应、循环累积效应和专业化进行传导。由此提出如下假设：

待检验假设 7-1：不考虑其他因素的条件下，制造业全要素生产率的提高可以促进本国贸易竞争力的增强，全要素生产率越大，越有利于贸易竞争力的提升。

待检验假设 7-1a：其他给定条件不变时，以技术进步的角度衡量全要素生产率，技术进步越大，越能获得国际贸易的产品竞争优势，从而提升贸易竞争力。

待检验假设 7-1b：其他给定条件不变时，以资源配置效率角度衡量全要素生产率，资源配置效率越大，越有利于本国产生价格优势，从而提升贸易竞争力。

第二节　模型设定与变量说明

本章通过将制造业细分行业作为研究对象进行实证分析，研究全要素生产率及其分解指标是否对贸易竞争力提升存在影响关系，并进行中美两国对比研究。此外，为了结果的严谨性以及科学性，在此基础之上进行了稳健性检验。为了实现研究目的，建立计量模型，将模型的变量划分为四种类型：第一，被解释变量，被解释变量选定为产业的贸易竞争力，采用显示性竞争优势指标 CA 进行衡量；第二，核心解释变量，采用全要素生产率指数、技术进步指数、资源配置效率指数，由于技术进步和资源配置指数是由全要素生产率指数分解得到，具有多重共线性，无法直接放入一个模型，因此将全要素生产率指数及其分解指数进行分别研究；第三，控制变量，包括人均资本、汇率、价格、贸易开放度、企业规模等；第四，随机扰动项，即剩余可能对贸易竞争力的提升存在影响的变量。

一、模型设定

本章以研究全要素生产率与贸易竞争力提升的内在关系为重点，选取中美两国对应的 17 个制造业的细分行业作为研究样本。将 2012 美国 NAICS 的行业分类与中国国民经济行业分类对比，构造了适用于分析的完整的面板数据，具体的行业对应情况如第四章所示。根据数据的一致性和可获得性，采用 2003～2017 年的相关数据作为研究对象。

根据竞争优势理论以及结合现有的研究成果，在此构建了能用于计量分析的模型，具体如下：

$$CA_{it}=\beta_0+\beta_1 tfp_{it}+\beta_2 humcapital_{it}+\beta_3 price_{it}+\beta_4 exrate_{it}+\beta_5 open_{it}+\beta_6 ES_{it}+\varepsilon_{it} \quad (7-1)$$

$$CA_{it}=\beta_0+\beta_1 tech_{it}+\beta_2 effch_{it}+\beta_3 humcapital_{it}+\beta_4 price_{it}+\beta_5 exrate_{it}+\beta_6 open_{it}+\beta_7 ES_{it}+\varepsilon_{it} \quad (7-2)$$

其中，CA_{it} 表示第 t 年 i 行业贸易竞争力指数；tfp_{it} 表示第 t 年 i 行业全要素生产率，由 DEA 计算得出的全要素生产率指数累乘得到；$tech_{it}$ 表示在第 t 年 i 产业的技术进步指数，由全要素生产率指数分解得出；$effch_{it}$ 表示在第 t 年 i 产业的配置效率指数，由全要素生产率指数分解得出；$humcapital_{it}$ 表示第 t 年 i 产业

的人均资本，$price_{it}$ 则表示第 t 年 i 产业的工业价格指数，$exrate_{it}$ 表示第 t 年 i 产业的汇率，$open_{it}$ 表示第 t 年 i 产业的贸易开放度，ES_{it} 表示第 t 年 i 产业的企业规模。β 表示由这些变量构成的一个向量，包括核心解释变量技术进步和配置效率，也涉及相关的控制变量，其中随机扰动项为 ε_{it}，在表 7-1 中对每个变量的描述方法及其含义加以介绍：

表 7-1　变量介绍

变量符号	中文含义
CA_{it}	第 t 年 i 产业的贸易竞争力
tfp_{it}	第 t 年 i 产业的全要素生产率
$tech_{it}$	第 t 年 i 产业的技术进步
$effch_{it}$	第 t 年 i 产业的资源配置效率
$humcapital_{it}$	第 t 年 i 产业的人均资本
$price_{it}$	第 t 年 i 产业的价格指数
$exrate_{it}$	第 t 年 i 产业的汇率
$open_{it}$	第 t 年 i 产业的贸易开放度
ES_{it}	第 t 年 i 产业的企业规模
ε_{it}	模型的随机扰动项
β_0	常数项

二、核心变量选取及数据说明

（一）贸易竞争力（CA）

本章的关键变量之一是贸易竞争力，依据研究目的，建立模型探究生产率及其分解要素对竞争力的影响，将贸易竞争力作为唯一被解释变量。采用显示性竞争优势指数（Competitive Advantage，CA）衡量贸易竞争力，代表一国行业贸易水平与世界贸易水平相比的比较优势，能够剔除总量波动的影响，并且可以消除进口因素的影响，是学者在比较国际竞争力时常用的评价指标。具体计算方法和来源如第五章所示，在此不做赘述。通过计算得到 2003~2017 年中美制造业 17 个细分制造业行业的贸易竞争力。

（二）全要素生产率指数（TFP）

贸易竞争力的来源不仅受到资源禀赋和贸易条件的制约，而且在更大程度上取决于一国经济实力和产业地位，全要素生产率指标考察了在要素投入规模一定的情况下技术进步与配置效率等隐性条件作用于经济发展和产业生产能力的综合结果。一般情况下学者们会采用索洛残差来进行表征，这一方法的适用性较强。但本章在研究中使用的是行业面板数据，当假设所有行业的生产函数均为一个形式时，计算出的全要素生产率可能会与实际情况产生重大偏差。而 DEA 通过数学规划计算不受生产函数限制。因此，采用 DEA-Malmquist 指数中计算得出的全要素生产率，以 2002 年为基期进行累乘得到 15 年间 17 个行业的面板数据，作为全要素生产率变动的表征。具体的来源及相关数据计算见第四章。从变化趋势上来看，中国大多数行业的全要素生产率指数是呈先上升后下降态势，从分解指标来看，这一趋势主要是受到了技术进步变动的影响。与中国相比，美国的大多数行业的全要素生产率变动幅度较小，整体比例保持在一个相对稳定的范围。值得一提的是，美国化学制品业的全要素生产率在这一时期有明显的快速提升。

（三）技术进步指数（TECH）

技术进步是指技术前沿的变化对全要素生产率的影响。技术进步作为全要素的分解变量之一，通过影响生产时间、产品性能、技术水平等影响生产效率，同时提升满足多样化需求的能力，在国际贸易中发挥着无可比拟的作用，因此本章将技术进步作为关键变量之一，探究这一要素对贸易优势形成中发挥的作用。本书采用 DEA-Malmquist 计算得出的技术进步分解指标，以 2002 年为基期进行累乘得到 15 年间 17 个行业的面板数据，作为技术进步变动的表征。中国的技术进步很大程度上影响了其全要素生产率的变动趋势，在大多数行业呈现先上升后逐步下降的态势。而美国的技术进步指数在经历了一段时期的波动后，在 2013 年之后整体呈现加速上升的趋势。

（四）资源配置效率指数（EFF）

资源配置效率表达的是对生产前沿的追赶程度，这在一程度上代表了全要素生产率中由资源配置效率带来的部分。管理制度、生产运营模式等的改革都能带来企业资源的优化，能够直接提升企业良品率、生产效益、降低企业摩擦成本，为企业争取更多的价格空间，最终形成贸易优势。因此，作为全要素生产率的分解要素之一，将其作为关键变量之一进行研究。本章采用 DEA-Malmquist 计算得出的资源配置效率分解指标，以 2002 年为基期进行累乘得到 15 年间 17 个行业的面板数据，作为资源配置效率变动的表征。资源配置效率在中美各个行业呈现不同的变化趋势，美国化学制品业的快速增长主要依靠其资源配置效率的提高。

（五）人均资本（Capital Per Worker，CPW）

由于研究目的是研究全要素生产率对贸易竞争力的影响，因此需要控制可能造成偏误的相关因素。人均资本反映了行业的人均资本密集程度，是一国资源禀赋和资本投入的综合反映，其变化受资本投入规模和人力资源禀赋综合影响，反映一国固定资产生产能力发挥的潜力。在开放经济环境下，会对贸易优势的形成产生影响。在此采用行业人均资产存量来作为人均资本的衡量，其计算公式为：

$$CPW_{it} = K_{it}/L_{it} \tag{7-3}$$

其中，K_{it} 表示实际资本存量，L_{it} 表示行业从业人数。原始数据计算方式及来源见第四章。

（六）价格指数（Price Index，PI）

价格指数作为贸易条件之一能够反映产品的成本和出口价格，直接影响进出口额。国内价格指数快速上涨时，能够产生收入效应和替代效应，即增加资本价值的同时，还会引起对进口和出口需求的变化，影响国际贸易交易情况价格的上涨具有收入效应和替代效应，即增加资本价值的同时，还会引起需求的变化。一国的价格指数影响着产品的成本和出口价格，而价格的变动会直接影响国际贸易交易情况。本章选取工业出厂价格指数来表征中美各个制造业行业的价格指数。具体数据来源见第四章。

（七）汇率（Exchange Rate，ER）

根据国际贸易理论，本国货币的升值会使本国产品相对于外国更加昂贵，任何汇率的变动都会对一国的贸易收支带来一定影响，从而对本国贸易竞争力产生影响。由于美元是世界核心货币，美元兑人民币的汇率直接反映了人民币在国际地位上的增值和贬值情况。因此，采用统计局公布的美元兑人民币的年平均汇率代表汇率情况。

（八）贸易开放度（OPEN）

贸易开放度是国际贸易重要的因素之一，开放的贸易环境更利于国际合作和企业业务拓展。从许多国家的发展实践来看，对外开放是一把“双刃剑”，在增加发展机遇的同时也会对外产生依赖，或使本国产业面临更大竞争压力。因此贸易开放度对贸易竞争力具有直接的影响，本章选取 2003~2017 年各行业进出总额与当年该行业增加值的比例作为衡量贸易开放度的指标，来考察贸易的开放程度对贸易竞争力的影响作用。

（九）企业规模（Enterprise Scale，ES）

产业的企业规模与一国历史积累密切相关，作为资源禀赋能够对本国生产率产生影响。根据竞争优势理论可知，企业规模也是竞争优势形成的原因。全要素生产率与企业规模有着高度的耦合性，行业的技术进步和资源配置效率与企业规模高度相关。本书选取行业增加值（万美元）与行业规模以上企业数量（个）的比值作为衡量企业规模的指标，具体计算公式如下。

$$ES_{iat}=Y_{iat}/N_{iat} \tag{7-4}$$

其中，ES_{iat} 表示 i 国 a 行业在 t 年的企业规模，Y_{iat} 表示 i 国 a 行业在 t 年的增加值，N_{iat} 表示 i 国 a 行业在 t 年的企业数量，即行业中平均一个企业产出的增加值越多，表明企业规模越大。中国的企业数量来自统计局，美国并无规模以上统计口径，使用全职员工在 20 人以上的美国企业数量代替，数据来自 Statistics of U. S. Business。

表 7-2 核心变量解释说明

变量类型			变量	变量描述	数据来源
被解释变量	贸易竞争力		CA_{it}	$CA=RCA-(M_{ia}/M_{it})/(M_{wa}/M_{wt})$ RCA 是显示性比较优势指数，M_{ia} 和 M_{it} 是每年 i 国 a 产业的进口额和总进口额。M_{wa} 和 M_{wt} 是每年世界 a 产业的进口额和总进口额	Uncomtrade 数据库
解释变量	全要素生产率 tfp_{it}	技术进步	$tech_{it}$	通过 DEA-Malmquist 分解得出的技术进步指标以 2002 年为基期累乘得到	DEA 模型计算得出
		资源配置	$effch_{it}$	通过 DEA-Malmquist 分解得出的资源配置效率指标以 2002 年为基期累乘得到	DEA 模型计算得出
控制变量	人均资本		$humcapital_{it}$	行业人均资本存量（K）来作为人均资本的衡量，单位为：千美元/人	《中国工业统计年鉴》和美国 BEA 网站
	价格指数		$price_{it}$	工业价格指数	《中国统计年鉴》和美国 BEA 网站
	汇率		$exrate_{it}$	美元兑人民币汇率	《中国统计年鉴》
	贸易开放度		$open_{it}$	进出口总额与行业增加值比例	Uncomtrade 数据库
	企业规模		ES_{it}	行业增加值与行业规模以上企业数量的比值	中国国家统计局和美国商务部

第三节　实证过程与结果

一、描述性统计分析

本章对模型中涉及的关键变量进行了描述性统计，结果显示，中美两国数据的显示性竞争优势指数均值分别为0.66和-0.17，中国制造业分行业平均的显示性贸易竞争优势指数（CA）有较大的优势。中国CA最大值为2.95，最小值为-1.31，标准差为1.09。而美国CA最大值为0.99，最小值为-1.77，标准差为0.63。这表明中美制造业的贸易竞争力分布有较大差异，中国的离散程度更大。中国的显示性竞争优势指数中位数为0.34，由于这一数据小于均值，所以整体上中国样本呈现右偏分布，美国的显示性竞争优势指数中位数为0.10，大于均值，所以整体美国样本呈现左偏分布，说明中国制造业的贸易竞争优势指数存在行业的极大值，也就是说，存在贸易竞争优势极突出的典型行业（家具制造、纺织业），而美国则相反，行业平均贸易竞争优势受极小值（家具制造）的影响，两国在部分行业存在互补性合作。变量描述性统计如表7-3和表7-4所示。

表7-3　中国核心变量描述性统计

变量名称	样本数	均值	标准差	最小值	50%	最大值
CA	255	0.66	1.09	-1.31	0.34	2.95
TFP	255	1.45	0.76	0.28	1.31	4.17
TECH	255	1.34	0.47	0.44	1.33	3.06
EFF	255	1.04	0.24	0.44	1.01	1.55
CPW	255	3.89	3.34	0.23	2.62	15.30
PI	255	104.73	33.61	94.34	109.89	124.98

续表

变量名称	样本数	均值	标准差	最小值	50%	最大值
ER	255	7.11	0.81	6.14	6.77	8.27
OPEN	255	1.44	1.63	0.01	0.84	6.92
ES	255	0.09	0.13	0.01	0.04	0.89

表 7-4　美国核心变量描述性统计

变量名称	样本数	均值	标准差	最小值	50%	最大值
CA	255	-0.17	0.63	-1.77	0.10	0.99
TFP	255	1.19	1.20	0.53	0.97	8.66
TECH	255	1.14	0.20	0.76	1.08	1.91
EFF	255	1.02	0.79	0.32	0.88	4.57
CPW	255	9.67	5.55	1.97	7.91	24.51
PI	255	106.38	21.96	87.79	102.97	132.51
ER	255	7.11	0.81	6.14	6.77	8.27
OPEN	255	1.56	1.56	0.08	0.83	6.14
ES	255	0.34	0.45	0.01	0.18	3.13

在与全要素生产率有关的各种变量中，表征中国全要素生产率（TFP）的最小值和最大值分别为 0.28 和 4.17，标准差为 0.76，中位数为 1.31，均值为 1.45。中国样本呈现稍微的右偏分布。美国全要素生产率（TFP）的最小值和最大值分别为 0.53 和 8.66，标准差为 1.20，中位数为 0.97，均值为 1.19。表明美国全要素生产率在行业内的分布是明显的右偏分布，部门行业的全要素生产率远高于中国。

在技术进步的代理变量 TECH 生产率中，中国的最大值和最小值分别为 3.06 和 0.44，标准差为 0.47。美国的最大值和最小值分别为 1.91 和 0.76，标准差为 0.20。技术进步在中国的分布存在较大差异，部分中国行业的技术进步较大。从分布来看，中国 TECH 的中位数为 1.33，在数值上接近其平均数 1.34，所以中国样本的技术进步基本呈正态分布。美国 TECH 的中位数为 1.08，略低于均值

1.14，美国样本技术呈右偏分布。

在资源配置效率的代理变量 EFF 生产率中，中国的最大值为 1.55，最小值为 0.44，标准差为 0.24。美国的最大值为 4.57，最小值为 0.32，标准差为 0.79，相较而言，美国行业间的资源配置效率离散程度更大。从分布来看，中国 EFF 的平均数为 1.04，在数值上接近其中位数 1.01，所以中国样本的资源配置效率基本呈正态分布。美国 EFF 的中位数为 0.88，呈现右偏分布。

以上相关变量贸易竞争力 CA、全要素生产率 TFP、技术进步 TECH、资源配置效率 EFF 的样本分布状况如图 7-1 所示。

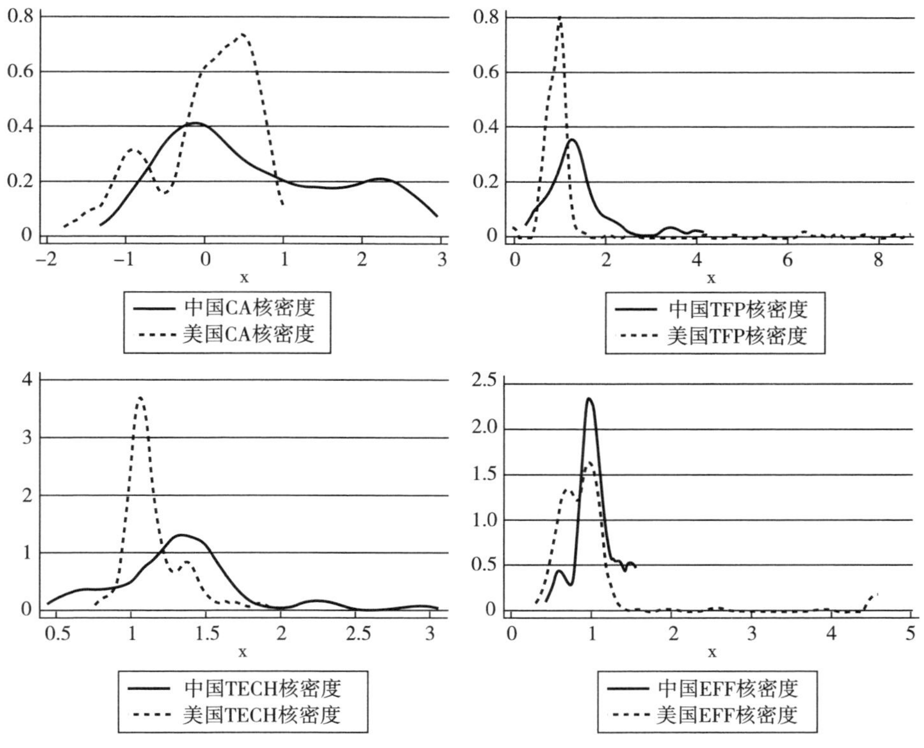

图 7-1　CA、TFP、TECH、EFF 核密度的中美两国分布状况

资料来源：笔者绘制。

在其他的控制变量中，中国的人均资本的最大值为 15.30，最小值为 0.23，标准差为 3.34，而均值和中位数分别为 3.89 和 2.62，前者大于后者，所以样本的分布呈现右偏分布。美国的人均资本的最大值为 24. 51，最小值为 1. 97，标准差为 5. 55，均值和中位数分别为 9. 67 和 7. 91，前者大于后者，所以美国也是右偏分布。总体上美国的人均资本存量远大于中国。

在价格指数中，以上一年为 100，中国的价格指数最大值为 124. 98，最小值为 94. 34，标准差为 33. 61。美国价格指数的最大值为 132. 51，最小值为 87. 79，标准差为 21. 96。中国价格指数的均值和中位数分别为 104. 73 和 109. 89，呈左偏分布，美国价格指数的均值和中位数分别为 106. 38 和 102. 97，呈右偏分布，表明中国的大多数行业通胀程度高于美国。

从汇率来看，样本期间人民币兑美汇率的最大值为 8. 27，最小值为 6. 14，标准差为 0. 81，均值和中位数分别为 7. 11 和 6. 77，呈现右偏分布。

从贸易开放度来看，中国的最大值为 6. 92，最小值为 0. 01，具有较大差异，均值和中位数为 1. 44 和 0. 84，呈现右偏分布，美国的平均贸易开放度略高于中国为 1. 56，中位数为 0. 83，也呈现右偏分布，其最大值和最小值分别为 6. 14 和 0. 08。

从企业规模来看，中国的平均值为 0. 09，显著小于美国的 0. 34，中国和美国的中位数分别为 0. 04 和 0. 18，均呈现右偏分布，美国的行业企业规模差异比中国更大，最大值和最小值分别为 3. 13 和 0. 01，中国分别为 0. 89 和 0. 01。

二、相关性分析

在模型回归之前，分析了核心变量的皮尔逊相关系数，结果如表 7-5、表 7-6 所示。

表 7-5　中国核心解释变量间的皮尔逊相关系数矩阵表

变量	(1)	(2)	(3)	(4)
(1) CA_cn	1. 000			
(2) TFP_cn	0. 3121*** (0. 000)	1. 000		
(3) TECH_cn	0. 2670*** (0. 000)	0. 9080*** (0. 000)	1. 000	
(4) EFFCH_cn	-0. 3563*** (0. 000)	0. 760*** (0. 000)	0. 4630*** (0. 000)	1. 000

注：①观测值数量为 15 年、17 个行业之和，即 255 个；② *、**、*** 分别表示在 10%、5%、1% 的水平上显著。

表 7-6　美国核心解释变量间的皮尔逊相关系数矩阵表

变量	(1)	(2)	(3)	(4)
(1) CA_us	1.000			
(2) TFP_us	0.3097*** (0.000)	1.000		
(3) TECH_us	0.3155*** (0.000)	0.3537*** (0.000)	1.000	
(4) EFFCH_us	0.2970*** (0.000)	0.9641** (0.000)	0.1620*** (0.005)	1.000

注：①观测值数量为 15 年、17 个行业之和，即 255 个；②*、**、***分别表示在 10%、5%、1%的水平上显著。

（1）中国全要素生产率与贸易竞争力两者的相关系数为 0.3121，在 1%的水平下通过显著性检验，美国全要素生产率与贸易竞争力两者的相关系数为 0.3097，同样在 1%的水平下通过显著性检验。初步说明中美两国的全要素生产率和贸易竞争力均存在正向影响关系，在中国的相关性更大，即全要素生产率的提高有利于中国和美国制造业的国际竞争力提升。

（2）全要素生产率的其中一个分解变量，技术进步与国际竞争力间存在不同的变现形式，中国的 CA 和 TECH 相关系数为 0.2670，在 1%的水平下通过显著性检验，美国的 CA 和 TECH 相关系数为 0.3155，通过了 1%水平显著性检验。在初步分析中，中美的技术进步和贸易竞争力均呈现出正相关关系。

（3）另一个核心解释变量是全要素生产率分解变量资源配置效率，中国 EFF 和贸易竞争力呈现 1%水平上的负相关关系，影响系数为-0.3563，美国恰恰相反，其 EFF 和 CA 之间的系数为 0.2970，而且在 1%的水平上通过显著性检验。资源配置效率和竞争力的关系在中美间呈现出不同的结果，这表明高的资源配置效率在短期并不意味着能够快速有效地提升我国制造业贸易竞争力，会在一定程度上挤压其他因素对竞争优势的塑造，还需要本书进一步地进行深入研究和探析。

（4）此外，从表中也可以看到，中国的技术进步（TECH）和资源配置效率（EFF）与全要素生产率（TFP）之间均为显著的正相关关系。同时技术进步和资源配置效率在中国的相关系数是 0.4630，且在 1%的水平上通过了显著性检验，在美国的相关系数是 0.1620，在 1%的水平上通过了显著性检验。这表明对中美两国来说，获取先进的技术和依靠管理制度、经验累计获得的资源配置效率均是提高其全要素生产率的关键要素，两者之间在某种程度上也存在着相关性。

综上，对核心解释变量间的皮尔逊相关系数分析结果可知，中国技术进步（TECH）与贸易竞争力（CA）间是一种正向影响关系，即技术水平的提高能够提升制造业的发展能力，促进其形成竞争优势，而资源配置效率（EFF）与贸易竞争力（CA）间是负相关关系，即在某种程度上资源配置效率低反而导致竞争力的增加，很有可能还与其他因素相关联。美国的变动情况与中国不同，技术进步（TECH）与资源配置效率（EFF）均与贸易竞争力（CA）显示出正向联系。

利用方差膨胀因子（VIF）检验了变量间的多重共线性问题，结果显示中美的 VIF 值均小于阈值 10，排除了此问题的干扰，详细结果如表 7-7 所示。

表 7-7　多重共线性检验（V1F）值

变量名称	中国 VIF 值	美国 VIF 值
技术进步（TECH）	1.43	1.62
资源配置效率（EFF）	1.43	1.44
人均资本（CPW）	1.15	1.83
价格指数（PI）	1.20	1.08
汇率（ER）	1.20	1.15
贸易开放度（OPEN）	1.27	1.36
企业规模（ES）	1.33	1.84
平均值	1.29	1.47

三、模型回归与结果分析

为科学、合理、稳健地进行估计，甄选了面板数据的回归方法。结合面板数据回归估计值，可供选择的估计方法基本有三种：FE、RE、混合面板回归模型，但到底选择哪一种方法，先要在以下三个方面进行相关检验：①本书运用拉格朗日乘数检验方法进行随机效应、混合面板两种类型的模型的选择时，从得到的 LM 检验结果来看，“个体效应方差为零”这一假设不成立，因此，应该运用随机效应模型；②在固定效应、混合面板两个模型之间做出正确选择：先实施 F 检验，从得到的结果了解到“个体效应为零”这一假设不成立，足以体现出要选择前一种模型；③在上一步的基础上，为了提高选择的精准性，进行了 Hausman 检验，从得到的检验结果来看，运用上述两个模型得到的估计量明显不同，这意

味着前期提出的假设是不成立的，所以，进一步明确应该选择固定效应模型。经过综合判断，决定在本书之中最合适的计量模型为固定效应模型。

中美两国的全要素生产率（TFP）与贸易竞争力（CA）间的相关关系如表7-8和表7-9所示。两个表中的模型1是未加入其他控制变量前，全要素生产率贸易竞争力间的关系；模型2是在模型1的前提下加入人均资本和价格指数的指标，旨在分析人均资本与价格指数在这一过程中所起的作用。模型3是在模型2的基础上加入汇率和贸易开放度来进一步控制可能影响贸易竞争力的因素。模型4是在模型3的基础上加入企业规模来分析生产率对竞争力的影响中规模发挥的作用，共同分析在这些控制变量的同时作用下，生产率和贸易竞争力之间的内在关系。

表7-8　中国全要素生产率对贸易竞争力的影响结果

变量名称	(1) ca_ cn	(2) ca_ cn	(3) ca_ cn	(4) ca_ cn
生产率（TFP）	0. 110*** (3. 13)	0. 138*** (4. 06)	0. 142*** (4. 37)	0. 145*** (4. 43)
ln 人均资本（lnCPW）		0. 0891*** (5. 06)	0. 0147 (0. 67)	0. 0183 (0. 82)
价格指数（Price）		0. 00179** (2. 17)	0. 0019** (2. 42)	0. 0017** (2. 16)
汇率（ER）			-0. 1295 (-0. 78)	-0. 1228 (-0. 74)
贸易开放度（OPEN）			0. 108*** (3. 84)	0. 112*** (3. 91)
企业规模（ES）				-0. 1009 (-0. 79)
常数项	0. 505*** (9. 57)	0. 177* (1. 74)	0. 998 (0. 82)	0. 964 (0. 79)
观测值	255	255	255	255
R^2	0. 10	0. 10	0. 05	0. 05
LM 检验	1436. 73***	1363. 58***	1262. 62***	1251. 04***
F 检验	298. 65***	325. 78***	360. 58***	358. 83***
Hausman 检验	3. 94**	8. 36**	6. 61*	7. 19***

续表

变量名称	(1) ca_cn	(2) ca_cn	(3) ca_cn	(4) ca_cn
模型选择	FE 模型	FE 模型	FE 模型	FE 模型

注：①括号内为 t 统计量；②*、**、*** 分别表示在 10%、5%、1%的水平上显著。

表 7-9 美国全要素生产率对贸易竞争力的影响结果

变量名称	(1) ca_us	(2) ca_us	(3) ca_us	(4) ca_us
全要素生产率（TFP）	0.057*** (3.84)	0.055*** (3.37)	0.0632*** (4.08)	0.0593*** (3.56)
ln 人均资本（lnCPW）		0.0273 (0.48)	0.155*** (2.58)	0.154** (2.57)
价格指数（Price）		0.0003 (0.72)	0.0003 (0.71)	0.0002 (0.65)
汇率（ER）			0.380*** (4.54)	0.379*** (4.52)
贸易开放度（OPEN）			-0.0434** (-2.12)	-0.0428** (-2.09)
企业规模（ES）				0.0182 (0.62)
常数项	-0.085*** (-4.33)	-0.171 (-1.42)	-3.084*** (-4.84)	-3.075*** (-4.82)
观测值	255	255	255	255
R^2	0.10	0.17	0.02	0.02
LM 检验	1573.76***	1394.72***	1259.92***	1250.46***
F 检验	299.85***	200.76***	204.99***	196.15***
Hausman 检验	3.10***	7.44**	13.97*	12.02***
模型选择	FE 模型	FE 模型	FE 模型	FE 模型

注：①括号内为 t 统计量；②*、**、*** 分别表示在 10%、5%、1%的水平上显著。

模型 1 是全要素生产率（TFP）与贸易竞争力（CA）关系模型，从两张表的结果显示中可以发现，中美两国这两者间的关系均显著为正，即全要素生产率

越高，越能够促进贸易竞争力的提升，且中国在此期间工业化进程加快，生产率的正向影响程度高于美国。随着解释变量的增加，全要素生产率对贸易竞争力的影响系数均有上升。从控制变量来看，人均资本对美国贸易竞争力具有显著正向影响，影响系数为0.154，在5%的水平上显著。在中国，人均资本在考虑其他变量后并未发挥正向作用，原因可能在于存在贸易条件的不确定性导致随着出口量增长而盈利能力却下降的情况，从而减少了人力资本的动力发挥。工业价格指数的增长对中国贸易竞争力有显著的促进作用，影响系数为0.0017，且在5%的水平上显著，表明中国国内工业品价格上涨和制造业从业人员工资上涨存在一定的正向联系，随着工资水平的上涨，在一定程度上助推了出口商品的价格上涨，通过国际贸易额的扩大来反映，但这或许是一个短期的影响，长期来看可能存在着因价格上涨而带来的削减。中美汇率升高表示美元升值和人民币贬值，汇率变动对中国竞争力的影响为正但并不显著。在美国，美元升值一个单位能使美国贸易竞争力增长0.379%，且这一相关性在1%的水平上显著，汇率变动在国际贸易中的敏感程度不言而喻。贸易开放度的提高是中国竞争力增长的重要原因，影响系数为0.112且在1%的水平上显著，但贸易开放度在美国呈现显著的负向效应，影响系数为-0.04，说明当前中国对于开放红利的享受还尚处于一个机遇期，美国在国际竞争中面临更多市场份额的竞争。企业规模在初步回归结果中并未发现在贸易中存在显著的促进作用，规模经济在两国可能是通过全要素生产率的提高来体现。总结而言，中国贸易竞争力受到全要素生产率、国内通货膨胀、贸易开放程度的正向影响，美国的全要素生产率和人力资本是促进贸易竞争力提升的显著因素。

表7-10是在模型5的基础上把全要素生产率分解成技术进步和资源配置效率后的回归结果，这时中国与美国的结果有一定的差异，中国的回归结果发现技术进步对于贸易竞争力有显著的正向影响，影响系数为0.171，且在1%的水平上显著，但资源配置效率的进步对于中国的贸易竞争力影响不显著；与中国不同的是，美国的技术进步对于美国贸易竞争力呈现不显著的负向影响，美国资源配置效率促进了美国贸易竞争力的提高，影响系数为0.140，在1%水平上显著。由计量结果可得，中美两国生产率对于本国的竞争力的影响机制有所不同，中国主要是通过技术进步，而美国主要是通过资源配置效率对贸易竞争力发挥积极作用。

表 7-10　中美生产率分解指标对贸易竞争力的影响结果

变量名称	(1) ca_cn	(2) ca_us
技术进步（TECH）	0.171*** (3.16)	-0.05 (-0.91)
资源配置效率（EFF）	0.0800 (0.67)	0.140*** (4.99)
ln 人均资本（lnCPW）	0.0327 (1.33)	0.211*** (3.61)
价格指数（Price）	0.0018** (2.22)	0.0002 (0.59)
汇率（ER）	-0.178 (-1.06)	0.421*** (5.09)
贸易开放度（OPEN）	0.103*** (3.56)	-0.0174 (-0.79)
企业规模（ES）	-0.0921 (-0.71)	-3.56e-06 (-0.00)
常数项	1.241 (1.01)	-3.533*** (-5.58)
观测值	255	255
R^2	0.03	0.04
LM 检验	1179.10***	1334.02***
F 检验	332.46***	205.61***
Hausman 检验	13.10***	11.15***
模型选择	FE 模型	FE 模型

注：①括号内为 t 统计量；②*、**、***分别表示在 10%、5%和 1%的水平上显著。

综合表 7-8、表 7-9 和表 7-10，得出以下三点结论：①全要素生产率有利于中国和美国制造业贸易竞争力提升，但是中美两国生产率的影响机制不尽相同；②中国的技术进步对竞争力的提升作用更为明显，资源配置效率并未发挥积极作用；③美国生产率对贸易竞争力的发挥是通过资源配置效率的提高。本章所给出的初步解释有三个：

第一，中美两国对制造业处于不同的发展阶段，中国在经历了从进口导向到出口导向转变的工业化阶段后，随着贸易程度的不断开放，在国际商品贸易特别

是进口贸易中通过技术溢出效应带来的“干中学”中获得技术进步，在出口导向阶段因企业自我选择而获得了“出口中学”的技术进步，两类技术进步的来源铸就了中国的技术发展红利，从而进一步对贸易优势带来了促进，是近十年来中国的生产效率促进贸易竞争力形成的主要来源，在配置效率上存在一定程度的挤压效应，即生产者倾向于通过资源投入和技术引进来提高竞争力，相较而言不注重资源配置效率的改进。在中国制造业从粗放式发展向集约式发展的改革过程中，效率的提高的动力可能会受制于大规模的资金投入的约束，在贸易竞争力优势获得的窗口期陷入传统资源投入的路径依赖。所以在研究时期，中国的竞争力较大程度上依靠贸易开放和技术的投入，资源配置效率带来的提升未能显现出来。

第二，美国资源配置效率对竞争力存在正向影响，美国作为相对成熟的经济体，具备更加市场化的经济制度和更加突出创新和变革能力的管理水平，能够均衡配置资源，使各要素充分发挥作用，进而发挥生产率优势。技术进步的影响作用不明显，这或许是存在内生性的风险或受到其他因素的影响，有待下一步证实。

第三，在上文的实证分析中，中美两国均证实了全要素生产率的提高能够显著提升一国贸易竞争力。假设 7-1a 在中国得到了支持，即技术进步越大越有利于贸易竞争力的提升，假设 7-1b 在美国得到了支持，即资源配置效率的提高有利于贸易的提升。但可能存在潜在的内生性问题，尚待检验；同时，中国的国内工业品价格指数以及贸易开放度提高对形成竞争优势，提高贸易竞争力都起着显著的正向相关关系；美国的生产率和人力资本是促进贸易竞争力提升的显著因素；美元升值与竞争力的正相关关系只在美国显著，而中国不显著。

四、内生性偏误检验

面板计量模型，在进行实证分析时应该考虑到内生性问题，以判断估计偏差的存在。研究需要先对可能存在的内生性问题进行检验和判断。内生性问题可能存在于三个方面：一是变量间存在相互作用；二是模型中存在遗漏变量；三是变量的度量误差。往往采取工具变量法和代理变量法解决内生性问题，但要根据具体情况在两种方法中做出合理选择，如果运用的方法不当，就会对检验的准确性造成影响。

上文分析中未充分考虑内生性问题，因此存在着估计偏差的可能。从理论角度出发，技术的引进和管理水平的提高，可以通过提高全要素生产率，从而促进竞争力的增加，反过来，贸易竞争力的高低也可以创造更多超额利润，促使行业进行进一步的技术进步和效率改善，也就是说，技术进步和资源配置效率和贸易竞争力间可能存在较为明显的内生性问题，如此一来，技术进步和资源配置效率与贸易竞争力间的这种相互作用关系，极有可能会导致技术进步和资源配置效率成为内生变量，而且其他的遗漏变量可能也会引起估计偏差。

本章将重点对模型 7-2 的内生性问题进行检验，在进行回归估计时本章选择了两阶段最小二乘法，意在得到更为合理的估计结果。在这方面，王智波等（2015）、连玉君等（2008）在研究中都有涉及，他们的做法都产生了参考意义，因此本章选择工具变量时，利用解释变量技术进步和资源配置效率的滞后一期分别作为其工具变量，同时也考虑到在研究中组间异方差这一问题客观存在，通过 DWH 检验对内生性问题进行检验。

由表 7-11（1）列中国的 DWH 检验的结果可知，Dubin-Chi2 为 0.402，P 值为 0.818，P 值大于临界值 0.1，同样地，Wu-Hausman-F 为 0.192，P 值 0.825，P 值也大于临界值 0.1。在（2）列中，美国 DWH 检验得到了 Wu-Hausman-F 为 0.160、P 值为 0.852、Dubin-Chi2 为 0.335、P 值 0.845，P 值均明显超出了 0.1 的标准值，体现出中美无论是技术进步与贸易竞争力两者间，还是资源配置效率与贸易竞争力两者间，都无法拒绝原假设，即不存在内生性问题。从结果来看，与上述结果相同，全要素生产率有利于中国和美国制造业贸易竞争力提升，但是中美两国生产率的影响机制不尽相同，中国的技术进步对竞争力的提升作用更为明显，资源配置效率并未发挥积极作用，而美国生产率对贸易竞争力的发挥是通过资源配置效率的提高。中国的国内工业品价格指数以及贸易开放度提高对形成竞争优势，提高贸易竞争力都起着显著的正相关关系；美国的资源配置效率和人力资本是促进贸易竞争力提升的显著因素。

表 7-11　工具变量的内生性检验结果（2SLS）

解释变量	(1) 中国竞争力	(2) 美国竞争力
技术进步（TECH）	0.171*** (2.59)	-0.023 (-0.34)

续表

解释变量	(1) 中国竞争力	(2) 美国竞争力
资源配置效率(EFF)	-0.0102 (-0.07)	0.131*** (3.63)
ln人均资本(lnCPW)	0.0256 (0.98)	0.223*** (3.57)
价格指数(Price)	0.002*** (2.58)	0.00002 (0.05)
汇率(ER)	-0.237 (-1.45)	0.388*** (4.64)
贸易开放度(OPEN)	0.103*** (3.40)	-0.0422* (-1.74)
企业规模(ES)	-0.097 (-0.78)	0.00374 (0.12)
常数项	1.73 (1.42)	-3.29*** (-5.10)
观测值	238	238
R^2	0.02	0.11
Wald Chi2值	2838.24***	92.02***
Dubin-Chi2	0.402	0.335
Dubin-Chi2的P值	0.818	0.845
Wu-Hausman-F	0.192	0.160
Wu-Hausman-F的P值	0.825	0.852

注:①原假设是:所有解释变量均为外生变量;②括号内为z统计量;③以技术进步、资源配置效率的滞后一期作为工具变量;④*、**、***分别表示在10%、5%和1%的水平上显著。

在内生性结果中,各变量的影响程度虽然有所变化,但方向与上述研究结果一致。因此,检验结果证明解释变量技术进步和资源配置效率不存在内生性问题,前文所采用的FE回归方法对技术进步与贸易竞争力、资源配置效率与贸易竞争力之间关系的结论是可信的,方法的选取是恰当的。

五、稳健性检验

模型显示,中国和美国的技术进步均有利于本国贸易竞争力的提升。不同的是，美国的资源配置效率的增加使其国际竞争力有显著提升，而中国的资源配置效率提高并不意味着能够在当期提升贸易竞争力。为了判断得到的这一结论是否稳健，选择了替代变量法进行检验。

替代变量法。可比净出口指数（Normalized Trade Balance，NTB）也是衡量贸易竞争力的一种常用方法，它的计算方式为：$NTB_{it}=(X_{it}-M_{it})/(X_{it}+M_{it})$，能够剔除通货膨胀等因素影响。其中，$X_{it}$ 表示第 t 年某一国 i 产业的出口额，而 M_{it} 表示第 t 年某一国 i 产业的进口额。相比较而言，显示性竞争优势指数（CA）只是一种相对指数，而贸易绝对优势可用净出口指数（NTB）来评价，采用此变量替代 CA 指数进行回归，结果如表 7-12 所示。

表 7-12　替代变量后全要素生产率及其分解变量的稳健性检验结果

解释变量	(1) 中国竞争力	(2) 美国竞争力
技术进步（TECH）	0. 0694*** (5. 15)	0. 183*** (3. 94)
资源配置效率（EFF）	0. 159*** (5. 38)	-0. 0487** (-2. 17)
ln 人均资本（lnCPW）	0. 0230*** (3. 79)	0. 048 (1. 03)
价格指数（Price）	0. 00015 (0. 76)	0. 00060** (2. 02)
汇率（ER）	-0. 0259 (-0. 62)	-0. 0959 (-1. 46)
贸易开放度（OPEN）	-0. 0126* (-1. 77)	-0. 0122 (-0. 70)
企业规模（ES）	0. 0358 (1. 11)	0. 0282 (1. 23)
常数项	-0. 289 (-0. 95)	0. 676 (1. 33)
观测值	255	255
R^2	0. 04	0. 09
LM 检验	1356. 23***	842. 19***
F 检验	544. 22***	90. 88***
Hausman 检验	8. 09***	22. 84***

续表

解释变量	(1) 中国竞争力	(2) 美国竞争力
模型选择	FE 模型	FE 模型

注：①括号内为 t 统计量；②*、**、***分别表示在 10%、5%和 1%的水平上显著。

表 7-12 是采用贸易竞争力指数（NTB）来替代显示性竞争优势指数（CA）作为解释变量，放入原来的模型中进行回归，分析中美两国的技术进步与资源配置效率与贸易竞争力间的内在关系。（1）列展示了对中国竞争力影响因素的回归，（2）列是对美国竞争力影响因素的回归。两国的技术进步与贸易竞争力间均存在正向相关关系；但与之前的结论不同，中国资源配置效率对中国贸易竞争力此时也表现出显著的正向影响，这可能是由于配置效率总体而言能够提高国家绝对竞争优势，促进净出口比例增长，但还未能够在相对竞争优势中发挥明显作用。价格指数与中国竞争力之间的正相关此时未通过显著性检验，这可能是由于剔除了通货膨胀等因素后，从绝对竞争力角度来看，价格指数并没有对中国竞争力造成显著影响。同时，以 NTB 为被解释变量时中国人均资本与贸易竞争力具有显著的正相关关系，表明虽然在中国人均资本的增加未促进中国贸易相对优势的扩大，但绝对是竞争力提高的重要因素。尽管美国的技术进步未在相对竞争优势中体现，但在本国绝对贸易优势中发挥了显著的促进作用。这可能由于随着美国全球化格局加深，技术进步的外溢效应在一定程度抵消了其产生的优势。但在本国行业间的绝对静态比较下，美国行业的技术进步可以促进贸易竞争力的提高。

第四节　异质性分析

在本章的分析中，把 17 个中国细分行业当成研究样本，进行分析之后得到的结论与过往理论研究成果保持一致。不同要素投入类型的行业其生产模式的差异会导致技术进步和资源配置效率可能有不同的影响效果。本部分接着分不同类别行业的样本两个不同维度来进行进一步检验，能准确地体现出各个产业竞争力提升与全要素生产率之间存在着怎样的关系，并检验中美间是否真的存在差异。

把中国和美国对应一致的制造业 17 个细分行业进行分析，将这些样本划分为两种类型：一是劳动密集型，包括 9 个细分行业（对应编号：ID1、ID2、ID4、ID9、ID11、ID12、ID13、ID15、ID17）；二是技术资本密集型行业，包含 8 个细分行业（对应编号：ID3、ID5、ID6、ID7、ID8、ID10、ID14、ID16），详细的行业名称对应关系见第四章中表 4-2 内容。利用不同类型行业进行的分析结果如表 7-13 所示。

表 7-13　全要素生产率分解指标与竞争力的关系结果

解释变量	劳动密集型 中国竞争力	劳动密集型 美国竞争力	技术资本密集型 中国竞争力	技术资本密集型 美国竞争力
技术进步（TECH）	-0. 1474 (-1. 39)	0. 055 (0. 38)	0. 238*** (3. 48)	-0. 136** (-1. 98)
资源配置效率（EFF）	0. 1232 (0. 72)	0. 319*** (2. 84)	0. 111 (0. 61)	0. 091*** (3. 06)
控制变量	是	是	是	是
常数项	-0. 1378 (-0. 06)	0. 813 (0. 55)	0. 205 (0. 14)	-5. 415*** (-7. 93)
观测值	255	255	255	255
R^2	0. 05	0. 06	0. 02	0. 02
模型选择	FE 模型	FE 模型	FE 模型	FE 模型

注：①括号内为 t 统计量；② *、**、*** 分别表示在 10%、5%和 1%的水平上显著。

从上述两个表的结果中可知，无论是中美的技术进步还是资源配置效率，还是说其他的影响要素，不同的要素投入类型的行业呈现出了不同的影响效果，大致可以得到如下两个结论：

（1）对中国劳动密集型产业来说，技术进步和资源配置效率均未发挥显著作用。中国劳动密集型产业主要依靠资源投入来提升其出口贸易竞争力，过度投入可能会产生新的路径依赖，产生资源配置不合理的低效率情况，从而挤压了效率作用的发挥。在资本技术密集型产业中，技术进步发挥了显著的积极作用，一单位技术进步水平的提升能够增加 0. 238 单位的竞争力，在 1%水平上显著。结合上述回归结果来看，在中国制造业中，生产率作用的发挥集中于资本密集型产业的技术进步。

（2）对美国来说，资源配置效率无论在劳动密集型还是技术资本密集型制造业均能有显著的正向作用。1 单位资源配置效率的提升可以增加劳动密集型产业 0.319 单位的竞争力，增加技术资本密集型产业 0.091 个单位的竞争力。表明效率的提高对于劳动密集型产业具有更大的提升作用。技术进步在劳动密集型产业未发挥显著作用，但在技术和资本密集型产业上存在显著的负效应，可能是由于美国倾向于加强在技术和资本密集型产业的贸易保护政策，高科技产品出口在某种程度上受到限制以及海外国家的模仿效应，从而造成了技术水平提高和贸易竞争力提高的冲突。从汇率来看，资本技术密集型制造业的竞争力更容易受到汇率影响，人民币兑美元汇率提高 1 个单位，资本技术密集型制造业竞争力变动 0.619 个单位。

第五节　动态回归对比：PVAR 模型

在分析技术进步、资源配置效率和贸易竞争力之间关系的基础上，为了对中美两国之间存在着怎样的互动关系进行分析，利用了面板向量自回归模型，探究生产率对贸易竞争力的长短期动态影响。

根据 Love 等（2006）在研究中得到的 PVAR 模型，结合传统的 VAR 和面板数据，允许变量内生和个体异质性存在，对变量间的内在关系能够做出合理解释。以这一分析为前提，本部分将进行模型检验和自回归分析。

一、模型检验

在估计面板 VAR 模型之前，先要保证所有数据都具有平稳性，如果不能保证这一点，极有可能出现伪回归现象。

（1）面板单位根检验。选取 LLC 检验、IPS 检验两种方法来进行单位根的检验，表格展示了调整后的 t 值（LLC 检验）、z 值（IPS 检验）和 P 值。从表 7-14 中的数据可以看出，技术进步、资源配置两项的原始序列均符合要求，但中美贸易竞争力原始序列却不符合要求，经过一阶差分处理之后，三个变量发生了显著变化，表明三者之间为一阶单整序列。

表 7-14 两国核心解释变量的单位根检验结果

变量名称	中国			美国		
	LLC 检验	IPS 检验	平稳性	LLC 检验	IPS 检验	平稳性
技术进步（TECH）	-2.2271（0.0130）	-5.2412（0.000）	平稳	-8.3605（0.000）	-7.0022（0.000）	平稳
资源配置效率（EFF）	-4.8903（0.0000）	-5.5013（0.0000）	平稳	-7.2144（0.0000）	-6.4325（0.0000）	平稳
竞争力（CA）	-2.9224（0.0017）	-1.0994（0.1358）	非平稳	-2.1399（0.0162）	-0.7933（0.2138）	非平稳
技术进步（TECH-1）	-2.2271（0.0130）	-5.2412（0.000）	平稳	-8.3605（0.0000）	-7.0022（0.0000）	平稳
资源配置效率（EFF-1）	-4.8903（0.000）	-5.5013（0.000）	平稳	-7.2144（0.000）	-6.4325（0.000）	平稳
竞争力（CA-1）	-5.1023（0.000）	-5.6750（0.000）	平稳	-6.0337（0.000）	-7.0684（0.000）	平稳

注：①括号里为 P 值；②TECH-1、EFF-1、CA-1 为对应变量一阶差分。

（2）面板协整检验。由于行业层面之间数据相关性较高，结合数据的情况，选取 Westerhund 方法进行协整检验，Westerhund 协整检验允许面板数据存在平稳的或非平稳的共同成分（见表 7-15、表 7-16）。

表 7-15 中国核心变量的面板协整检验结果

统计量	技术进步			资源配置效率		
	统计值	Z 值	p 值	统计值	Z 值	p 值
G_t	-5.407	-15.664	0.000	-4.547	-11.249	0.000
G_n	-64.387	-32.535	0.000	-31.583	-12.202	0.000
P_t	-29.84	-24.61	0.000	-33.845	-29.275	0.000
p_n	-20.252	-7.799	0.000	-45.939	-25.529	0.000

注：这是原假设：无协整关系。备择假设有两种：一是整体存在协整关系，二是至少存在一对协整关系。

表 7-16 美国核心变量的面板协整检验结果

统计量	技术进步			资源配置效率		
	统计值	Z 值	p 值	统计值	Z 值	p 值
G_t	-5.606	-16.683	0.000	-7.768	-27.785	0.000

续表

统计量	技术进步			资源配置效率		
	统计值	Z 值	p 值	统计值	Z 值	p 值
G_n	-20.366	-5.249	0.000	-25.843	-8.644	0.000
P_t	-17.235	-9.928	0.000	-13.801	-5.928	0.000
p_n	-29.077	-13.891	0.000	-27.284	-12.653	0.000

注：各统计量的原假设均为无协整关系。备择假设有两种：一是至少存在一对协整关系（G_t、G_a）；二是面板整体上存在协整关系（P_t、P_a）。

结果显示，两个原假设都被拒绝，即中美两国的面板数据均存在协整关系，因此证明了两国的技术进步、资源配置效率与竞争力各自间存在稳定的、长期的影响。

在 BIC、AIC 等信息的支撑下，能为模型找到最优滞后期，在表 7-17 和表 7-18 中，中国存在 2 期的最优滞后期，美国存在 1 期的最优滞后期。

表 7-17　中国最优滞后期的选择情况

滞后期数	AIC	BIC	HQIC
1	6.08378	7.0597*	6.47856
2	5.94481*	-8.0497*	6.4279*
3	-9.4810	-7.4226	6.75669

注：*表示在 10%的水平上显著。

表 7-18　美国最优滞后期的选择情况

滞后期数	AIC	BIC	HQIC
1	0.090181*	1.0661*	0.484957*
2	0.253297	1.44552	0.736387
3	0.629818	2.0686	1.21366

注：*表示在 10%的水平上显著。

二、PVAR 模型的向量自回归结果

在这一部分中，主要参照连玉君设定的 PVAR2 程序进行估计，这种方法最大的优势在于通过 GMM 估计，使转换变量与滞后变量之间形成正交，在进行估

计时选择了滞后因变量、滞后外生变量两种，对由此形成的固定效应进行有效处理，由此获得了 IRF 脉冲响应图。如图 7-2、图 7-3 所示，在 95%置信区间，对三大变量实施了 500 次 Monte-Carlo 模拟，由此获得了脉冲响应关系图。滞后阶数在 S 轴中，上下两条线即为置信区间的两个边界，脉冲响应函数点估计值则为图中间部分的曲线。

图 7-2 中第一行显示的是中国的贸易竞争力对自身、技术进步、资源配置效率的冲击。中国的贸易竞争力对自身有一个正向的反应，但随着时间的推移，这种正向影响会有所减弱，最低点将会出现在第 1 期。从贸易竞争力对技术进步和资源配置效率的反应来看，竞争力的提升会显著降低下一期的技术进步和资源配置效率指数，然后趋于稳定。

第二行显示的是中国的技术进步对贸易竞争力、自身和资源配置效率的冲击。首先技术进步具有明显的累积效应，技术进步对自身的冲击可以起到一个长期的正向反应，同时技术的进步也带动滞后一期和滞后二期资源配置效率显著提高。技术进步在初始阶段会对贸易竞争力产生一个负向效应，随后在第一期产生一个促进效应。提高竞争力，这一效应长期逐渐下降。这表明可能由于国际市场需求滞后，在短期技术进步的提升可能会损失一部分贸易，但随着技术成熟，长期会提升贸易竞争力。

第三行显示了中国的资源配置效率对贸易竞争力、技术进步和自身冲击响应。从 DEFF 对 DCA 的冲击响应过程来看，冲击初期为正，在第一期以后很快起到负向反应，到达最低点后重新恢复为 0。资源配置效率同样在初期对技术进步产生了负向影响，但很快恢复至正向效应，并从长期来看会对技术进步产生一定的提升作用。同技术进步一样，EFF 对自身的冲击也具有显著的正向影响。

综合来看，长期中国的技术进步和资源配置效率之间具有互相促进的作用，技术进步在短期对竞争力存在一定冲击，但随着时间推移，技术进步能够在长期扩大竞争优势。全要素生产率中资源配置效率的提升在短期对贸易竞争力存在不稳定波动的影响，中国资源配置效率的提高未能稳定转化为贸易竞争优势，中国制造业产业结构、要素资源配置的作用还没有转化成实际的动力机制，人力、资本和技术水平在行业间存在一定的错配，在长期资本深化下的工业化发展模式对粗放式的投入形成了路径依赖和惯性，消化了一部分的效率改进。

图 7-3 中第一行显示的是美国贸易竞争力对自身、技术进步、资源配置效率的冲击。美国的贸易竞争力也对自身形成了正向反应，在第一期后迅速回落。图

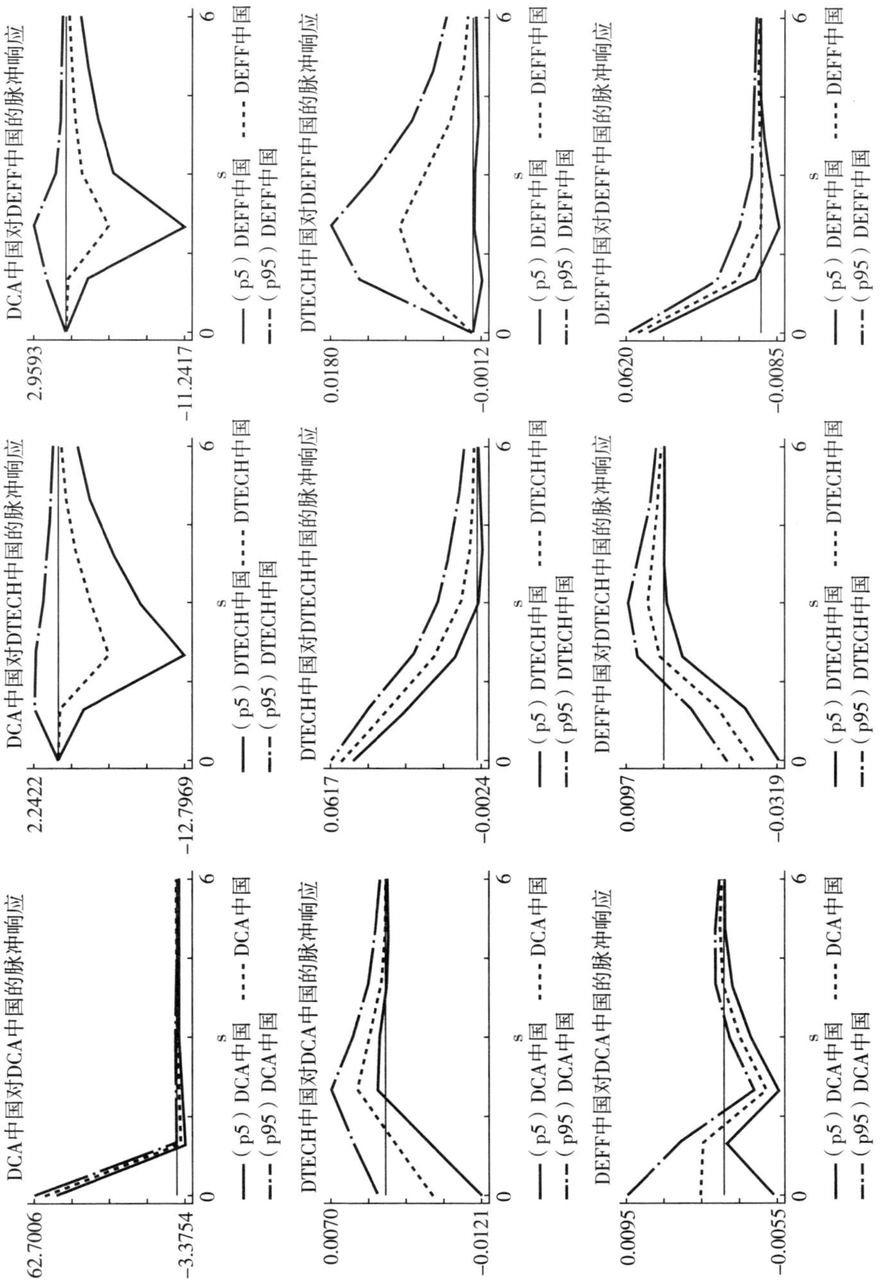

图 7-2　中国制造业全要素生产率、技术进步和资源配置效率的脉冲响应图

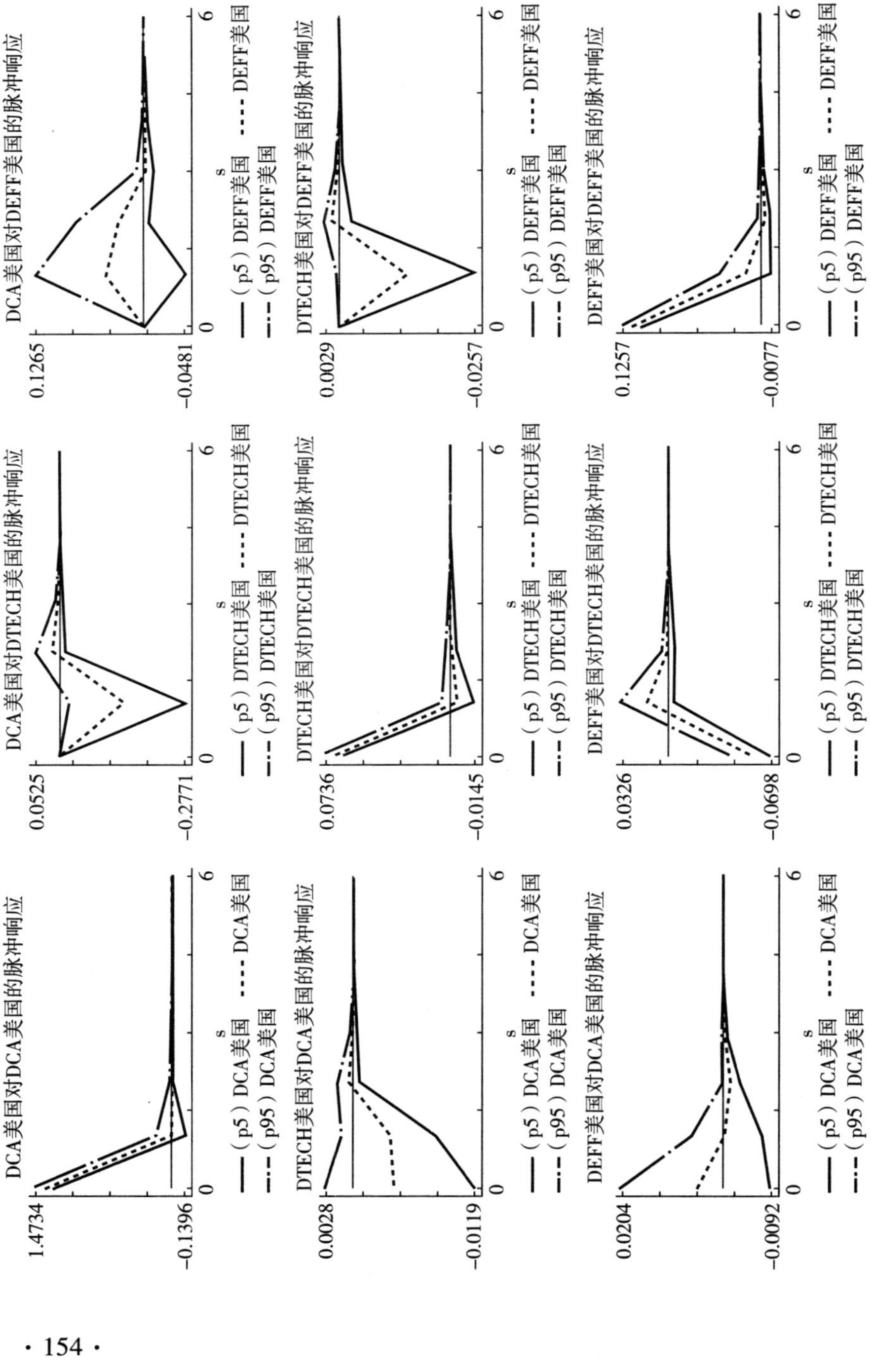

图 7–3　美国生产率、技术进步和资源配置效率的脉冲响应图

像显示，美国的竞争力提升会对下一期的资源配置效率有正向的冲击，对技术进步有短期负向冲击，随后变为正向冲击，表明美国竞争力与生产率存在相互促进作用，通过循环累积促进竞争优势持续扩大。

第二行显示的是美国技术进步对国际竞争力、自身和资源配置效率的冲击。与中国不同的是，技术进步的冲击会对美国第一期贸易竞争力产生负向效应，随后逐渐减弱恢复为较小的正向效应。美国的技术进步同样对资源配置效率有负向影响。

第三行显示了美国的资源配置效率对国际竞争力、技术进步和自身冲击响应。从 DEFF 对 DCA 的冲击响应过程来看，资源配置效率对竞争的冲击为明显的正向影响，但仅保持在较短时间内。

综合来看，美国的竞争力、技术进步和资源配置效率都会对自身产生正向冲击，长期的资源配置效率冲击对制造业贸易竞争力提升具有正向影响效应。技术进步未对竞争力产生稳定促进作用。资源配置相较于技术进步对制造业贸易竞争力提升具有正向影响效应。这可能是由于资源配置效率反映了国内资源优化配置情况，相较而言，具有更强的自主性和内部性，因此能够在长期发挥稳定的促进效用。资源配置效率的边际效应比技术进步的边际效应更容易发挥。美国作为技术创新和变革的制造业强国，在技术进步上处于领先地位。结合分行业的异质性分析来看，技术进步在资本技术密集型制造业中由于贸易保护或其他国家的引进模仿，未能在短期有直接的正向冲击，但长期来看依然具有促进作用。

第六节　本章小结

本章以中美两国制造业构成的两个整体样本为研究对象，构建计量模型对全要素生产率及其分解指标和贸易竞争力间的关系进行探讨和验证。大致的思路是：通过把全要素生产率分成技术进步和资源配置效率，从这两个来源的角度对这三者与贸易竞争力间的关系进行研究，再分析检验结果是否具备稳健性，考虑行业异质性分析，最后在动态向量自回归视角，探讨技术进步、资源配置效率和贸易竞争力间的长期稳定关系在两国的异同。

结合整体的回归结果，中美的全要素生产率均与其贸易竞争力间存在明显的正向显著性关系，即全要素生产率的提高有利于制造业国际贸易竞争力的提升，中国的提升作用更加明显。从全要素生产率的两大来源来看，中国和美国的全要素生产率是从不同的角度对竞争力产生影响。在过去的十几年间，中国获得了从技术溢出效应带来的“干中学”和出口贸易中的“出口中学”两类技术进步红利，挤占了资源配置效率的动力空间，形成了一定的路径依赖，资源配置效率未能在国际贸易竞争力中发挥积极优势。与中国不同，美国的资源配置效率对竞争力产生了正向影响，技术进步对竞争力的促进作用在绝对优势中有明显体现，但未在国际相对优势中体现出来，也就是说，美国相对优势的形成主要是依靠资源配置作用的发挥。全要素生产率对贸易竞争力影响通路在中美的不同，可能是由于两国的市场主体，在成熟的市场下资源配置效率才能够通过管理制度、资源流动等充分发挥对贸易的促进作用。

中国贸易竞争力受到全要素生产率、国内工业品价格指数、贸易开放程度的正向影响，而美国的生产率和人力资本是促进贸易竞争力提升的显著因素。人民币兑美元汇率的提高对美国贸易竞争力的影响相较于中国更为敏感。同时，在对模型进行内生性偏误检验之后，整体结果的显著性变化不大，模型的设计和结论得到证实。紧接着，通过替代变量来分析稳健性，两国的技术进步与绝对贸易竞争力间也存在正相关关系，但与前文结论有所差异的是，资源配置效率的提高在中国也发挥了对竞争力的提升作用，表明资源配置效率促进了国际绝对竞争优势的提高，但还未能在相对竞争优势中体现出来。

从不同的行业类型来看，中国劳动密集型产业主要依靠资源投入来提升其出口贸易竞争力，在资本技术密集型产业中，技术进步发挥了显著的积极作用。因此，综合来看，在中国制造业中，生产率作用的发挥集中于资本密集型产业的技术进步。对美国来说，资源配置效率无论在劳动密集型还是技术资本密集型制造业均能有显著正向的作用，且对于劳动密集型产业的提升作用更大。可能是由于美国的贸易保护政策，高科技产品出口在某种程度上受到限制，以及海外国家的模仿效应，技术水平提高和技术资本密集型贸易竞争力提高存在冲突。

美国为其高科技出口制定了一系列管制政策，尽管能产生技术保护的效果，但也需要为此付出代价，即部分商业不能获得高技术利益，贸易失衡的情况会在短期内出现，着眼未来，会弱化贸易竞争力。在全球一体化发展的时代，美国的这种政策的实施却没有使该国所期望的现象发生，即其他国家并没有停止发展的脚步。知识技术密集型产品是美国当前的比较优势，如果美国总是以国家安全为名义，对各种高技术出口进行严格控制，自身难以发挥出这样的比较优势，也有损于美国出口商的利益。

从生产率与贸易竞争力的互动关系上来看，中国的技术进步更能在长期上对贸易竞争优势的形成带来积极影响，短期可能存在波动，资源配置效率的提高未能稳定转化为贸易竞争优势，制造业产业结构、要素资源配置的作用还没有转化成实际的动力机制，人力、资本和技术水平在行业间存在一定的错配，在长期资本深化下的工业化发展模式对粗放式的投入形成了路径依赖和惯性，消化了一部分的效率改进。从长期来看，美国的资源配置效率相较于技术进步对制造业贸易竞争力提升作用更明显。资源配置效率的边际效应比技术进步的边际效应更容易发挥作用，美国作为技术创新和变革的制造业强国，在技术进步上处于领先地位，由于其他国家通过引进、模仿和创新，对技术进步具有更快的追赶速度，从而增加了进一步提升技术水平的难度。

第八章　全要素生产率对贸易竞争力的内在影响机制：基于研发强度的门槛效应

第七章对全要素生产率与贸易竞争力间关系进行了经验研究，发现全要素生产率促进贸易竞争力的提高，中美两国的技术进步均发挥了更大作用。生产率对竞争优势的形成中是否具有内在作用机制，本章结合与技术进步息息相关的研发强度角度来探究这一影响。

第一节　问题提出与待检验假设

实证发现全要素生产率的提升对中美两国的贸易竞争力均有促进，中国依靠技术进步发挥全要素生产率的促进作用，而美国的资源配置效率有更大的提升效果。是否这种提升效果受到不同研发强度的约束，是否有门槛值的限制？同时，由于行业类型差异，在不同要素密集类型产业 R&D 发挥的作用有所区别，因此本章将分行业类型对以上问题进一步进行探索，寻求两者间的内在影响机制。

同样，利用中美两国细分行业的样本，通过建立计量模型并对此进行检验，同时对门槛变量——研发强度进行了详细分析。

现有的研究表明，只有在研发强度有一定积累时，企业才能够吸收生产率的积极作用，消化技术和制度带来的生产率，这一理论也被国内外学者所证实。反而当研发强度不足时，行业依赖于传统的资金、劳动等生产要素发展，生产率的溢出作用有限。由于各国发展阶段的不同，研发强度的阈值在国家间存在差异，

较高的研发强度能够促进外来技术的吸收和自我创新，但对于国际贸易中生产率溢出作用的发挥效果尚不明确。发达国家的研发很多集中于国防工业中，为了防止其他国家的模仿学习，往往会管控一些重要的研发环节，如高端芯片等。由此研发强度可能只会在国内显现出生产率对经济增长溢出作用的发挥，而不会在国际贸易中凸显出来。

由此可知，全要素生产率对贸易竞争力是否发挥作用，会受到行业研发强度水平的影响，本章对中美制造业的假设为：

待检验假设 8-1：在其他因素不发生变化的情况下，中国行业研发强度越高，就会对全要素生产率与贸易竞争力的提升效应产生正向调节作用。

待检验假设 8-2：在其他因素不发生变化的情况下，美国行业的研发强度越高，技术水平越高，政府潜在的保护程度也越高，最终影响贸易竞争力提升。

第二节 门槛计量模型的构建

本章研究全要素生产率影响贸易竞争力的内在机制，也就是说，探讨研发强度对该机制形成的内在调节作用。依据这一目的，选用 Hansen（1999）提出的门槛效应思路模型进行进一步实证分析。传统方程回归方法中，简单地把交互项加入回归模型中，分析条件变量（或称调节变量）与检验变量（解释变量）的交互作用，不能有效地区分其影响的大小和方向的变化情况，门槛模型可以克服这一问题。本章拟采用非线性门槛回归模型方法，考察不同的行业研发强度条件下的全要素生产率对贸易竞争力的影响机制。并在简单地介绍门槛效应回归模型的基础上，对门槛变量产生的门槛效应进行可信度检验，并开展回归分析。

一、门槛效应的概述

（1）按照 Hansen（1999）给出的研究结论，构建门槛效应回归模型（Threshold Regression，TR），按照下面的公式进行表示：

$$y_{it}=\begin{cases}u_{it}+x'_{it}\beta_1+\varepsilon_{it}, & q_{it}\leqslant\gamma\\ u_{it}+x'_{it}\beta_1+\varepsilon_{it}, & q_{it}>\gamma\end{cases}\tag{8-1}$$

其中，x_{it}、y_{it} 分别表示解释、被解释变量，β_1 表示解释变量参数向量，i 表示研究对象个体，t 表示时间。门槛值和门槛变量分别用 γ、q_{it} 来表示，如果上下解释变量对应的 β 存在差异，就意味着存在门槛。正因如此，应该分析门槛值存在效率并进行估值。与此同时，在门槛值被估算出来之后，对样本进行自动内生分组，对不同门槛值所对应的解释、被解释变量间的内生关系进行研究。在 q_{it} 不超过 γ 的情况下，（＊）取值为 1，相反，其取值就为 0。对上面的式子进行整理之后，可以得到式（8-2）：

$$y_{it}=u_{it}+x'_{it}\beta_1\times I（q_{it}\leq\gamma）+x'_{it}\beta_2\times I（q_{it}>\gamma）+\varepsilon_{it} \quad (8-2)$$

在估算方程式时，门槛变量作为未知变量添加至回归方程，开展回归分析。从这个层面上来看，估计正式回归方程前，应该对门槛值获取、识别进行率先分析。对门槛变量、门槛值进行排查。式（8-2）为线性回归方程模型，在任意门槛值被给定的情况下，都能选择最小二乘法进行估算，得到参数估计值，经过计算，得到残差平方和。分析 Hansen（1999）的研究成果，门槛值最终估计值即为最优门槛值。

$$\hat{\gamma}=\underset{\gamma}{\operatorname{argmin}}S_1（\gamma）$$

所以，将门槛估计值确定后，就能够确定其他参数值。需要注意的是，如果检验结果并非一个门槛值，在设定首个门槛值后，就开始估计第二个门槛值，用 γ_2 来表示，可以运用下面的公式对模型残差平方和项进行预估：

$$s_2（\gamma_2）=\begin{cases}s_2（\hat{\gamma},\ \gamma_2）,\ \text{if}\ \ \hat{\gamma}<\gamma\\ s_2（\gamma_2,\ \hat{\gamma},）,\ \text{if}\ \ \gamma<\hat{\gamma}\end{cases} \quad (8-3)$$

经过上述操作之后，可以获得第二个门槛值，就能得到下式所示的最小残差平方和：

$$\hat{\gamma}=\underset{\gamma}{\operatorname{argmin}}S_1（\gamma）$$

此时，估计的第二个门槛值保持不变，根据最小残差平方和最小的基本原则，再次估计首个门槛值。需要注意的是，如果模型中含有较多门槛值，就按照方式进行重新估计，门槛值都确定后，不再估计，在这个过程中，会得到相应的参数估计。将门槛值数量、数值确定后，对门槛效应进行显著性检验。

（2）门槛效应显著性检验。针对门槛估计模型开展显著性检验，对不同门槛值进行验证，根据样本估计参数是否具备显著性差异进行自动划分。如果存在显著性差异，就意味着门槛估计有效。与 LM 法相结合，验证原始假设，得到如式（8-4）所示的统计量：

$$LR=\frac{S_0-S_1(\hat{\gamma})}{\sigma_\varepsilon^2}=\frac{S_0-S_1(\hat{\gamma})}{S_1(\hat{\gamma})/n(T-1)} \tag{8-4}$$

其中，S_0 表示原始假设残差平方和加总，$S_1(\gamma)$ 表示备选假设平方和加总。值得一提的是，采取这种方式极易导致样本呈现非“卡法分布”，正因为如此，Hansen 对此进行纠正，按照“自助抽样法”进行转换，确保助抽样本和 LM 统计量之间形成对应关系。在重复以上过程之后，开展 N 此模拟估计，得到 LM 估计统计值 P 值，如果低于既定显著性水平，就会对存在门槛效应的备选假设做出直接接受的选择，而对不存在门槛效应的原始假设做出拒绝的选择。如果 $P<0.01$，就意味着在 1%水平上，模型通过 LM 检验，就表示存在门槛效应，也就是说，将不存在门槛效应的原始假设直接拒绝；如果 $P<0.05$，就意味着在 5%水平上，模型通过 LM 检验，就表示存在门槛效应，也就是说，将不存在门槛效应的原始假设直接拒绝；同理，$P<0.05$ 和 $P<0.1$ 分别在 5%和 10%水平上拒绝原假设。

（3）估计置信区间。将是否具有显著性的门槛效应确定之后，立即确定门槛值。按照上面的式子进行计算，可以得到 LR 值，在确定门槛效应取值置信区间时，通常选择自然估计比值低于显著性水平 α 的临界值，就能得到下面临界值计算公式：

$$c(\alpha)=-2\ln(1-\sqrt{1-\alpha}) \tag{8-5}$$

如果显著性水平为 α，当 $LR_1(\gamma_0)=-2\ln(1-\sqrt{1-\alpha})$ 时，就不能拒绝零假设。通常情况下，10%显著水平对应的临界值可以按照 6.53 来计算，而 5%显著水平对应的临界值为 7.35。多门槛回归模型构建公式如下：

$$y_{it}=u_{it}+\beta'_1x_{it}\times I(q_{it}\leqslant\gamma_1)+\beta'_2x_{it}\times I(\gamma_1<q_{it}\leqslant\gamma_2)+\beta'_2x_{it}\times I(q_{it}>\gamma_2)+\varepsilon_{it} \tag{8-6}$$

二、样本数据说明

本章研究研发强度对生产率和贸易竞争力相关性的内在影响机制，建立如下的计量模型：

$$\begin{aligned}CA_{it}=&\beta_0+\beta_1tfp_{it}\times I(R\&D_{it}\leqslant\tau)+\beta_2tfp_{it}\times I(R\&D_{it}>\tau)\\&+\beta_3humcapital_{it}+\beta_4price_{it}+\beta_5exrate_{it}+\beta_6open_{it}+\beta_7ES_{it}+\varepsilon_{it}\end{aligned} \tag{8-7}$$

在式（8-7）中，细分行业用 i 表示，t 表示年份；CA_{it} 表示第 t 年 i 产业的贸易竞争力，tfp_{it} 表示在第 t 年 i 产业全要素生产率，由 DEA 计算得出的全要素生产率指数累乘得到；$R\&D_{it}$ 表示行业的研发强度，I 则为门槛变量的表征向量；$tech_{it}$ 表示在第 t 年 i 产业的技术进步指数，由全要素生产率指数分解得出；$humcapital_{it}$ 表示第 t 年 i 产业的人均资本，$price_{it}$ 表示第 t 年 i 产业的工业价格指数，$exrate_{it}$ 表示第 t 年 i 产业的汇率，$open_{it}$ 表示第 t 年 i 产业的贸易开放度。β 表示的是由这些变量构成的一个向量，包括核心解释变量技术进步和配置效率和控制变量，ε_{it} 为随机扰动项。

（1）被解释变量：贸易竞争力（CA）。在本书中，分析的是全要素生产率对贸易竞争力的内在影响机制，所以贸易竞争力为被解释变量。本书还是采用 CA 指标表示贸易竞争力，对 2000~2018 年中国和美国制造业 17 个细分行业的贸易竞争力进行了测算，具体测算方法和数据说明详见第五章。在模型中考虑到面板的平衡，使用 2003~2017 年数据进行回归分析。

（2）解释变量：全要素生产率（TFP）。全要素生产率是考察测算所有投入要素对产出增长贡献的一种能力，DEA 方法无须考虑投入、产出生产函数形态，根据数学规划模型所得到的数据，经过分析之后，可以得到投入产出变量，主观因素不会对这个过程产生影响。因此，本书采用 DEA-Malmquist 指数中计算得出的全要素生产率，以 2002 年为基期进行累乘得到 15 年间 17 个行业的面板数据，作为全要素生产率变动的表征。在研究过程中，主要从《中国统计年鉴》等资料中获取数据，美国数据来源于美国经济分析局（BEA），具体的相关数据计算见第四章。

（3）调节变量：研发强度。本章研究的是行业研发强度作为调节背景下，全要素生产率对贸易竞争力的影响，所以，本书的调节变量为研发强度。在研究过程中，选择门槛效应回归模型，门槛变量即为调节变量。对衡量行业研发投入强度的相关文献进行分析，发现最常见的方法为研发人员和研发经费投入。由于研发人员投入在技术层面具有较大差异，两国统计岗位口径不一致，因此本章选取研发经费投入占行业增加值的比例来代表研发投入强度。中国和美国的研发经费投入来自中国统计局网站、经济合作与发展组织（OECD）数据库和美国商务部经济分析局（BEA），其中基于数据可获得性，中国选取 2009~2017 年进行计算。

（4）控制变量：本章选取的控制变量有人均资本、价格指数、汇率、贸易开放度和企业规模。人均资本是能够反映关键生产要素的投入程度，对贸易优势的形成有很大的作用，应该引起足够的重视。价格的上涨具有收入效应和替代效应，即增加资本价值的同时，还会引起需求的变化。一国的价格指数影响着产品的成本和出口价格，而价格的变动会直接影响国际贸易交易情况。本章选取工业出厂价格指数来表征中美各个制造业行业的价格指数。根据国际贸易理论，货币的升值会使本国产品相对于外国更加昂贵，任何汇率的变动都会对一国的贸易收支带来一定影响。由于美元是世界核心货币，人民币兑美元的汇率直接地反映了人民币在国际地位上的增值和贬值的情况。贸易开放度的提高可以为本国经济发展水平、产业结构优化调整带来重要的发展契机，对贸易竞争力具有直接的影响。根据竞争优势理论可知，企业规模是竞争优势形成的原因，企业规模通过增加品牌效应、规模效益影响着国际竞争力。而且，全要素生产率与企业规模有着高度的耦合性，行业的技术进步和资源配置效率与企业规模高度相关。

三、核心变量描述

在实证分析前，采用 Stata14 对门槛模型的调节变量研发强度进行描述性统计，选取 R&D 经费投入占行业增加值的比例来代表研发强度。如表 8-1 所示，劳动密集型和资本技术密集型制造业的研发强度具有较大的差异性，这一差异在中美也有所不同。从劳动密集型产业来看，中国研发强度均值为 0.020，标准差为 0.016，美国均值为 0.038，标准差为 0.040，这表明美国的研发强度平均而言大于中国。在技术资本密集型制造业中同样存在这一现象，中国研发强度均值为 0.060，标准差为 0.030，美国研发强度的均值为 0.152，标准差为 0.156。总体而言在两种类型的制造业中，中国的研发强度都小于美国。从这个统计中可以看到，中国的研发强度较低，也意味着我国研发强度太低很有可能会影响生产率的市场竞争中的技术和创新溢出效应。从这个层面上来看，就不能将积极效应充分发挥出来。正因如此，对我国制造业而言，研发强度的提升是提高全要素生产率的一个重要影响因素。

表 8-1　中美两国研发强度变量描述性统计

行业类别	变量名称	样本数	均值	标准差	最小值	最大值
劳动密集型	中国研发强度	81	0.020	0.016	0.0002	0.061
	美国研发强度	135	0.038	0.040	0.002	0.2
技术资本密集型	中国研发强度	72	0.060	0.030	0.011	0.133
	美国研发强度	120	0.152	0.156	0.016	0.73

中美制造业研发强度整体分布状况如图 8-1 所示，两国的整体样本均呈现右偏分布，中国制造业行业的研发支出占增加值的比例均低于 15%，而美国部分行业的研发比例远远大于中国，其中部分年份计算机、通信设备制造业和交通设备制造业的研发强度达到 20%~30%。化学制品业是美国研发强度最高的行业，研发比例逐年增加，从 2003 年的 15%增长到 2017 年的 73%，年均增长 3.87%。

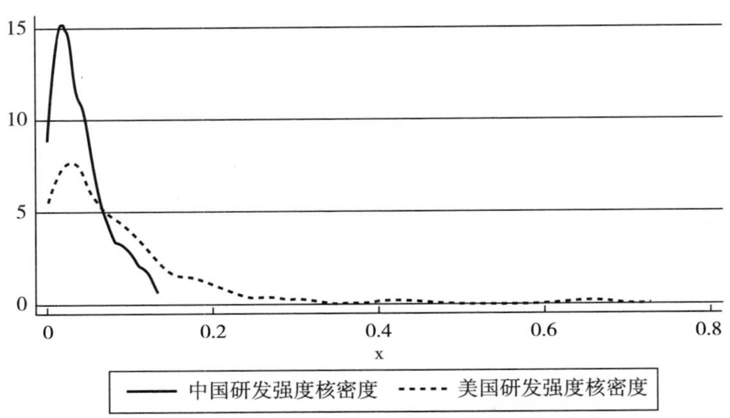

图 8-1　中美研发强度的分布情况

由图 8-2 和表 8-2 可以得出以下结论：

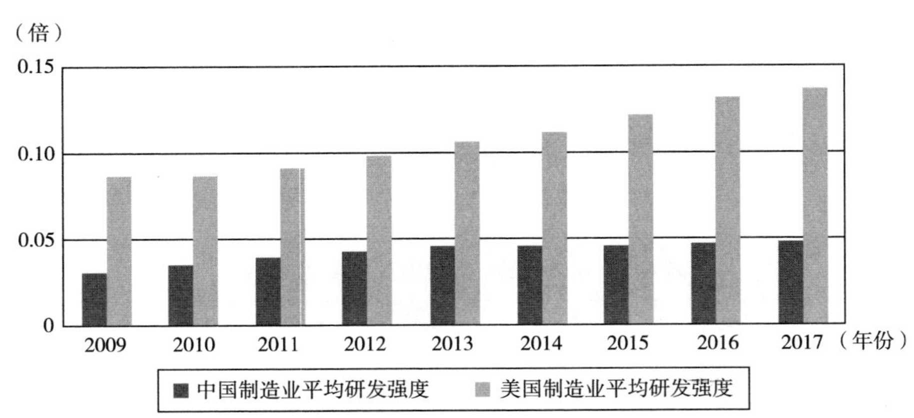

图 8-2　中美制造业平均研发强度变动趋势

表 8-2　中美研发强度变量描述性统计

ID	行业名称	中国平均研发强度	中国研发强度排序	美国平均研发强度	美国研发强度排序	差距
1	木材制品业	0.01	15	0.00	17	-0.01
2	非金属矿物制品业	0.01	17	0.12	5	0.11
3	金属冶炼及压延加工业	0.04	7	0.07	8	0.02
4	金属制品业	0.05	6	0.05	11	-0.01
5	设备制造业	0.05	5	0.12	6	0.06
6	计算机、通信和其他电子设备制造业	0.10	1	0.15	3	0.04
7	电子器械和器材制造业	0.06	4	0.13	4	0.06
8	交通设备制造业	0.09	2	0.18	2	0.09
9	家具制造业	0.02	12	0.02	13	0.00
10	其他制造业	0.02	11	0.11	7	0.08
11	食品饮料业	0.02	13	0.06	9	0.04
12	纺织服装业	0.01	14	0.02	15	0.00
13	皮革、毛皮、羽毛及其制品业和制鞋业	0.01	16	0.01	16	0.00
14	造纸业	0.03	9	0.04	12	0.01
15	印刷和记录媒介复制业	0.02	10	0.02	14	-0.01
16	化学制品业	0.08	3	0.43	1	0.35
17	塑料橡胶制品业	0.04	8	0.05	10	0.01

（1）中美两国制造业的研发强度均呈现上升趋势，但相比美国，中国的上升速度明显缓慢。从数值上来看：中国制造业的研发强度从 2009 年的 0.03 上升到 2017 年的 0.05，美国制造业的研发强度从 2009 年的 0.087 上升到 2017 年的 0.137，两国在此期间研发强度均上升了约 1.5 倍，这说明两国制造业研发正在持续稳定地增长。研发水平的不断提升，通过循环累积效应促进生产率的提升和贸易竞争优势的扩大的良性循环，这也与中国的制造业贸易的发展实际情况相吻合。

（2）研发强度在不同行业间有着明显的差别和共性。从数值上来看，交通设备制造业、计算机及通信和其他电子设备制造业、化学制品业和电子器械和器材制造业四个行业均为中美研发强度国内排名前四的行业。中国研发强度最大的是计算机、通信和其他电子设备制造业，数值为0.1，最小的是非金属矿物制品业，数值为0.01。美国研发强度最大的是化学制品业，数值为0.43，最小的是木材制品业，数值小于0.01。从变化趋势上来看，大多数行业的研发强度均呈上升态势，具体数据受篇幅限制不做展示。

（3）中美两国研发强度较大的行业都集中在技术资本密集型行业，说明随着全球化经济的不断发展和生产率的不断提高，企业加强研发投入实现自身产业转型和产品升级的迹象已经出现，先进制造业的发展成为未来各国争夺的关键领域，而先进制造业中，产业链价值链的高端环节更是成为焦点。美国的技术资本密集型产业研发强度约为中国的2倍，表明美国制造业的产业研发集中在高尖端的行业，具有明显的技术、人才累积优势。要想真正地通过提升生产率获得竞争优势，就要从自身研发强度的提升作为出发点，才能真正实现我国产业转型升级重塑竞争优势。

第三节 门槛计量的可信度检验

通过上一章的经验分析发现，全要素生产率对贸易竞争力的提升是有正向的影响关系，对不同研发强度是否会导致不同效果这一问题进行分析，采用门槛效应模型，对不同研发强度对应的内在机制进行探究，形成了式（8-7）所示的门槛回归模型，对该假设进行验证。门槛回归模型建立之后，立即确定门槛值，并对门槛的存在性进行检验。门槛回归步骤包括两个：一是检验门槛效应，得到门槛数量并确定门槛值，将回归模型形式进行初步确定，利用Bootstrap法进行估算，得到P值；二是针对不同区域、门槛值对应参数的显著性进行回归检验。回归检验主要包括两个部分：一是效应校验结果；二是置信区间、识别门槛估计值。

一、门槛效应检验结果

本节是以全要素生产率作为门槛依赖变量进行的门槛效应检验，经过分析，得到如表8-3所示的检验结果。

表 8-3　中美制造业全要素生产率门槛效应检验结果

组别	模型	F 统计量	p 值	验证结果
中国劳动密集型制造业	单一门槛	20.13***	0.007	存在单一门槛
	双重门槛	10.06	0.143	
中国技术资本密集型制造业	单一门槛	27.66**	0.040	存在单一门槛
	双重门槛	1.92	0.937	
美国劳动密集型制造业	单一门槛	50.64***	0.000	存在单一门槛
	双重门槛	14.44	0.183	
美国技术资本密集型制造业	单一门槛	24.91*	0.06	存在单一门槛
	双重门槛	11.63	0.257	

注：*、**、***分别表示在10%、5%、1%的水平上显著。

由表 8-3 可知，在不同研发强度条件下，中国和美国不同行业类型的全要素生产率与贸易竞争力间的门槛效应验证结果，中国的劳动密集型制造业单一门槛效应的 F 统计值为 20.13，P 值为 0.007，在 1%水平上接受了存在单一门槛假设，双重门槛的 F 统计值为 10.06，P 值为 0.143，无法接受存在双重门槛假设。中国的技术资本密集型制造业单一门槛效应的 F 统计值为 27.66，P 值为 0.040，接受存在单一门槛假设，双重门槛的 F 统计值为 1.92，P 值为 0.937，不存在双重门槛。美国的两个类型制造业也都接受了存在一个门槛变量假设，拒绝有两个门槛变量的原假设。单一门槛劳动密集型产业的 F 统计值为 50.64，P 值为 0，资本技术密集型产业的 F 统计值为 24.91，P 值为 0.06。

二、门槛估计值识别和置信区间

完成门槛效应检验后估计门槛值，对门槛值的真实值、估计值这两者之间的一致性进行验证分析。门槛估计值及置信区间如表 8-4 所示。与前述分析的门槛数量及检验结果相结合，不难发现，对中美两国劳动密集型产业而言，贸易竞争力、全要素生产率都存在一个门槛变量，其中，中国为 0.0412，美国为 0.0220，即中美两国的劳动密集型制造业研发强度分别在 0.0412、0.0220 这门槛值前后会产生不一样的影响结果。中美两国技术资本密集型制造业的门槛变量是 0.0296

和 0.0934，即中美两国的技术资本密集型制造业研发强度分别在 0.0296、0.0934 这门槛值前后会产生不一样的影响结果。

表 8-4 中美两国生产率门槛估计值及置信区间

类型	门槛值	90%置信区间	95%置信区间	99%置信区间
中国劳动密集型制造业	0.0412	11.6859	13.9203	21.5710
中国技术资本密集型制造业	0.0296	22.0500	27.9784	31.3411
美国劳动密集型制造业	0.0220	26.5392	22.3567	24.6226
美国技术资本密集型制造业	0.0934	22.5132	26.8223	34.0458

第四节 研发强度门槛效应回归与结果

一、模型回归与结果

根据理论分析以及前文的经验分析结果，本节采用研发强度作为门槛变量，分析劳动密集型和资本技术密集型制造业的全要素生产率对贸易竞争力的动态影响机制。

为更好地弄清不同研发强度在影响贸易竞争力和全要素生产率这两者的关系时所产生的差异性作用，在研究过程中，利用门槛效应回归检验调节效应。需要注意的是，在开展回归分析前，应该确定门槛效应及相应的门槛值。对上述分析结果进行研究，不难发现，当研发强度不同时，两个类型下中美全要素生产率对贸易竞争力所产生的影响都存在门槛值，正因为如此，开展深入分析，重点探究研发强度所产生的作用。本部分门槛效应回归指的是研发强度不同时验证中美两种类型制造业的研发强度对生产率与贸易竞争力间关系的调节效应。具体结果如表 8-5 所示。

表 8-5　中美两国生产率门槛回归结果

解释变量	(1) 中国劳动密集型	(2) 中国资本技术密集型	(3) 美国劳动密集型	(4) 美国资本技术密集型
生产率（研发强度<门槛值）	-0.203 (-1.17)	0.616*** (4.20)	0.394*** (3.97)	0.154*** (4.64)
生产率（研发强度>门槛值）	0.291 (1.43)	0.528*** (3.92)	0.198** (2.00)	0.0076 (0.41)
控制变量	是	是	是	是
常数项	-0.852 (-0.40)	-5.924 (-1.19)	0.698 (1.36)	-3.864*** (-5.57)
样本量	81	72	135	120

注：①括号内为 t 统计量；②*、**、***分别表示在 10%、5%和 1%的水平上显著。

表 8-5 是分析在不同研发强度水平下，中美制造业全要素生产率与贸易竞争力的关系，模型 1 和模型 2 是中国劳动密集型和资本技术密集型制造业按照上文通过检验后门槛值的回归结果，模型 3 和模型 4 是对应的美国回归结果。由表 8-5 得到以下两点结论：

（1）从中国来看，在劳动密集型行业中，研发强度较弱的组别里，即研发强度小于门槛值时具有负向调节作用，此种条件下，本书发现中国的生产率的估计值并不显著，说明在劳动密集型行业的研发强度在 0.041 水平以下时，全要素生产率对贸易竞争力的提升不存在显著的正向影响作用。当研发强度超过门槛估计值 0.041 时，全要素生产率对贸易竞争力有正向影响，影响系数为 0.291 但不显著。在资本密集型行业中发现，门槛值前后，全要素生产率均能够有效促进贸易竞争力的提高，其中研发强度在 0.291 以下时，全要素生产率对贸易竞争力的影响系数达到 0.616，大于研发强度超过 0.291 时的影响系数 0.528。资本密集型产业的研发强度普遍高于劳动密集型产业，结果表明研发强度对全要素生产率的调节作用在技术密集型产业中更加明显，且存在边际递减现象，即对于研发强度较低的行业，研发投入的提高更能通过循环累积效应促进生产率作用的发挥。

（2）从美国来看，劳动密集型产业和资本密集型产业均显示出共同的规律，即研发强度较小的组别全要素生产率增长对贸易竞争力的提升存在显著的正向影响作用，影响系数分别为 0.394 和 0.154，结果均在 1%的显著水平下通过检验。

值得注意的是，在研发强度较高时，全要素生产率对美国技术资本密集型产业的贸易竞争力没有产生显著影响。在研发强度较高的产业（如交通设备和电子信息等行业），一方面，因为核心技术的保护，对于关键产品的出口贸易表现出较为保守；另一方面，类似行业在全球化布局程度较高，生产制造环节布局在其他制造业国家，存在技术进步和效率的提升在全球贸易环境中稀释的可能。

二、稳健性检验

本章的上述经验分析是分别采用劳动密集型和资本技术密集型制造业作为研究对象，基于研发强度的异质性，采用门槛回归效应，分析全要素生产率与贸易竞争力间的关系中，研发强度所起的调节效应研究。所得结论是：中国资本密集型行业中，全要素生产率在门槛值前后均能够有效促进贸易竞争力的提高；美国的劳动密集型和资本密集型产业均显示出共同的规律，即研发强度较小的组别，全要素生产率增长对贸易竞争力的提升存在显著的正向影响作用，而在研发强度较高时，全要素生产率对美国资本技术密集型产业的贸易竞争力没有产生显著影响。

作为稳健性检验，本节分别采用技术进步和资源配置效率作为解释变量，检验上述结论是否在分解变量中呈现一致性。替代变量后，会进行门槛效应检验以及门槛值个数确定以及门槛效应回归分析等，为了节省篇幅，只呈现最终的门槛估计结果，具体的内容如表 8-6 和表 8-7 所示。

表 8-6 中美两国全要素生产率分解变量（技术进步）门槛回归结果

解释变量	（1） CA 中国	（2） CA 美国
技术进步（研发强度<门槛值）	0.1612 （1.21）	0.0641 （0.95）
技术进步（研发强度>门槛值）	0.3584*** （2.86）	−0.0872 （−1.49）
控制变量	是	是
常数项	0.7664 （0.39）	−3.143*** （−4.99）
样本量	153	255

注：①括号内为 t 统计量；②*、**、***分别表示在 10%、5%、1%的水平上显著。

表 8-7 中美两国全要素生产率分解变量（资源配置效率）门槛回归结果

解释变量	(3) 中国 CA	(4) 美国 CA
资源配置效率（研发强度<门槛值）	0.2902 (1.38)	0.288*** (6.99)
资源配置效率（研发强度>门槛值）	0.548*** (2.69)	0.119*** (4.37)
控制变量	是	是
常数项	1.1514 (0.59)	-3.758*** (-6.17)
样本量	153	255

注：①括号内为 t 统计量；②*、**、***分别表示在 10%、5%、1%的水平上显著。

根据中国门槛效应回归可知，中国在以技术进步和资源配置效率为门槛变量时，均呈现一致的结论，即只有研发强度较大时技术进步和资源配置效率才能够对贸易竞争力产生显著的提升作用。当中国的研发强度大于 0.04 时，技术进步和资源配置效率对贸易竞争力具有显著的促进作用，而低于这一门槛值时，这一效应则不显著。这一总体结论表明部分行业的技术进步和资源配置效率均受到行业研发强度过低的影响，所以无法发挥真正的循环累积效应，制约着制造业的产业转型升级。

从美国门槛效应回归结果来看，美国的技术进步存在门槛值 0.173，仅在低于这一临界值时技术进步能够产生一定不显著的正向作用。美国的资源配置效率门槛值为 0.10，在任何组别均能够对贸易竞争力产生正向作用，且在低研发时作用更大。这一结论强化了美国研发强度对生产率调节作用的基本结论，即在研发强度较高的产业中，技术保护使得技术进步未在贸易竞争力中及时体现，而效率的提高却始终能够对竞争力有积极影响。

总体而言，中国和美国的研发强度呈现出不同的调节作用。中国制造业整体的技术进步和资源配置效率均需要研发强度超过 0.04 时才能够得以发挥，全要素生产率影响贸易竞争力提升的内在机理，受到研发强度的正向调节作用，这个结论具备了较好的稳健性。美国在资本技术密集型产业中呈现出的研发强度对生产率的反向调节，主要是由于技术保护带来的，进一步证实了本章结论。

第五节　本章小结

本章是在第六章对全要素生产率及其分解指标与贸易竞争力关系的基础上进行的分析，利用门槛估计回归法进行验证。在探究研发强度是否会对贸易竞争力、全要素生产率这两者的关系产生影响这一问题时，开展了大量的研究工作，研究结果表明，不同研发强度调节效应下，全要素生产率如何影响贸易竞争力。

在开展本章研究工作时，在融入门槛回归估计特征的基础上，为更好地完成研究任务，达到预期目标，围绕研发强度是否会对全要素生产力作用于贸易竞争力提升产生内在影响机制的问题深入研究，经过门槛效应检验，获得门槛估计值，并将置信区间确定下来。对门槛结果进行分析，并比较两种行业类型下中美制造业研发强度能力的作用机制。发现中国和美国的制造业研发强度占比 15 年间均呈上升趋势，美国的资本技术密集型制造业的研发强度约为中国的 2 倍。而在后续的门槛效应回归结果中发现：中国的制造业全要素生产率在低研发强度下无法对劳动密集型产业的贸易竞争力产生影响，但在高研发强度下显著促进了劳动密集型竞争力的提高，其研发强度占比的门槛值为 0. 04。资本技术型产业的全要素生产率在门槛值前后均能对贸易竞争力发挥促进作用，研发强度的调节作用具有边际递减效应，低于 0. 03 的技术资本密集型制造业的生产率提高对竞争力能够产生更大的积极影响。

从稳健性检验结果来看，在全要素生产率的分解变量技术进步和资源配置效率中，中国具有一致并稳健的结论，即研发强度存在正向调节作用，技术进步和资源配置效率均需要研发强度超过门槛值时才能够得以发挥。同时进一步说明了由于技术保护而导致美国在制造业中呈现出的研发强度对生产率的反向调节。

全要素生产率受到其研发强度大小的调节，其研发强度的提高有助于利用资源利用效率的提升，研发人员不仅包括技术类研发，对于针对效率提升的研发同等重要。对于部分行业来说，资源配置效率很有可能受到行业研发强度过低的影响，所以无法发挥真正的循环累积效应，制约着制造业的产业转型升级，重塑竞争优势。美国制造业在较低强度研发环境下，全要素生产率对贸易竞争力有显著的促进作用，但在较高研发强度下，全要素生产率的促进作用没能转化成贸易竞

争优势，尤其是在技术资本密集型行业。一方面，对于一些研发强度较大的行业，随着其技术水平的提高，国家对其部分关键产品的保护意识和手段加大，在贸易中表现得较为保守，此外，一些具有竞争优势的行业（如交通运输、电子信息）在全球化布局程度较高，生产制造环节布局在其他制造业国家，存在技术进步和效率的提升在全球贸易环境中稀释的可能。另一方面，技术进步的实现往往存在一定的周期性。对于研发成本高的行业，技术进步作用的显现往往滞后于美国保护手段的发挥，导致在一定时期内，技术进步对贸易竞争力的提升受到了抵消。

第九章　主要结论、政策建议与未来展望

第一节　主要结论

本章基于生产率和竞争力的相关理论，探讨生产率提高对于竞争力提升的理论机制，并通过建立全要素生产率与贸易竞争力的测度，分别比较中美两国制造业和其细分行业的全要素生产率及贸易竞争力水平差异和阶段性特征，通过建立实证分析模型来研究生产率的提高对于竞争力水平的影响机制，得出以下六点结论：

（1）中国在经历资本驱动的高速增长阶段后，创新驱动带来的生产方式转变并不明显，制造业全要素生产率与美国的差距进一步扩大。虽然中美制造业历史背景和战略都存在着差异，但两者的发展路径能够相互印证，也能够显示出一些共同规律。在当前背景下，发展制造业是现代经济体实现起步和腾飞相对通用的答案。在研究期间美国制造业 TFP 指数始终高于中国，但两者差距经历了缩小、扩大又缩小的过程。近年来，中国着力发展实体经济调整经济结构，培育具有国际优势的高端制造业和新兴产业，美国的重振制造业计划与我国制造业战略部署迎头相遇。在此后一段时期内，中美将都处于技术驱动产业升级阶段，全要素生产率变动差距仍具有扩大可能。中国制造业将迎来技术密集型行业技术进步和劳动密集型、资本密集型行业资源配置效率同步增长阶段，美国技术进步优势仍将保持。随着技术密集型行业进入新一轮的竞争性增长阶段，中国技术密集型行业受技术投入、市场需求的影响将会有较大增长空间，劳动密集型行业和资本

密集型行业自我升级压力较大，将进一步促进纯技术效率和规模效率的提升。美国技术型行业的技术进步优势仍将保持，全球层面的产业转移也可能促进美国其他行业资源配置效率有所提升。

（2）虽然技术升级是全要素生产率改善的主要原因，随着制造业的技术红利逐渐退去，中国面临从学习型的技术累积转向开发技术源泉的挑战，技术进步的明显不足叠加规模效率的动力不足制约着我国全要素生产率的提高。我国制造业的技术突飞猛进是全要素增长的主要动力，但 2014~2016 年较低迷，2017 年起技术进步重新成为拉动制造业全要素增长的重要动力。全要素生产率改善的来源主要是技术进步，在资源过度集聚或管理不当下可能会导致资源配置无效率，规模扩大而效率降低。从行业来看，中国技术密集型制造业技术进步不足，资本密集型产业生产率增长明显，劳动密集型产业近年来效率降低，美国技术密集型各产业变动不一，计算机等设备制造业的 TFP 指数在技术拉动下不断提高，交通制造业在效率上有所提高，而机械制造业、电气设备制造业的效率和技术进步指数均有所下降。内外环境变化下，我国传统制造业面临着能力不足和动力缺失的双重制约，其经济发展方式有待调整。

（3）金融危机是中美两国贸易竞争力此消彼长的分界点，中国在金融危机后的制造业贸易优势不断增强，但仍面临平衡发展新路径的选择，危机对美国影响较为深远，但资本和技术密集型产业仍然保持了相对优势。中美在不同的发展阶段制造业贸易竞争力呈现出不同特点。通过四种反映贸易竞争力指数的指数所反映出来的两国竞争力水平绝对量的对比情况基本吻合，尤其是通过从显示性竞争优势指数（CA）来看，中国的制造业 CA 指数始终大于 0，中国的制造业产品在世界贸易表现出了长期的竞争优势。2008 年前，美国制造业竞争力始终大于中国，两国差距较为稳定。2008 年后，两国的显示性竞争优势指数开始出现分化，中美两国的制造业竞争优势的差异呈现出逐步扩大的趋势，呈现出一种此消彼长的特征，反映出金融危机对于美国的影响较为深远，中国在金融危机后的制造业出口优势不断增强。

中国制造业经历了一个通过扩大贸易积累优势阶段，到通过低端嵌入、血拼式竞争的阶段，再到平稳发展寻找新路径的阶段。在经历高速增长阶段后，基于过程中积累的技术进步和效率改进，一些综合需求量大、产业链条较短的行业贸易竞争力有了较大的提升，且长期保持显著优势地位，主要是食品类和日用消费类行业；一些技术含量高、技术消化吸收成本高、产业链条较长的行业，中国贸易竞争力仍然处于相对劣势地位，主要是基础原材料和高端装备制造业，但由于中国不断加大技术创新力度、加快产业转型升级，中美差距总体呈现缩小态势。总体而言，超过一半的制造业细分行业表现出比美国更强的贸易竞争优势，主要是大部分的劳动密集型行业和部分资本密集型行业。从未来趋势来看，中国需要在基础原料、原材料、装备制造领域提升竞争力，加强工业强基、高端制造。

随着全球价值链的形成使国际分工日渐复杂，产业内贸易的占比不断攀升，美国制造业面临着外生因素饱和、要素投入边际效应递减、产业发展动力不足的瓶颈，因此，不断发掘产业内部动力、探寻制造业内生增长路径，成为美国制造业进一步提升国际贸易新优势的重要方向。中国制造业面临着国际市场上高端封锁、低端竞争、生产成本上涨的三大难题，不断提升高端制造业自主创新能力、优化传统制造业产业结构、提升制造业生产效率、加强供应链自主可控能力，是中国制造业打破封锁，提升国际竞争力的现实道路。

（4）全要素生产率在贸易优势扩大中发挥重要作用，成为抢占贸易竞争新优势的关键点，在典型行业的经验事实中可以找到答案。在研究期间中国制造业贸易竞争力和全要素生产率均有所提高，而美国的全要素生产率基本稳定，贸易竞争力经历了下降又回升的过程。美国制造业行业间全要素生产率与贸易竞争力分布较为均衡，但中国存在差异现象，高生产率的技术密集型产业未能形成竞争优势的快速积累，而劳动密集型产业的竞争力以劳动和资本要素投入的拉动为主，全要素生产率还未形成主要动力。

国际市场竞争中创新绩效与技术溢出效应带来全要素生产率提高，生产率通过技术进步和资源配置效率创造了持续性超额利润，在研发参与下最终形成贸易优势。其中，成本效应、需求效应、循环累积效应在此过程中发挥着直接影响作用。国家间所处发展阶段是全要素生产率作用路径发挥不同的深层次决定性因素。通过两个典型行业的分析发现不同类型的行业虽然在生产效率和贸易竞争优势上存在差异，但都可以在提高全要素生产率来促进贸易竞争优势的形成中找到答案，全要素生产率正在成为促进纺织行业经济增长和贸易竞争的关键，电子信息行业的自主研发生产能力是我国抢占新一轮国际市场的着力点。

由于中国制造业全要素生产率动力不足与美国的差距正在进一步扩大，而贸易竞争力高于美国，近年来呈现强势增长趋势，总体呈现的矛盾是由于我国贸易中，竞争优势明显的仍然主要是家具制造业、纺织业等劳动密集型产业，生产自动化改革下其全要素生产率正在提高，推动着贸易优势的进一步扩大。而技术密

集型等行业如设备制造业、电气设备制造业的技术进步明显不足，在全球价值链和产业链分工体系中我国仍处于低端向高端攀升的阶段，劳动人口红利仍然存在，因此全要素生产率在其中的制约作用暂未显现，加强研发是推动新一轮科技革命与产业变革的关键，使制造业平稳过渡动力转化的产业升级阶段。

（5）美国通过资源配置效率来表征的全要素生产率对竞争优势的形成更为明显，技术进步在中国的各行业中均发挥着正向作用，但仍存在部分的传统要素投入方式的路径依赖，生产率提升作用的驱动来源和行业分布较为分化。

对中美而言，全要素生产率的提高对贸易竞争力的增强都有积极作用，中国的作用更加明显。从生产率的来源来看，获利于技术红利期，技术进步是促进中国制造业贸易竞争力提升的关键，在过去的十几年间，中国获得了从技术溢出效应带来的“干中学”和出口贸易中的“出口中学”两类技术进步红利，资源配置效率提高的动力可能会受制于大规模的资金投入的冲击，贸易竞争力优势获得的窗口期制造业容易陷入传统资源投入的路径依赖。美国国际优势的形成主要是依靠资源配置作用的发挥。全要素生产率对贸易竞争力影响通路在中美的不同，可能是由于两国的市场主体，在成熟的市场下资源配置效率才能够通过管理制度、资源流动等充分发挥对贸易的促进作用。

从不同的行业类型来看，中国劳动密集型产业主要依靠资源投入来提升其出口贸易竞争力，在资本技术密集型产业中，技术进步发挥了显著的积极作用。因此，综合来看，在中国制造业中，生产率作用的发挥集中于资本密集型产业的技术进步。对美国来说，资源配置效率无论在劳动密集型还是技术资本密集型制造业均能有显著的正向作用，且对于劳动密集型产业的提升作用更大。可能是由于美国的贸易保护政策，高科技产品出口在某种程度上受到限制，以及海外国家的模仿效应，技术水平提高的积极作用未体现在贸易优势中。

从生产率与贸易竞争力的互动关系上来看，中国的技术进步更能在长期对贸易竞争优势的形成带来积极影响，短期可能存在波动，资源配置效率的提高未能稳定转化为贸易竞争优势，制造业产业结构、要素资源配置的作用还没有转化成实际的动力机制，人力、资本和技术水平在行业间存在一定的错配，在长期资本深化下的工业化发展模式对粗放式的投入形成了路径依赖和惯性，消化了一部分的效率改进。从长期来看，美国的资源配置效率相较于技术进步对制造业贸易竞争力提升作用更明显。资源配置效率的边际效应比技术进步的边际效应更容易发挥作用，美国作为技术创新和变革的制造业强国，在技术进步上处于领先地位，由于其他国家通过引进、模仿和创新，对技术进步具有更快的追赶速度，从而增加了进一步提升技术水平的难度。

（6）制造业的研发投入强度对贸易竞争力产生门槛效应，美国的门槛值高于中国，普遍存在研发投入的边际递减作用，中国的劳动力密集型和资本密集型呈现两极分化。中美两国制造业的研发强度均呈现上升趋势，但相比美国，中国的上升速度明显缓慢。2003~2017 年，两国的研发强度均上升了约 1.5 倍。美国的技术和资本密集型产业研发强度约为中国的 2 倍，表明美国制造业的产业研发集中在高尖端的行业，具有明显的技术、人才积累优势。

中国的劳动密集型产业和资本密集型产业呈现出较为差异的门槛效应，全要素生产率在低研发强度下无法对劳动密集型产业的贸易竞争力产生影响，但在高研发强度下显著促进了劳动密集型竞争力的提高。资本技术型产业的全要素生产率在门槛值前后均能对贸易竞争力发挥促进作用，研发强度的调节作用具有边际递减效应。美国的劳动密集型产业和资本密集型产业均显示出共同的规律，在较低强度研发环境下，全要素生产率对贸易竞争力有显著的促进作用，但在较高研发强度下，全要素生产率的促进作用没能转化成贸易竞争优势，尤其是在技术资本密集型行业。

对一些研发强度较大的行业，随着其技术水平的提高，国家对其部分关键产品的保护意识和手段加大，在贸易中表现得较为保守，一方面，一些具有竞争优势的行业（如交通运输、电子信息）在全球化布局程度较高，生产制造环节布局在其他制造业国家，存在技术进步和效率的提升在全球贸易环境中稀释的可能。另一方面，技术进步的实现往往存在一定的周期性。对于研发成本高的行业，技术进步作用的显现往往滞后于美国保护手段的发挥，导致在一定时期内，技术进步对进贸易竞争力的提升受到了抵消。

第二节　政策建议

1. 发挥财政金融等政策合力加快提高创新投入

（1）提升和优化财政对创新投入的支持。除国家整体战略确定的具有先导性、基础性的科学领域外，要逐步建立以企业的技术需求为主导的市场化甄选项

目的科技管理体制。推动重大科技计划制订实施、经费管理、成果评估评价等改革，建立以市场为核心的重大技术创新项目攻关推进机制。综合使用财政补贴、股权投资、风险补偿、政府采购等多种方式，对创新链全环节进行支持，带动更多社会资源向重大科技创新领域集聚，提高财政对科技投入的引导、放大效应。

（2）强化和完善金融对科技投入的支撑。推动多层次资本市场建设，促进科技成果资本化、产业化。建立符合创新需求、支持技术创新的科技金融体系，发展科技信贷体系，通过建立科技创新贷款风险补偿基金等方式对科技型企业予以贷款风险补偿。鼓励银行等金融机构与创业投资、证券、保险、信托等机构合作，发展更多符合技术创新需求的金融产品；鼓励和引导担保机构扩大对科技型中小企业的担保业务规模。探索建立科技型中小企业科技保险费补贴机制。

（3）从国家战略层面对共性技术创新和成果转化通盘考虑，通过区域性和行业性创新中心的建设，承担基础性和关键性共性技术的研究，注重基础性、前瞻性，主要解决产业发展中的共性技术与前沿技术供给问题，通过加强与高校、企业的合作，同时，可围绕重点产业集聚区或者板块经济，成立区域性研究院，为共性技术向地方企业特别是中小企业扩散创造条件。

（4）政府各部门形成合力，进行有组织的创新。各政府相关部门、各级科技部门、科研机构、高校和相关行业协会协同推进，形成合力进行有组织的创新，强化政府对产业和科技资源的引导作用，在未来的五年规划中，强调政策引导和科技资源的有效流动。在支持首台套和关键技术等的基础上，要加大对首台套产业化的扶持力度，可通过政府采购和国家重大工程的示范应用等，进一步明晰重大技术装备首台套的产业化路径。

2. 提升企业的技术创新动力和活力

（1）建立以创新为导向的激励机制，增强国企自身创新动力。以要素价格改革为切入点，强化单纯依靠要素投入的刚性约束机制，加大上级部门对国企技术创新的考核力度，更加注重考核落实国家创新型战略，形成创新导向的刚性约束，倒逼企业加大技术研发力度。

（2）培育创新活力微观主体。进一步发挥中小企业、民营企业和其他市场微观主体的创新主体地位。应进一步解决民营企业和中小企业的“玻璃门”和“弹簧门”现象，赋予民营企业、中小企业和国有企业的同等地位，明确规定一定比例的科技资源配置给民企和中小企业，激发企业的创新活力。

（3）设立大企业集团的竞争力培育计划。培育产业链链主企业，引导创新资源产业链向企业集聚，围绕创新链进行产业上下游优化整合，鼓励跨区域和产业链整合，培育大型企业，为利用全球创新资源的企业提供资金支持，将国际竞争力的培育纳入大型央企绩效考核评价标准，培育一批具有国际竞争力的企业集团。

3. 促进区域协同优化要素资源配置

（1）通过重大创新资源布局、基建布局和区域产业政策，引导产业布局优化，适时开展重点区域产业发展与产业承载能力评估，依据评估结果，在重点区域"十四五"系列规划中予以引导。在重点区域布局一批制造业创新中心、产业创新中心、技术创新中心等国家重大协同创新平台和国家重点实验室等科技基础设施。支持重点区域协同建设一批联合实验室、产业研究院等创新和公共服务平台，以创新资源布局优化促进区域间要素配置优化。

（2）培育跨区域的产业集群，强化集群战略引领，将培育发展先进制造业集群作为应对全球产业链加速重构、有效维护我国产业链供应链稳定、推动制造业高质量发展的重要抓手。在国家战略规划中对产业集群培育工作进行重点部署，开展国家先进制造业集群培育试点。通过跨区域产业集群建设来促进重点城市群发展，促进协同开放，以跨区域集群建设促进区域间要素配置优化。

（3）优化产业转移机制，推动产业有序转移，完善产业转移指导目录，不断提升中西部地区产业承接能力。通过加强基建补短板，缩小区域差距，提升欠发达区域产业承接能力，促进产业与经济、社会、要素系统协调，坚持绿色生态发展，提升土地等各类要素的利用效率。

4. 优化产业链供应链提升行业要素效率

（1）不断推动产业基础高级化。加快优化我国产业结构，依据新产业、新技术、新业态趋势和我国产业发展阶段需要，不断完善《产业结构调整指导目录》，推动纺织、食品等优势轻工产业向高端化、品牌化、绿色化转型，重点提升高端装备、电子等先进制造领域向价值链高端攀升，重点突破生物医药、新材料、新能源等战略性新兴产业发展。推动要素向新兴产业、高价值链环节集聚。

（2）建立行业共性技术平台，加快突破技术瓶颈。以转制院所为基础，以产业链技术为核心，以集成技术为手段，涵盖技术开发、技术转移、科技资本运作的国家行业共性技术研发服务平台，使其成为国家重点产业关键技术、共性技术研发与扩散基地。

5. 完善技术创新和要素流动环境

（1）促进知识产权保护，完善技术创新的生态环境。形成重视知识型劳动力的社会氛围，形成可行有效的激励机制，激发科研人员创造活力。重视知识产权保护，尤其要增大对不良竞争、侵权行为等执法力度和惩罚力度，促进知识产权交易。与城镇化建设协同，优化人才政策，促进人才集聚、信息流动、思想碰撞。鼓励大学进行研究型、技术型、技能型等多维人才培养，加大职业技术培训力度，全面开展高技能人才认定，提升劳动力素质。

（2）进一步促进要素高效流动。进一步促进倾斜性产业政策向竞争性政策转变，通过法律法规、标准规范等手段；对重点行业降低市场准入门槛，逐步放开电力、电信、民航、石油、铁路、军工等领域，促进民间资本进入，完善企业退出机制，全面实施负面清单制度，消除隐形壁垒，优化市场竞争环境，持续深化价格改革，理顺价格机制，加大对利用市场地位实施不恰当竞争行为市场主体的打击力度，促进要素高效流动。

（3）促进国际技术交流。积极处理好当前国际经贸关系，坚持对外开放，不断推进重点领域高水平开放，促进国际资本、产品、技术、人才有序流动，提高要素国际配置能力。鼓励企业通过贸易、投资并购等行为，开展全球化布局，不断提升在全球价值链中的地位。

第三节　未来展望

针对研究中存在的局限和不足，本书进一步提出了后续研究的大致思路：

（1）未来的研究中，将数据等新型生产要素加入全要素生产率进行考虑，随着生产方式、商业模式和生活方式的改变，数据等要素资源成为基础性资源和战略性资源，也不断地成为重要的生产力，未来在考虑制造业的生产率测度和驱动因素时可将新型生产要素纳入考虑，建立更加体现新工业革命变革下新生产方式的要素投入和产出模型，由此来进一步测度全要素资源的转化效率。

（2）结合工业化阶段和产业结构的不同，将国家在工业化发展的不同阶段和产业结构的不同纳入整体框架，对生产率的水平和提升来源进行差异化分析，对在不同阶段下，对技术进步和要素配置对于提升生产率等所起到的作用进行细化分析，分析两国当前阶段下要素转化能力的差异和提升路径。

（3）考虑从全球价值链分工的角度细化产业间与产业内不同环节的研究，将生产率与竞争力的差异及影响机理进一步细化，对应不同国家在全球制造体系中的分工位置，进行探析和机制分析。

参考文献

[1] Agarwal S, Ramaswami S. Choice of Foreign Market Entry Mode: Impact of Ownership, Location and Internalisation Factors [J]. Journal of International Business Studies, 1992, 23 (2): 128-151.

[2] Aghion P, Blundell R, Griffith R, et al. Competition and Innovation: An Inverted U Relationship [J]. Quarterly Journal of Economics, 2005 (2).

[3] Aghion P, Dewatripont M, Du L, et al. Industrial Policy and Competition [R]. CEPR Discussion Papers, 2011.

[4] Ansoff H I. Corporate Strategy: Business Policy for Growth and Expansion [M]. New York: McGraw-Hill Book, 1965.

[5] Arrow K J. The Economic Implications of Learning by Doing [J]. Review of Economic Studies, 1962 (3).

[6] Audretsch D B, Feldman M P. R&D Spillovers and The Geography of Innovation and Production [J]. The American Economic Review, 1996, 86 (3): 630-640.

[7] Aw Bee Yan, Mark J Roberts, Daniel Yi Xu. R&D Investments, Exporting, and the Evolution of Firm Productivity [J]. American Economic Review, 2008, 98 (2): 451-456.

[8] Balassa B. Tariff Reductions and Trade in Manufacturers among the Industrial Countries [J]. The American Economic Review, 1966, 56 (3): 466-473.

[9] Baldwin C Y, Clark K B. Design Rules: Llie Power of Modularity [M]. Cambridge, MA: MIT Press, 2000.

[10] Baldwin C Y, Clark K B. Managing in an Age of Modularity [J]. Harvard Business Review, 1997, 75 (5): 84-93.

［11］ Baltabaev B. Foreign Direct Investment and Total Factor Productivity Growth：New Macro－Evidence ［J］ . The World Economy，2014，37 （2）：311－334.

［12］ Baron R M，Kenny DA. The Moderator-mediator Variable Distinction in Social Psychological Research：Conceptual，Strategic，and Statistical Considerations ［J］ . Journal of Personality and Social Psychology，1986.

［13］ Battese G E，Coelli T J. Frontier Production Functions，Technical Efficiency and Panel Data：With Application to Paddy Farmers in India ［J］ . Journal of Productivity Analysis，1992，3 （1）：153-169.

［14］ Berman N，Hericourt J. Financial Factors and the Margins of Trade：Evidence From Cross? country Firm-level Data ［J］ . Journal of Development Economics，2010，93 （2）：206-217.

［15］ Bernard A B，Eaton J，Jensen J B，et al. Plants and Productivity in International Trade ［J］ . American Economic Review，2003 （93） .

［16］ Bernard A B，Jensen J B，Redding S J，et al. Firms in International Trade ［J］ . Journal of Economic Perspectives，2007 （21） .

［17］ Bernard A B，Jensen J B，Redding S J，et al. The Empirics of Firm Heterogeneity and International Trade ［R］ . Cepr Discussion Papers，2011.

［18］ BertiI Ohlin. Interregional and International Trade ［M］ . Cambridge，MA：Harvard University Press，1933.

［19］ Bhagwati J. Free Trade：Old and New ChaIlenges ［J］ . The Economic Journal，1994，104 （423）：231-246.

［20］ Biesebroeck J V. Robustness of Productivity Estimates ［J］ . Journal of Industrial Economics，2007，55 （3）：529-569.

［21］ Blomstrom M，Wolff E N. Multinational Corporations and Productivity Convergence in Mexico ［M］ . London：Oxford University Press，1994.

［22］ Bonelli R. A Survey of Recent Studies in Brazilian Foreign Trade ［J］ . Nuclear Physics B，2000，23 （2）：436-444.

［23］ Brlhart M，Traeger R. An Account of Geographic Concentration Patterns in Europe ［J］ . Cahiers de Recherches Economiques du Département d' économie，2003.

［24］ Broadberry，Stephen N. Manufacturing and the Convergence Hypothesis：

What the Long-Run Data Show [J]. The Journal of Economic History, 1993, 53 (4): 772-795.

[25] Bruelhart M, Mathys N A. Sectoral Agglomeration Economies in a Panel of European Regions [J]. Regional Science Urban Economics, 2008, 38 (4): 348-362.

[26] Brunner H P, Cali M. The Dynamics of Manufacturing Competitiveness in South Asia: An analysis Through Export Data [J]. Journal of Asian Economics, 2006, 17 (4): 557-582.

[27] Buckley P J, Casson M. Future of the Multinational Enterprise [M]. London: Springer, 1976.

[28] Buturac G. Comparative Advantages and Export Competitiveness of the Croatian Manufacturing Industry [J]. Ekonomska Istrazivanja, 2008, 21 (2): 47-59.

[29] Cai H, Liu Q. Competition and Corporate Tax Avoidance: Evidence from Chinese Industrial Firms [J]. Economic Journal, 2009, 119 (537): 764-795.

[30] Carlin W, Glyn A, Van Reenen J. Export Market Performance of OECD Countries: An Empirical Examination of the Role of Cost Competitiveness [J]. Economic Journal, 2001, 111 (468): 128-162.

[31] Caves R E. Multinational Firms, Competition, and Productivity in Host-country Markets [J]. Economica, 1974, 41 (162): 176-193.

[32] Chen, Edward K Y. Transnational Corporations and Technology Transfer to Developing Countries [M]. New York: Routledge, 1994.

[33] Cheng L K, Kwan Y K. What Are The Determinants of The Location of Foreign Direct Investment? The Chinese Experience [J]. Journal of International Economics, 2000, 51 (2): 379-400.

[34] Choudhri E U, Schembri L. L. Productivity Performance and International Competitiveness: An Old Test Reconsidered [J]. Canadian Journal of Economics, 2002, 35 (2): 341-362.

[35] Chung A, Helliwell J F. Convergence and Growth Linkages between North and South [J]. Social Science Electronic Publishing, 1992.

[36] Cingano F, Schivardi F. Identifying the Sources of Local Productivity Growth [J], Journal of the European Economic Association, 2004, 2 (4), 720-742.

[37] Cohen W M, Levinthal D A. Innovation and Learning: The Two Faces of R&D [J]. The Economic Journal, 1989, 99 (397): 569-596.

[38] Correa J A, Ornaghi C. Competition & Innovation: Evidence from U. S. Patent and Productivity Data [J]. The Journal of Industrial Economics, 2014 (2).

[39] Crepon, Duguet, Mairesse. Research, Innovation and Productivity: An Econometric Analysis at the Firm Level [J]. Economics of Innovation and New Technology, 1998 (2).

[40] David Hummels, Peter J Klenow. The Variety and Quality of a Nation's Exports [J]. The American Economic Review, 2005, 95 (3): 704-723.

[41] Davis, Joseph H. An Annual Index of U. S. Industrial Production, 1790-1915 [J]. The Quarterly Journal of Economics, 2014, 119 (4): 1177-1215.

[42] Denison E F. Why Growth Rates Differ: Postwar Experience in Nine Western Countries [M]. Washington D. C.: The Brookings Institution, 1967.

[43] D. Marin A New International Division of Labor in Europe: Outsourcing and Offshoring to Eastern Europe [J]. Journal of the European Economic Association, 2006, 4 (2): 612-622.

[44] Ellison G, Glaeser E L. The Geographic Concentration of Industry: Does Natural Advantage Explain Agglomeration? [J]. The American Economic Review, 1999, 89 (2): 311-316.

[45] Ellison G, Glaeser E. Geographic Concentration in U. S. Manufacturing Industries: A Dartboard Approach [J]. Journal of Political Economy, 1997 (105): 889-927.

[46] Erik, Dietzenbacher, Bart, et al. The Construction of World Input-output Tables in the Wiod Project [J]. Economic Systems Research, 2013, 25 (1): 71-98.

[47] Ernst R, Berndt, et al. The Translog Function and the Substitution of Equipment, Structures, and Labor in U. S. manufacturing 1929-1968 [J]. Journal of Econometrics, 1973.

[48] Firebaugh G. Growth Effects of Foreign and Domestic Investment [J]. American Journal of Sociology, 1992, 98 (1): 105-130.

[49] Friesenbichler K S, Peneder M. Innovation, Competition and Productivi-

ty. Firm Level Evidence for Eastern Europe and Central Asia [J]. Social Science Electronic Publishing, 2016 (3).

[50] Fulvio Castellacci. How does Competition Affect the Relationship between Innovation and Productivity? Estimation of a CDM Model for Norway [J]. Economics of Innovation and New Technology, 2011 (7).

[51] Ghodeswar B, Vaidyanathan J. Business Process Outsourcing: An Approach to Gain Access To World-class Capabilities [J]. Business Process Management Journal, 2008, 14 (1): 23-38.

[52] Griliches Z. Issues in Assessing the Contribution of R&D to Productivity Growth [J]. Bell Journal of Economics, 1979, 10 (1): 92-116.

[53] Hansen B. E. Threshold Effects in Non-dynamic Panels: Estimation, Testing, and Inference [J]. Journal of Econometrics, 1999, 93 (2): 345-368.

[54] Head K., Ries J., Swenson D. Agglomeration Benefits and Location Choice: Evidence from Japanese Manufacturing in the United States. [J]. Journal of International Economics, 1995 (38): 223-247.

[55] Henderson V. The Urbanization Process and Economic Growth: The So-what Question [J]. Journal of Economic Growth, 2003, 8 (1): 47-71.

[56] Herrigel G, Wittke V, Voskamp U. The Process of Chinese Manufacturing Upgrading: Transitioning from Unilateral To Recursive Mutual Learning Relations [J]. Global Strategy Journal, 2013, 3 (1): 109-125.

[57] Hounshell, David. From the American System to Mass Production, 1800-1932: The Development of Manufacturing Technology in the United States [J]. Technology and Culture, 1985, 38 (2).

[58] Lgnatiuset J H, James R M. Endogenous Market Structures in International Trade [J]. Journal of International Economics, 1992, 32 (1-2): 109-129.

[59] Hummels D, Ishii J, Yi K M. The Nature and Growth of Vertival Specialization in World Trade [J]. Journal of International Economics, 2001, 54 (1): 75-96.

[60] Isaksen A. Regional Clusters and Competitiveness: The Norwegian Case [J]. European Planning Studies, 1997, 5 (1): 65-76.

[61] Jorgenson D. Z. Griliches. The Explanation of Productivity Change [J]. Review of Economic Studies, 1967, 34 (3): 249-283.

[62] Jorgenson D. Capital Theory and Investment Behavior [J]. The American Economic Review, 1963, 53 (2): 247-259.

[63] Jorgenson D. Stiroh K. Industry-level Productivity and Competitiveness Between Canada and the United States [J]. American Economic Review, 2000, 90 (2): 161-167.

[64] Jorgenson D W, Kuroda M. Productivity and International Competitiveness in Japan and the United States, 1960-1985 [J]. The Economic Studies Quarterly, 1992, 43 (4): 313-325.

[65] Jorgenson D W, Kuroda M, Motohashi K. Productivity in Asia: Economic Growth and Competitiveness [M]. Northampton MA: Edward Elgar Publishing, 2007.

[66] J, Francois B. Hoekman Services Trade and Policy [J]. Journal of Economic Literature, 2010, 48 (3): 642-692.

[67] Keller W, Yeaple S R. Multinational Enterprises, International Trade, and Productivity Growth: Firm-level Evidence from the United States [J]. The Review of Economics and Statistics, 2009, 91 (4): 821-831.

[68] Keller W. Absorptive Capacity: On the Creation and Acquisition of Technology in Development [J]. Journal of Development Economics, 1996, 49 (1): 199-227.

[69] Kelly L, Kevin D. Foreign Direct Investment in China Manufacturing Industry-Transformation from A Low Tech to High Tech Manufacturing [J]. International Journal of Business and Management, 2011, 6 (7) 821-831.

[70] Klein L R, Preston R S. Some New Results in the Measurement of Capacity Utilization [J]. American Economic Review, 1967, 57 (1): 34-58.

[71] Kogut B. Designing Global Strategies: Comparative and Competitive Value-added Chains [J]. Sloan Management Review, 1985, 26 (4): 15-28.

[72] Kohpaiboon A, Jongwanich J. International Production Networks, Clusters, and Industrial Upgrading: Evidence from Automotive and Hard Disk Drive Industries In Thailand [J]. Review of Policy Research, 2013, 30 (2): 211-239.

[73] Koopmans T. Activity Analysis of Production and Allocation [M]. New Jersey: Hoboken Wiley, 1951.

[74] Krugman P R. Competitiveness: A Dangerous Obsession [J]. Forgn Af-

fairs, 1994, 73 (2): 28-44.

[75] Krugman P R. Geography and Trade [M]. Cambridge, MA: MIT Press, 1991.

[76] Krugman P. Increasing Returns and Economic Geography [J]. Journal of Political Economy, 1991 (99): 484-499.

[77] Krugman P. Scale Economies, Product Differentiation, and the Pattern of Trade [J]. American Economic Review, 1980, 70 (5).

[78] Kumbhakar S C, Denny M, Fuss M. Estimation and Decomposition of Productivity Change When Production is not Efficient: A Paneldata Approach [J]. Econometric Reviews, 2000, 19 (4): 312-320.

[79] LaIl S. Building Industrial Competitiveness in Developing Countries [M]. Paris: OECD Development Centre Studies, 1990.

[80] Lee F C, Tang J. Productivity Levels and International Competitiveness Between Canadian and US Industries [J]. The American Economic Review, 2000, 90 (2): 176-179.

[81] Levchenko A A, Jing Z. Comparative Advantage and the Welfare Impact of European integration [J]. Economic Policy, 2012, 27 (72): 567-602.

[82] Liu X, Wang C, Wei Y. Do Local Manufacturing Firms Benefit From Transactional Linkages with Multinational Enterprises in China? [J]. Joumal of International Business Studies, 2009, 40 (7): 1113-1130.

[83] Lourens, Broersma, Jan, et al. Regional Labor Productivity in the Netherlands: Evidence of Agglomeration and Congestion EfFects [J]. Journal of Regional Science, 2009, 49 (3): 483-511.

[84] Love I, Zicchino L. Financial Development and Dynamic Investment Behavior: Evidence from Panel VAR [J]. The Quarterly Review of Economics and Finance, 2006, 46 (2): 190-210.

[85] Mac Dougall E B. Michelangelo and the Porta Pia [J]. The Journal of The Society of Architectural Historians, 1960, 19 (3): 97-108.

[86] Mads Bruun Ingstrup, Torben Damgaard. Cluster Facilitation from a Cluster Life Cycle Perspective [J]. European Planning Studies, 2013, 21 (4): 556-574.

[87] Man A P D. Clusters, Industrial Policy and Firm Strategy [J]. Technology

Analysis & Strategic Management, 1996, 8 (4): 425-438.

[88] Marsh I, Tokarick S. An Assessment of Three Measures of Competitiveness [J]. Review of World Economics, 1996, 132 (4): 700-722.

[89] Matsushima N, Matsumura T. Mixed Oligopoly and Spatial Agglomeration [J]. Canadian Journal of Economics, 2003, 36 (1): 62-87.

[90] McArthur D N, Schill R L. International Cooperative Technology Arrangements: Improving Their Role in Competitive Strategy [J]. Journal of Business Research, 1995, 32 (1): 67-79.

[91] McCann P, Shefer D. Location, Agglomeration and Infrastructure [J]. Papers in Regional Science, 2004, 83 (1): 177-196.

[92] Melitz M J. The Impact of Trade on Intraindustry Reallocations and Aggregate Industry Productivity [J]. Econometrica, 2003, 71 (6).

[93] Milberg W, Houston E. The High Road and The Low Road to International Competitiveness: Extending the Neo-Schumpeterian Trade Model Beyond Technology [J]. International Review of Applied Economics, 2005, 19 (2): 137-162.

[94] Milgrom P, Roberts Q J. Papers and Proceedings of the Hundred and Third Annual Meeting of the American Economic Association Complementarities, Momentum, and the Evolution of Modern Manufacturing [J]. The American Economic Review, 1991, 81 (2): 84-88.

[95] M E. Porter Competitive Advantage [M]. New York: Competitive Advantage, 1985.

[96] Nakamura R. Contributions of Local Agglomeration To Productivity: Stochastic Frontier Estimations from Japanese Manufacturing Firm Data [J]. Papers in Regional Science, 2012, 91 (3): 569-597.

[97] Nelson R. Recent Writings on Competitiveness: Boxing the Compass [J]. California Management Review, 1992, 34 (2): 127-137.

[98] Otsuka A, Goto M, Sueyoshi T. Industrial Agglomeration Effects in Japan: Productive Efficiency, Market Access, and Public Fiscal Transfer [J]. Papers in Regional Science, 2010, 89 (4): 819-840.

[99] Porter M E. Competitive Advantage, Agglomeration Economies, and Regional Policy [J]. International Regional Science Review, 1996, 19 (1-2): 85-90.

[100] Porter M E. Competitive Advantage: Creating and Sustaining Superior Performance [M]. Florence MA: Free Press, 2004.

[101] Porter M. Clusters and the New Economics of Competition [J]. Harvard Business Review, 1998 (76): 77-90.

[102] Porter M E. The Competitive Advantage of Nations [J]. Harvard Business Review, 1990, 68 (2): 73-93.

[103] Puslecki L. Development of Modes of Cooperation: An Opportunity for Open Innovation Alliances in Polish Biopharmaceutical Industry [J]. Management, 2016, 11 (1): 67-80.

[104] Ricardo D. On the Principles of Political Economy, and Taxation [M]. New York: Jolin Murray, 1821.

[105] Robert, Inklaar, Marcel, et al. Mind the Gap! International Comparisons of Productivity in Services and Goods Production [J]. German Economic Review, 2007.

[106] Roodman D. How to Do Xtabond2: An Introduction To Difference and System GMM in Stata [J]. Stata Journal, 2009, 9 (1): 86-136.

[107] Sawyer J E. The Social Basis of the American System of Manufacturing [J]. Journal of Economic History, 1954, 14 (4): 361-379.

[108] Schumpeter J A. Capitalism, Socialism and Democracy [M]. New York: Harper Perennial, 1942.

[109] Scranton, Philip. Endless Novelty: Specialty Production and American Industrialization, 1865-1925 [M]. New Jersey: Princeton University Press, 2000.

[110] Shen G, Chen B. Zombie Firms and Over-capacity in Chinese Manufacturing [J]. China Economic Review, 2017 (44): 327-342.

[111] Sinn H W. The Pathological Export Boom and the Bazaar Effect: How to Solve the German Puzzle [J]. The World Economy, 2006, 29 (9): 1157-1175.

[112] Smil, Vaclav. Made in the USA: The Rise and Retreat of American Manufacturing [M]. Cambridge MA: MIT Press, 2013.

[113] Solow R. M. Technical Change and the Aggregate Production Function [J]. Review of Economics & Statistics, 1957, 39 (3): 312-320.

[114] Timmer M P, Inklaar R, O' Mahony M, et al. Productivity and Eco-

nomic Growth in Europe：A Comparative Industry Perspective［J］. International Productivity Monitor，2011（21）：3-23.

［115］Torok A，Attila Jambor. Determinants of the Revealed Comparative Advantages：The Case of the European Ham Trade［J］. Agricultural Economics，2016，62（10）.

［116］Vanark B. Productivity and Competitiveness in Manufacturing：A Comparison of Europe，Japan and the United States［J］. International Productivity Difference，1996，233（1996）：23-52.

［117］Vemon R. International Investment and International Trade in the Product CycIe［J］. The Quarterly Journal of Economics，1966：190-207.

［118］Yeaple S R. A Simple Model of Firm Heterogeneity，International Trade，and Wages［J］. Journal of International Economics，2005，65（1）：1-20.

［119］Yi，Kei-Mu. Can Vertical Specialization Explain the Growth of World Trade?［J］. Journal of Political Economy，2003，111（1）：52-102.

［120］Zvi G. Productivity Puzzles and R&D：Another Nonexplanation［J］. Journal of Economic Perspectives，1988，2（4）：9-21.

［121］艾明晔，陈昊，刘桂希．基于DEA模型的中国制造业驱动模式分析［J］．管理现代化，2016，36（5）：29-31.

［122］白重恩，张琼．中国生产率估计及其波动分解［J］．世界经济，2015，38（12）：3-28.

［123］［美］保罗·克鲁格曼．萧条经济学的回归［M］．朱文晖，王玉清译．北京：中国人民大学出版社，1999.

［124］蔡跃洲，付一夫．全要素生产率增长中的技术效应与结构效应［J］．经济研究，2017（1）：72-88.

［125］曹正旭，董会忠，韩沅刚．工业集聚对全要素生产率影响机理及区域异质性研究［J］．软科学，2020，34（9）：50-58.

［126］陈丰龙，徐康宁．本土市场规模与中国制造业全要素生产率［J］．中国工业经济，2012（5）：44-56.

［127］陈蕾．中国本土企业出口竞争力与创新关系研究的理论基础和现实意义［J］．经济研究导刊，2020（8）：107-109.

［128］陈立敏，谭力文．评价中国制造业国际竞争力的实证方法研究——兼

与波特指标及产业分类法比较［J］．中国工业经济，2004（5）：30-37.

［129］陈诗一，陈登科．融资约束、企业效率韧性与我国加总全要素生产率研究［J］．经济学报，2016（1）：1-31.

［130］程广斌，王朝阳．全要素生产率与区域经济高质量发展的空间非线性检验［J］．统计与决策，2020，36（15）：23-28.

［131］代谦，别朝霞．FDI，人力资本积累与经济增长［J］．经济研究，2006（4）：15-27.

［132］戴翔．中国制造业国际竞争力——基于贸易附加值的测算［J］．中国工业经济，2015（1）：78-88.

［133］段敏芳，吴俊成．中国制造业生产率提升研究［J］．财贸研究，2017，28（8）：63-69.

［134］段文斌，尹向飞．中国全要素生产率研究评述［J］．南开经济研究，2009（2）：130-140.

［135］管汉晖，刘冲，辛星．中国的工业化：过去与现在（1887-2017）［J］．经济学报，2020，7（3）：202-238.

［136］郭庆旺，贾俊雪．中国全要素生产率的估算：1979-2004［J］．经济研究，2005（6）：51-60.

［137］郭庆旺，赵志耘，贾俊雪．中国省份经济的全要素生产率分析［J］．世界经济，2005（5）：46-53+80.

［138］胡立君，薛福根，王宇．后工业化阶段的产业空心化机理及治理——以日本和美国为例［J］．中国工业经济，2013（8）：122-134.

［139］胡宗彪，周佳．服务业全要素生产率再测度及其国际比较［J］．数量经济技术经济研究，2020，37（8）：103-122.

［140］黄勇峰，任若恩．中美两国制造业全要素生产率比较研究［J］．经济学（季刊），2002（4）：161-180.

［141］简泽，段永瑞．企业异质性、竞争与全要素生产率的收敛［J］．管理世界，2012（8）：15-29.

［142］江飞涛，武鹏，李晓萍．中国工业经济增长动力机制转换［J］．中国工业经济，2014（5）：5-17.

［143］蒋庚华，霍启欣，李磊．服务业离岸外包、全球价值链与制造业国际竞争力［J］．山西财经大学学报，2019，41（12）：29-43.

［144］金碚．关于“高质量发展”的经济学研究［J］．中国工业经济，2018（4）：5-18.

［145］蓝庆新，窦凯．基于“钻石模型”的中国数字贸易国际竞争力实证研究［J］．社会科学，2019（3）：44-54.

［146］雷汉云，王旭霞．环境污染、绿色金融与经济高质量发展［J］．统计与决策，2020，36（15）：18-22.

［147］李静，孟令杰，吴福象．中国地区发展差异的再检验：要素积累抑或TFP［J］．世界经济，2006（1）．

［148］李勤昌，刘明霞，焦亚南．技术创新、出口本国增加值与全球竞争力——来自中国制造业的证据［J］．宏观经济研究，2019（1）：110-124.

［149］李胜文，李大胜．中国工业全要素生产率的波动：1986-2005——基于细分行业的三投入随机前沿生产函数分析［J］．数量经济技术经济研究，2008（5）：43-54.

［150］李小平，石琛，苏珏灿．中国各类贸易条件变动的比较分析：1981-2008［J］．统计与决策，2011（10）：112-114.

［151］李小平，朱钟棣．国际贸易、R&D溢出和生产率增长［J］．经济研究，2006（2）：31-43.

［152］李小平，朱钟棣．中国工业行业的全要素生产率测算——基于分行业面板数据的研究［J］．管理世界，2005（4）：56-64.

［153］李晓萍，李平，吕大国，江飞涛．经济集聚、选择效应与企业生产率［J］．管理世界，2015（4）：25-37.

［154］林毅夫，张鹏飞．后发优势、技术引进和落后国家的经济增长［J］．经济学（季刊），2005（4）：53-74.

［155］刘秉镰，李清彬．中国城市全要素生产率的动态实证分析：1990—2006——基于DEA模型的Malmquist指数方法［J］．南开经济研究，2009（3）：139-152.

［156］刘光岭，卢宁．全要素生产率的测算与分解：研究述评［J］．经济学动态，2008（10）：79-82.

［157］刘厚俊，刘正良．人力资本门槛与FDI效应吸收——中国地区数据的实证检验［J］．经济科学，2006（5）：90-98.

［158］刘淑茹，贾箫扬，党继强．中国工业绿色全要素生产率测度及影响因

素研究［J］．生态经济，2020，36（11）：46-53.

［159］刘伟，范欣．中国发展仍处于重要战略机遇期——中国潜在经济增长率与增长跨越［J］．管理世界，2019，35（1）：13-23.

［160］鲁晓东，连玉君．中国工业企业全要素生产率估计：1999—2007［J］．经济学（季刊），2012，11（2）：541-558.

［161］陆明涛，袁富华，张平．经济增长的结构性冲击与增长效率：国际比较的启示［J］．世界经济，2016，39（1）：24-51.

［162］罗婷，朱青，李丹．解析 R&D 投入和公司价值之间的关系［J］．金融研究，2009（6）：100-110.

［163］吕明元，孙献贞，安媛媛．中美工业行业生态效率的实证分析与比较——基于中美 2005-2014 年工业行业数据［J］．珞珈管理评论，2016（2）：167-183.

［164］吕越，吕云龙．全球价值链嵌入会改善制造业企业的生产效率吗——基于双重稳健-倾向得分加权估计［J］．财贸经济，2016（3）：109-122.

［165］马宇博，裴桂芬．京津冀城市群全要素生产率测评与提升路径研究［J］．经济问题，2019（6）：104-112.

［166］毛日昇．中国制造业贸易竞争力及其决定因素分析［J］．管理世界，2006（8）：65-75.

［167］裴长洪，王镭．试论国际竞争力的理论概念与分析方法［J］．中国工业经济，2002（4）：41-45.

［168］彭国华．我国地区全要素生产率与人力资本构成［J］．中国工业经济，2007（2）：52-59.

［169］彭国华．中国地区收入差距、全要素生产率及其收敛分析［J］．经济研究，2005（9）：19-29.

［170］［美］H 钱纳里，S 鲁宾逊，M 赛尔奎因．工业化和经济增长的比较研究［M］．吴奇，王松宝等译．上海：三联书店，1989.

［171］［美］霍利斯·钱纳里．结构变化与发展政策［M］．朱东海，黄钟译．北京：经济科学出版社，1991.

［172］钱学锋，王胜，黄云湖，王菊蓉．进口种类与中国制造业全要素生产率［J］．世界经济，2011，34（5）：3-25.

［173］邱斌，杨帅，辛培江．FDI 技术溢出渠道与中国制造业生产率增长研

究：基于面板数据的分析［J］．世界经济，2008（8）：20-31.

［174］任阳军，汪传旭，齐颖秀，等．资源型产业集聚对绿色全要素生产率影响的实证［J］．统计与决策，2020，36（14）：124-127.

［175］阮敏，简泽．国内市场竞争、全要素生产率与国际贸易［J］．科研管理，2020，41（6）：109-118.

［176］邵润堂，张华．比较优势、竞争优势及国际竞争力［J］．经济问题，1999（4）：3-5.

［177］申广军．“资本—技能互补”假说：理论、验证及其应用［J］．经济学（季刊），2016，15（4）：1653-1682.

［178］师博，姚峰，李辉．创新投入、市场竞争与制造业绿色全要素生产率［J］．人文杂志，2018（1）：26-36.

［179］孙慧，朱俏俏．中国资源型产业集聚对全要素生产率的影响研究［J］．中国人口·资源与环境，2016，26（1）：121-130.

［180］孙琳琳，任若恩．中国资本投入和全要素生产率的估算［J］．世界经济，2005（12）：3-13.

［181］孙晓华，郭旭．工业集聚效应的来源：劳动还是资本［J］．中国工业经济，2015（1）：78-93.

［182］唐莉，王明利，石自忠．竞争优势视角下中国肉羊全要素生产率的国际比较［J］．农业经济问题，2019（10）：74-88.

［183］陶长琪，齐亚伟．中国全要素生产率的空间差异及其成因分析［J］．数量经济技术经济研究，2010，27（1）：19-32.

［184］涂正革，肖耿．中国的工业生产力革命——用随机前沿生产模型对中国大中型工业企业全要素生产率增长的分解及分析［J］．经济研究，2005（3）：4-15.

［185］屠年松，曹宇芙．全球价值链嵌入对中国服务贸易国际竞争力的影响研究［J］．经济体制改革，2019（4）：195-200.

［186］王兵，颜鹏飞．资源配置效率、技术进步与东亚经济增长——基于APEC视角的实证分析［J］．经济研究，2007（5）：91-103.

［187］王博雅．知识产权密集型产业国际竞争力问题研究及政策建议［J］．知识产权，2019（11）：79-86.

［188］王苍峰，王恬．对中美贸易条件恶化的经验研究［J］．世界经济研

究，2009（8）：31-38.

［189］王文治，扈涛．FDI 导致中国制造业价格贸易条件恶化了吗？［J］．世界经济研究，2013（1）：47-55.

［190］王文治，陆建明．中国制造业的贸易竞争力与价格贸易条件——基于微观贸易数据的测算［J］．当代财经，2012（9）：80-90.

［191］王艺明，陈晨，高思航．中国城市全要素生产率估算与分析：2000-2013［J］．经济问题，2016（8）：1-8+34.

［192］王志刚，龚六堂，陈玉宇．地区间生产效率与全要素生产率增长率分解（1978—2003）［J］．中国社会科学，2006（2）：55-66+206.

［193］王志华，董存田．我国制造业结构与劳动力素质结构吻合度分析——兼论“民工荒”、“技工荒”与大学生就业难问题［J］．人口与经济，2012（5）：1-7.

［194］王志伟．探析人工成本、劳动生产率对企业运行的影响［J］．经济研究导刊，2020（1）：23-24.

［195］魏后凯．外商直接投资对中国区域经济增长的影响［J］．经济研究，2002（4）：19-26+92-93.

［196］温忠麟．张雷，侯杰泰，刘红云．中介效应检验程序及其应用［J］．心理学报，2004（5）：614-620.

［197］吴延兵．R&D 存量、知识函数与生产效率［J］．经济学（季刊），2006（3）：1129-1156.

［198］吴延兵．R&D 与生产率——基于中国制造业的实证研究［J］．经济研究，2006（11）：60-71.

［199］吴延兵，刘霞辉．人力资本与研发行为——基于民营企业调研数据的分析［J］．经济学（季刊），2009，8（4）：1567-1590.

［200］徐涛．中国制造业的国际竞争力——基于网络型产业组织的分析［J］．中国工业经济，2009（11）：77-86.

［201］颜鹏飞，王兵．资源配置效率、技术进步与生产率增长：基于 DEA 的实证分析［J］．经济研究，2004（12）：55-65.

［202］杨汝岱．中国制造业企业全要素生产率研究［J］．经济研究，2015，50（2）：61-74.

［203］杨万平，李冬．中国生态全要素生产率的区域差异与空间收敛

［J］．数量经济技术经济研究，2020，37（9）：80-99.

［204］易纲，樊纲，李岩．关于中国经济增长与全要素生产率的理论思考［J］．经济研究，2003（8）：13-20+90.

［205］余淼杰，金洋，张睿．工业企业产能利用率衡量与生产率估算［J］．经济研究，2018，53（5）：56-71.

［206］余子鹏，袁玲丽．要素质量、经营环境与我国制造业国际竞争力［J］．经济与管理，2019，33（5）：54-60.

［207］俞立平．区域创新政策评价的框架、测度与检验［J］．地理科学，2020：1-8.

［208］袁堂军．中国企业全要素生产率水平研究［J］．经济研究，2009，44（6）：52-64.

［209］岳书敬，刘朝明．人力资本与区域全要素生产率分析［J］．经济研究，2006（4）：90-96+127.

［210］张伯伦．走向更一般的价值论［M］．北京：中国人民大学出版社，1957.

［211］张成思，张步昙．中国实业投资率下降之谜：经济金融化视角［J］．经济研究，2016，51（12）：15.

［212］张海洋．R&D 两面性、外资活动与中国工业生产率增长［J］．经济研究，2005（5）：107-117.

［213］张海洋，金则杨．中国工业 TFP 的新产品动能变化研究［J］．经济研究，2017，52（9）：72-85.

［214］张杰，李克，刘志彪．市场化转型与企业生产效率——中国的经验研究［J］．经济学（季刊），2011，10（2）：571-602.

［215］张军，施少华．中国经济全要素生产率变动：1952-1998［J］．世界经济文汇，2003（2）：17-24.

［216］张睿，张勋，戴若尘．基础设施与企业生产率：市场扩张与外资竞争的视角［J］．管理世界，2018，34（1）：88-102.

［217］张雪，韦鸿．我国石油行业市场结构、效率结构对企业绩效的影响研究［J］．价格理论与实践，2020（5）：129-132.

［218］张治栋，陈竞．环境规制、产业集聚与绿色经济发展［J］．统计与决策，2020，36（15）：114-118.